中国社会科学院创新工程学术出版资助项目

中国社会科学院马克思主义理论学科建设与理论研究工程系列丛书

马克思主义中国化最新成果研究报告

2013

中国社会科学院马克思主义研究院组织编写

主　编　邓纯东

副主编　辛向阳

中国社会科学出版社

图书在版编目（CIP）数据

马克思主义中国化最新成果研究报告.2013/邓纯东主编.—北京：中国
社会科学出版社，2017.1

（中国社会科学院马克思主义理论学科建设与理论研究工程系列丛书）

ISBN 978 - 7 - 5203 - 0730 - 7

Ⅰ.①马…　Ⅱ.①邓…　Ⅲ.①马克思主义—发展—研究报告—
中国—2013　Ⅳ.①D61

中国版本图书馆 CIP 数据核字（2017）第 168845 号

出 版 人	赵剑英	
责任编辑	田　文　徐沐熙	
责任校对	张爱华	
责任印制	王　超	

出　　　版	中国社会科学出版社	
社　　　址	北京鼓楼西大街甲 158 号	
邮　　　编	100720	
网　　　址	http://www.csspw.cn	
发 行 部	010 - 84083685	
门 市 部	010 - 84029450	
经　　　销	新华书店及其他书店	

印　　　刷	北京明恒达印务有限公司	
装　　　订	廊坊市广阳区广增装订厂	
版　　　次	2017 年 1 月第 1 版	
印　　　次	2017 年 1 月第 1 次印刷	

开　　　本	710 × 1000　1/16	
印　　　张	20.25	
插　　　页	2	
字　　　数	254 千字	
定　　　价	86.00 元	

凡购买中国社会科学出版社图书，如有质量问题请与本社营销中心联系调换
电话:010 - 84083683

前　　言

　　党的十八大以来，以习近平同志为核心的党中央围绕坚持和发展中国特色社会主义，深化对共产党执政规律、社会主义建设规律和人类社会发展规律的认识，提出一系列治国理政新理念新思想新战略，丰富和发展了中国特色社会主义理论体系，开辟了 21 世纪马克思主义发展新境界，续写了中国特色社会主义新篇章。党的十八大以来，党和国家各项事业之所以能够取得一系列重要成就，最根本的就在于有习近平总书记系列重要讲话和治国理政新理念新思想新战略的科学指引。

一　习近平总书记系列重要讲话精神的主要内容

　　习近平总书记系列重要讲话内涵丰富、博大精深，围绕党在新形势下治国理政，提出了一系列相互联系、相互贯通的新理念新思想新战略，涉及生产力和生产关系、经济基础和上层建筑各个环节，涵盖经济、政治、文化、社会、生态文明建设和党的建设各个领域，包括坚持和发展中国特色社会主义，实现"两个一百年"奋斗目标，实现中华民族伟大复兴中国梦，"五位一体"总体布局，"四个全面"战略布局，以新发展理念引领经济发展新常态，供给侧结构性改革，中国特色社会主义民主政治，意识形态领域斗争和文化强国战略，以人民为中心的发展思想，实施精准扶贫和打赢扶贫攻坚战，构建人类命运共同体，严肃党内政治生活，把党建工作作为最大政绩，总体国家安全观，中国特色强军之路，等等。这些新理念新思想新战略，已经初步形成了一个系统完整、逻辑严密的科学理论体系，为坚持和发展中国特色社会主义、实现"两个一百年"奋斗目标和中华民族伟大复兴的中国梦提供了科学的理论指导和行动指南。

二　习近平总书记系列重要讲话精神的重大理论和实践指导意义

习近平总书记系列重要讲话是中国特色社会主义理论体系的最新成果，是马克思主义在当代中国的新发展，具有丰富的时代内容和思想内涵，具有重大的政治意义、理论意义、实践意义和方法论意义。

习近平总书记系列重要讲话丰富和发展了中国特色社会主义理论体系的内容。党的十八大以来，以习近平同志为核心的党中央团结带领全党全军和全国各族人民高举中国特色社会主义伟大旗帜，在改革发展稳定、内政外交国防、治党治国治军等各方面取得了一系列具有重要现实意义和深远历史意义的成就，把中国特色社会主义伟大事业推向了新的阶段，进一步坚持、丰富和发展了科学社会主义理论。习近平同志强调："中国特色社会主义是社会主义而不是其他什么主义，科学社会主义基本原则不能丢，丢了就不是社会主义。"中国特色社会主义，是科学社会主义理论逻辑和中国社会发展历史逻辑的辩证统一，是根植于中国大地、反映中国人民意愿、适应中国和时代发展进步要求的、进一步创新发展的科学社会主义。中国特色社会主义理论与实践越来越显示出强大的比较优势和无比巨大的吸引力。

习近平总书记系列重要讲话是马克思主义中国化的最新成果。

习近平总书记指出："马克思主义是我们立党立国的根本指导思想。背离或放弃马克思主义，我们党就会失去灵魂、迷失方向。"党的十八大以来，习近平总书记坚持运用马克思主义立场、观点、方法研究解决新的实践课题，高度重视推进实践创新基础上的理论创新，强调要根据时代变化和实践发展，不断深化认识，不断总结经验，提出了一系列富有创见的重要思想观点，开辟了马克思主义中国化新境界。在新的历史条件下，不断推进马克思主义中国化是中国共产党不断取得成功的宝贵经验。掌握和运用马克思主义的立场、观点和方法，是我们克敌制胜、做好一切工作的看家本领。我们要坚持用马克思主义中国化最新理论成果武装全党，坚持以发展着的马克思主义指导新的实践，又努力从实践中作出新的理论概括，并把实践中已见成效的方针政策及时上升为党和国家的制度，将道路、理论体系、制度、文化统一于中国特色社会主义伟大实践中。通过发展马克思主义，我们能够更好地坚持马克思主义，有效抵御各种错误思潮的干扰和影响，不断开辟 21 世纪马克思主义发展的新境界，让当代中国马克思主义放射出更加灿烂的真理光芒。

习近平总书记系列重要讲话是实现中国梦、建设社会主义现代化的理论指南。建设富强民主文明和谐的社会主义现代化国家，实现中华民族伟大复兴，是鸦片战争以来中国人民最伟大的梦想，是中华民族的最高利益和根本利益。今天，我们 13 亿多人的一切奋斗归根到底都是为了实现这一伟大目标。为了实现这一伟大目标，我们党确立了"两个一百年"奋斗目标，就是到 2020 年实现国内生产总值和城乡居民人均收入比 2010 年翻一番，全面建成小康社会；到 21 世纪中叶建成富强民主文明和谐的社会主义现代化国家，实现中华民族伟大复兴。为了实现这个伟大目标，以习近平同志为核心的党中央在科学总结历史发展经验的基础上，确定了协调推进"四个全面"战略布局，提出"创新、协调、绿色、开放、共享"五大发展理念，明确发展新思路，诠释发展新格局。在经济领域，发挥市场在资源配置中的决定作用，更好地发挥政府的作用，加快实施创新驱动发展战略，推进供给侧改革，适应、把握、引领经济发展新常态；在政治领域充分发挥社会主义民主政治；在文化领域建设社会主义文化强国；在社会领域改善民生和创新社会治理；在生态领域大力推进生态文明建设，努力建设美丽中国，实现中华民族永续发展等。可以说，现在，我们比历史上任何时期都更接近实现中华民族伟大复兴的目标，比历史上任何时期都更有信心、更有能力实现这个目标。

习近平总书记系列重要讲话是加强党的建设、继续推进全面从严治党的指导思想。办好中国的事情，关键在党，关键在党要管党、从严治党。党的十八大以来，以习近平同志为核心的党中央以雷霆之势，坚持推进全面从严治党，坚持思想建党和制度治党紧密结合，保持党的先进性和纯洁性，着力提高执政能力和领导水平，深入开展群众路线教育，加强党的纪律建设，严格党纪，严厉打击党内的腐败分子，既打"老虎"又拍"苍蝇"，着力增强抵御风险和拒腐防变能力，取得了一系列重大胜利，为开创党和国家事业的新局面提供了重要保证。继续推进全面从严治党，加强和规范党内政治生活，必须牢固树立政治意识、大局意识、核心意识、看齐意识，坚定不移地维护党中央权威和党中央集中统一领导，以党章为根本遵循，坚持党的政治路线、思想路线、组织路线、群众路线，着力增强党内政治生活的政治性、时代性、原则性、战斗性，着力增强党的自我净化、自我完善、自我革新、自我提高能力，着力提高党的领导水平和执政水平、增强拒腐防变和抵御风险的能力，着力维护党中央权威、保证党的团结统一、保持党的先进性和纯洁性，努力在全党形成又有集中又有民主、又有纪律又有自由、又有统一意志又有个人心情舒畅生动活泼的政治局面，确保党团结带领人民不断开创中国特色社会主义事业新局面。

习近平总书记系列重要讲话把中国特色社会主义建设中的历史

经验，运用于新时期，解决新问题，推动新实践，丰富和发展了科学社会主义理论，推进了马克思主义中国化、时代化和大众化。习近平总书记指出："当今世界，要说哪个政党、哪个国家、哪个民族能够自信的话，那中国共产党、中华人民共和国、中华民族是最有理由自信的。"中国特色社会主义道路，是在马克思主义的指导下，在实践中不断摸索、发展的，是根据国情，在解决中国面临的问题的过程中形成的。中国的发展植根于中国的土壤，具有自己独特的经验。历史和现实告诉我们，中国特色社会主义，既是我们必须不断推进的伟大事业，又是我们开辟未来的根本保证。展望未来，我们一定要坚持以马克思列宁主义、毛泽东思想、邓小平理论、"三个代表"重要思想和科学发展观为指导，深入贯彻习近平总书记系列重要讲话精神和治国理政新理念新思想新战略，坚定中国特色社会主义道路自信、理论自信、制度自信和文化自信，为人类对更好社会制度的探索提供中国方案。

三　加强对习近平总书记系列重要讲话精神的学习、研究和宣传，是当代中国马克思主义理论工作者的最重要的任务

习近平总书记系列重要讲话贯穿的立场、观点和方法，体现在治国理政新理念新思想新战略之中，体现在中国特色社会主义伟大实践之中，集中反映了当代中国共产党人的政治品格、价值追求和精神风范。习近平总书记系列重要讲话坚持马克思主义基本原理，紧密结合当代中国的国情和时代特征，不断推进马克思主义中国化，为21世纪中国马克思主义的发展奠定了强大的思想基础。

加强对习近平总书记系列重要讲话精神的学习、研究和宣传，哲学社会科学具有不可替代的重要地位，哲学社会科学工作者具有不可替代的重要作用。深入学习、研究、宣传习近平总书记系列重

要讲话精神，最重要的就是深入理解和掌握贯穿其中的马克思主义立场、观点、方法。

为深入学习马克思列宁主义、毛泽东思想、邓小平理论、"三个代表"重要思想、科学发展观，特别是深入学习习近平总书记系列重要讲话精神和治国理政新理念新思想新战略，我院组织编写了《马克思主义中国化最新成果研究报告》。这是我们把马克思主义的学术研究、理论宣传和现实应用有机结合起来，服务于中国和世界社会主义事业而作出的一种努力、贡献的一份智慧。

目　录

代序　努力构建以马克思主义为指导的哲学社会科学话语体系*

◎ 邓纯东**

构建当代中国哲学社会科学话语体系，是推进我国哲学社会科学发展创新、增强我国学术国际影响力的迫切需要，是坚持马克思主义意识形态领导权、管理权和话语权，有效应对国际各种思想文化斗争的重要途径，更是为中国特色社会主义事业提供理论支撑，不断增强中国特色社会主义道路、理论和制度自信，实现中华民族伟大复兴的根本要求。"如何在学习借鉴人类文明成果的基础上，用中国的理论研究和话语体系解读中国实践、中国道路，不断概括出理论联系实际的、科学的、开放融通的新概念、新范畴、新表述，打造具有中国特色、中国风格、中国气派的哲学社会科学学术话语体系，是理论界和学术界面临的重大而紧迫的时代课题。"① 为此，我们必须在马克思主义的指导下，以高度的理论自觉和理论自信，打造融通中外的新概念、新范畴、新表述，切实增强和提升我国哲学社会科学在国际上的话语权和影

　＊ 原载《马克思主义研究》2014 年第 6 期。
　＊＊ 邓纯东，中国社会科学院马克思主义研究院党委书记、院长，研究员，博士生导师。
　① 李长春：《在马克思主义理论研究和建设工程工作会议上的讲话》，《人民日报》2012 年 6 月 4 日。

响力。

（一）我国哲学社会科学本身的意识形态属性，决定了它的话语体系建设必须以马克思主义为指导，鲜明地体现马克思主义的立场、观点和方法

哲学社会科学是人们认识世界、改造世界的重要工具，也是我们党和政府进行决策的有力支撑。它具有鲜明的政治和意识形态属性，始终存在着站在什么阶级立场、代表何人的利益、为谁服务这一政治方向性的问题。

在社会主义中国，马克思主义是党和国家的指导思想，是意识形态的旗帜和灵魂，也是繁荣发展哲学社会科学的理论基础，是哲学社会科学沿着正确方向前进的根本保证。构建我国哲学社会科学话语体系，必须坚持以马克思主义及其中国化的最新成果为指导。

需要指出的是，这里所说的指导，是指哲学、法学、经济学、新闻学、宗教学等哲学社会科学学科的话语体系建设，都应坚持以马克思主义为指导，使马克思主义基本原理渗透到各学科的理论、概念、观点之中。而不是像现在有些学术观点主张的那样，仅仅把马克思主义视为和哲学、法学、经济学、新闻学、宗教学等并列的一门学科，当作"诸多学说中的一种"。认为只需要在马克思主义等具有鲜明政治性和强烈意识形态属性的学科方面坚持马克思主义的指导，而经济学、法学、史学、新闻学、宗教学等学科则要与所谓世界公认的、成熟的西方这些学科的话语体系相一致。

必须明确，我国的哲学社会科学属于中国特色社会主义经济基础的上层建筑，属于社会主义意识形态，应当以反映社会主义的思想理论和学术观点为神圣职责。无论本身就是研究和宣传马克思主义与社会主义意识形态的学科，还是意识形态特点比较突出、政治属性比较鲜明的学科，抑或是一些远离意识形态属性、政治属性不很突出的学科，都必须以马克思主义的立场、观点和方法为指导，把马克思主义在意识形态领域的指导作用自觉地贯穿到哲学社会科学研究的各个领域，不断增强哲学社会科学研究工作者的政治敏锐性和政治鉴别力，使哲学社会科学研究始终朝着正确的方向发展。否则，马克思主义在这些学科中的指导作用，中国自己的特色、风格的话语体系在这些学科中就丧失了。其后果只能是马克思主义阵地的日益缩小，马克思主义的指导地位逐渐弱化，马克思主义话语体系很难体现到其他哲学社会科学学科之中并真正发挥指导作用。

另外，这里所说的指导，主要体现在思想方法上。因为哲学社会科学各学科都有其自身特定的研究对象、内在规律和基本特征，有其自身的话语范畴、思维逻辑和表达方式。坚持以马克思主义为指导，并不是要在哲学社会科学研究和话语体系建设中，片面教条地理解和机械地套用马克思主义经典作家的一些论述和观点。而是要用发展着的马克思主义指导哲学社会科学各学科的研究，坚持运用马克思主义的立场、观点和方法分析、解决问题，自觉辨别和抵制各种不良思想文化的影响。正如恩格斯明确强调的："马克思的整个世界观不是教义，而是方法。它提供的不是现成的教条，而是进一步研究的出发点和供这种研究使用的方法。"①

（二）哲学社会科学话语体系建设一定要有中国特色、中国气派、中国风格，一定要和中华民族优秀传统文化相结合

由于历史传统、文化积淀、基本国情、社会制度等不同，每个国家和民族的发展道路必然有着自己的特色，相应地，其哲学社会科学话语体系也应当具有自己的风格。

在我国，繁荣发展哲学社会科学、构建哲学社会科学话语体系

---

① 《马克思恩格斯文集》第 10 卷，人民出版社 2009 年版，第 691 页。

的根本目的，在于科学总结中国发展的历史经验，有效解决中国面临的现实问题，更好地服务于中国未来的发展。为此，我们必须从中国的实际出发，立足于中国的历史与现实，牢牢植根于中华民族优秀传统文化的沃土之中，敏锐捕捉中国人民的意愿、实践、思维和语言，用中国的学术研究和话语体系解读中国实践和中国道路，打造具有中国特色、中国风格、中国气派的哲学社会科学话语体系。

一方面，中国的哲学社会科学话语体系一定要符合中华民族的文化性格，打上中华民族优秀传统文化的烙印，体现对中华民族优秀传统文化的现代传承。众所周知，中华民族具有五千多年的悠久历史文化传统，其中积淀着中华民族厚重的精神追求和根本的精神基因，代表着中华民族独特的精神标识。"历史是从昨天走到今天再走向明天，历史的联系是不可能割断的，人们总是在继承前人的基础上向前发展的。"①继承和发扬中华民族文化的优良传统，是提振民族自尊心、自信心和自豪感，实现民族文化创新发展的必要条件和基本前提。中国哲学社会科学必须注重传承那些历经岁月沧桑而积淀下来的中华民族优秀传统文化，认真汲取其中的合理元素，充分挖掘其中符合时代精神、具有普遍意义的思想精华，积极打造同自身历史文化和民族精神相承接、具有强大思想引领力和现实解释力的话语体系。

另一方面，中国的哲学社会科学话语体系一定要符合当代中国的现实，准确反映时代特征和时代要求，充分体现当代中国丰富而生动的实践。这是因为，理论话语只有扎根于现实土壤，才能真正具有解释力、说服力。中国特色社会主义道路的丰富实践要求我们必须坚持立足于基本国情，敏锐把握时代特征。特别是改革开放多年来，中国特色社会主义的伟大实践创造了举世瞩目的伟大成就，

---

① 习近平：《领导干部要读点历史》，《中共党史研究》2011年第10期。

它不仅根本改变了中国的面貌和中国人民的命运，也深远地影响了整个世界的格局和发展进程。这个奇迹的背后蕴含着先进的思想精神和伟大的理论创造，这是当代中国对人类文明的独特贡献，也是人类文明发展新的创造。我们的哲学社会科学话语体系一定要体现这些创造，反映这些特色。

（三）哲学社会科学话语体系建设一定要吸收人类文明的有益成果

构建我国哲学社会科学话语体系，必须注重与国际话语体系的对接，广泛借鉴包括西方学术话语体系在内的一切人类文明的有益成果，并在此基础上根据我国的实际加以创造性地转化和发展。尤其是在当今西方话语依然占据国际话语体系主导地位的背景下，我们必须站在人类文明的制高点上，以马克思主义为指导，批判地继承和吸收人类一切优秀文化思想。

西方的哲学社会科学话语体系体现的是在西方社会演变进化中渗透的人文精神。在长期的演进过程中，西方国家凭借其强大的经济优势和庞大的媒体优势，创造了包括自由人权、民主法治、市场经济等在内的一系列概念，并垄断对这些概念的解释权，在国际学术话语中占据绝对优势。尽管近年来中国越来越多的优秀学术成果和人才走向世界，在国际学术舞台上的话语权和影响力不断增强，但是与西方学术话语体系的发展相比，中国的学术话语依然相对滞后。我国哲学社会科学的话语权仍在原创性、影响力方面与西方国家存在很大差距。要有效缩小差距，必须以开放包容、兼收并蓄的态度，对西方社会的思想观念以及西方学术的概念范畴，作出马克思主义的分析和判断。既要吸取西方话语体系中的有益成分，又要根据有利于中国特色社会主义事业的发展需要赋予其中国精神和新的内容。

这就提出了我们话语体系建设的一个重要任务：对西方一些

已经流行开来、我们已接受的话语体系，要有一个全面、系统的中国界定，界定其本质、内容和特征，使其在与西方原本的吸收、借鉴关系的基础上，形成自己的特色，有自己赋予的更先进、对中国更有益的内容。如民主、人权、法治、自由、平等、市场经济、公平正义、以人为本、依法治国等概念，都有这种界定的任务。如果没有，就会鱼目混珠。如果我们简单地套用，就会成为宣传其话语和思想观念的传声筒。事实上，改革开放以来，我国在繁荣哲学社会科学的同时，也引进了一些西方学术话语体系并用其解释中国问题，这种"削中国实践之足、适西方理论之履"的做法，严重阻碍了我国哲学社会科学话语体系的构建，并在一定程度上影响了中国哲学社会科学话语的价值选择，其中有些学科受西方话语的影响尤为明显。事实证明，如若一味照搬西方学术话语，定会造成"水土不服"，但如若完全脱离西方话语体系，亦会导致"盲目片面"。

因此，对于人类文明成果我们要择善而从，借鉴吸收人类文明优秀成果要同中国文化结合起来，同中国的现实需要结合起来，同中国人的接受习惯结合起来。结合新的时代要求的同时，还要创造全新的概念、范畴及方法，发展与西方社会科学话语系统相容的社会科学话语体系，使中国哲学社会科学话语能够在世界学术领域占有一席之地。

（四）必须加强我国哲学社会科学话语体系的对外宣传

改革开放30多年来，我国经济的快速发展和综合国力的不断增强，引起国际社会对中国发展道路和发展模式的空前关注，关于"中国奇迹""中国模式""中国经验"的讨论持续升温。

当前在国际上，包括欧美国家左翼政党、研究机构、学校乃至一些资本主义国家机构、主流社会的重要团体与个人，对中国改革开放取得的成就相当认可，对中国道路也很有兴趣，有的在研究，有的在宣传，有的从不同角度关注。

随着我国社会主义现代化建设的发展和国际地位的提高，国际社会开始更多地关注中国人的声音。因此，在哲学社会科学领域，中国人也应该在世界范围内发出自己的声音，而不是人云亦云。这就把加强对外话语体系建设，推动中华文化走向世界，增强我国哲学社会科学的国际影响力和话语权提上了日程。

为此，我们必须精心建构、加快形成独具中国特色、能与国际对话的对外话语体系，积极拓展对外传播平台和载体，把当代中国的价值观念贯穿于国际交流和传播之中。用中国话语体系解读好中国发展道路，讲好中国故事，传播好中国声音，阐释好中国特色。不断增强中国成就、中国理念、中国道路的说服力和认可度。

要创造更多机会，鼓励我国学者以多种方式与国际交流，走出去开讲坛，进行宣传。也可以支持和资助国外的学会、基金会研究中国的理论和实践问题，发挥外国学者在宣传中国特色社会主义方面的作用。在对外宣传上，应该明确，中国特色社会主义伟大实践及其理论成果、当代中国的形象、制度原因，不仅是重点，也是外部世界的兴趣所在。我们应当对中国成就、道路进行理论总结和概括，寻找制度原因和理论原因，形成能够科学准确地反映党和人民这些年的奋斗、创造、经验的概念、理论、观点，向外传播，使中国道路、话语体系对西方、对全世界都具有影响力。我们必须在充斥着霸权与挑战的国际竞争中，积极建构并维护中国哲学社会科学的话语权，着力打造既符合中国国情、具有鲜明的中国特色，又与国外习惯的话语体系相对接，易于为国际社会所理解和接受的"融通中外"的新概念、新范畴、新表述，从而更好地将一个客观真实的中国介绍给世界，并对一些居心叵测的"关心"与质疑予以积极回应。要以事实为依据客观介绍中国的发展进步，介绍改革开放以来中国经济社会发展所取得的巨大成就，以及中国人民精神面貌发生的深刻变化，深入阐释中国发展进步的路径、轨迹和原因，说明中国政治制度、经济政策、民生安排的正当性与科学合理性。这样就能消除负面影响，让国际社会更加全面、客观、真实、理性地了解和看待中国。

（五）哲学社会科学话语体系建设，必须加强对人民的正面教育

哲学社会科学话语体系要想真正发挥作用，必须走向社会、走向大众。不能停留在理论界、学术界的圈子里，搞孤芳自赏。这是马克思主义哲学社会科学话语大众化的时代课题。

正如马克思深刻指出的：批判的武器当然不能代替武器的批判，物质力量只能用物质力量来摧毁；但是理论一经掌握群众，也会变成物质力量。理论只要说服人，就能掌握群众；而理论只要彻底，就能说服人。要使理论能够充分彻底地被群众所掌握，变成改造社会、改造世界的物质力量，一个首要的前提条件就是要使理论本身能够为广大人民群众所感知、所认同、所接受。这就要求理论工作者运用深入浅出、形象生动、简单明了的表达方式，使用清新朴实、生动鲜活的语言，运用人民群众的思维习惯和语言习惯，把深邃的理论转化为通俗易懂的语言，把抽象的理论逻辑转化为形象的生活逻辑，从而使广大人民群众能够深入透彻地理解理论本身的具体内容，使哲学社会科学更好地宣传群众、动员群众、服务群众。

本来，对人民群众进行宣传、教育，是我党在革命和建设中有效领导的成功经验，也是党实现思想领导的基本方式。在执政条件下，采取这种方式更具备有利条件。但是，应当看到，这些年来，我们把这个方式忽略了、放松了。"武装全党、教育人民"在相当多的基层没有得到落实，在全社会，对于思想理论、正确价值观系统的正面教育和宣传较少，"灌输"成为贬义词，被有些人当成"左"的表现。相当多的群众、农民工长期没有受到马克思主义及其中国化成果的教育，他们的思想观念和价值观、是非观

相当多地来自电视剧、街头小报、非法出版物、互联网。因而，相当多的人对马克思主义哲学社会科学的概念和观点不了解、不理解，而是受到来自以上渠道的非马克思主义观点、理论的影响。这不仅影响到马克思主义哲学社会科学话语在全社会的地位、影响力和积极作用的发挥，而且影响到全社会的思想观念、是非观念、道德建设。所以，构建中国哲学社会科学话语体系，必须重视马克思主义哲学社会科学大众化的工作，不仅要在理论工作中树立大众化意识，尽快创造人民大众能听懂、能认同的理论及概念，而且要理直气壮地动用国家资源，利用组织优势，坚持对全体人民进行正面教育、正面引导，以此实现马克思主义及其中国化成果对全体人民的思想领导，这对于我国哲学社会科学话语体系的建设意义重大。

（六）哲学社会科学话语体系创新，必须坚持积极的批评、鉴别和独立自主精神

面对西方学术话语霸权的干扰和影响，我们必须增强政治敏锐性和理论鉴别力，在建构我国哲学社会科学话语体系时，对西方学术话语绝不能趋之若鹜，而是既要秉持存疑和警醒的态度，积极进行批评鉴别，又必须坚持独立思考与平等对话的态度，大力发扬独立自主精神。

第一，要有积极的批判态度。历史经验表明，意识形态的主阵地，如果马克思主义不去占领，各种非马克思主义甚至反马克思主义的东西就必然去占领；如果先进文化不去占领，各种落后的、低俗的甚至反动的文化就必然去占领。针对全球化背景下互联网空前发达，西方文化影响空前扩大的情况，理论界要用马克思主义的立场、观点、方法对网络、媒体及生活中流传的非马克思主义、反马克思主义的形形色色观点进行鉴别、开展批评，帮助人们辨别是非，在鉴别和批评中形成和完善马克思主义的话语体系。

　　第二，要有独立自主精神。有些概念、理论本身就是色彩鲜明的政治概念。我们一定要赋予其马克思主义的内容，使之成为体现我们意识形态的概念、理论。不能迁就、屈从西方文化强势下的宣传，不能按照他们的路子、概念、是非来裁剪我们的现实。有些我们可以认可、接受的概念，要有我们马克思主义的阐释，不能仅仅允许西方的"六经注我"，而且也要有我们的"我注六经"。同时，对他们基于国际话语对我们的攻击，应该走"各说各话""公说公有理，婆说婆有理"的传播路径，不要相信那种西方的概念都有普世性的鬼话，不要以为他们可以垄断表达人类公理的权力，而我们只能按照他们的思路走。尤其是对于那些不符合我国国情的概念、范畴和思想观念，我们必须立足于中国实际、坚持为我所用，善于运用马克思主义的立场观点方法予以科学辨析和有力批驳，进而推进中国自己的学术研究和宣传。正如刘云山同志指出的："要坚持用中国的理论、中国的学术解读中国的奇迹，充分展示中国特色社会主义道路的独特创造、理论的独特贡献、制度的独特优势，谱写反映当代中国发展进步的哲学社会科学新篇章。"[①] 我们要坚信，中国的事情办好了，中国不断发展强大了，中国特色社会主义道路成功了，我们的标准就成为国际认可的标准，我们的话语就至少是他们不能否认的话语了。在这方面，要坚持实践与理论的一致性。我们在实践上坚定走自己的道路，在理论、话语建设上也要坚定走自己的路，既然有道路自信，就应有自己的话语自信，道路不照搬，语言、概念也不能照搬。

　　构建我国哲学社会科学话语体系是一项重要而又紧迫、繁重而又艰巨的任务。尽管构建我国哲学社会科学话语体系依然面临重重困难和挑战。但马克思主义在当代中国的最新成果——中国特色社会主义理论体系的形成和发展，为构建中国哲学社会科学话语体系

---

　　① 刘云山：《深入实施马克思主义理论研究和建设工程》，新华网 2013 年 10 月 20 日。

奠定了坚实的理论基础；在马克思主义指导下进行的中国特色社会主义伟大实践，为构建中国哲学社会科学话语体系提供了丰富的实践依据。只要我们坚定地以马克思主义为指导，既立足中国又放眼世界，既尊重历史又关注现实，既着眼当代又面向未来，就能打破西方学术话语霸权，构建具有中国特色、中国风格、中国气派的哲学社会科学话语体系。

邓纯东

2014 年 6 月

习近平总书记系列重要讲话的
马克思主义精髓

◎ 辛向阳[*]

习近平总书记 2013 年 8 月 19 日在全国宣传思想工作会议上明确指出：党校、干部学院、社会科学院、高校、理论学习中心组等都要把马克思主义作为必修课，成为马克思主义学习、研究、宣传的重要阵地。他要求新干部、年轻干部尤其要抓好理论学习，通过坚持不懈地学习，学会运用马克思主义立场、观点、方法观察和解决问题，坚定理想信念。可以说，习近平总书记系列重要讲话处处体现着马克思主义的思想精髓与科学要义。

一 习近平总书记系列重要讲话始终体现着
马克思主义世界观的真理力量

马克思主义的科学世界观坚持从社会物质生产特别是生产力和生产关系的矛盾运动来解释人类历史，把生产力作为推动社会前进最活跃、最革命、最根本的力量，深刻分析资本主义社会的矛盾运动，揭示了资本主义社会的发展规律，创立了科学社会主义，为人类进

---

* 辛向阳，中国社会科学院马克思主义研究院研究员。

步、社会发展，为全人类的最后解放指明了正确方向和趋势。当今世界，人类社会发生了翻天覆地的变化，马克思主义历经时间的考验、实践的锤炼、历史的检验，其基本原理始终迸发着真理的光芒。

习近平总书记系列重要讲话十分强调马克思主义世界观的力量与作用。他指出："马克思主义世界观深刻揭示了人类社会发展一般规律，在当今时代依然有着强大生命力，依然是指导我们共产党人前进的强大思想武器。在革命、建设、改革各个历史时期，我们党运用马克思主义世界观，系统、具体、历史地分析中国社会运动及其发展规律，在认识世界和改造世界过程中不断把握规律、积极运用规律，推动党和人民事业取得了一个又一个胜利。"习近平总书记特别重视马克思主义世界观具有的揭示人类社会发展规律的作用，要求我们要探索客观规律。他在 2012 年 12 月 31 日中央政治局第二次集体学习时指出："摸着石头过河，是富有中国特色、符合中国国情的改革方法。摸着石头过河就是摸规律，从实践中获得真知。"2013 年 1 月 5 日在新进中央委员会的委员、候补委员学习班上的讲话中进一步指出：我们对社会主义的认识，对中国特色社会主义规律的把握，已经达到了一个前所未有的新的高度。

（一）习近平总书记强调认识和把握共产党执政规律、社会主义建设规律、人类社会发展规律

正确认识和自觉运用共产党执政规律、社会主义建设规律和人类社会发展规律，对我们党的发展壮大、对中国特色社会主义事业的兴旺发达具有决定性意义。党的十八大提出了在新的历史条件下夺取中国特色社会主义新胜利必须牢牢把握的八个基本要求。习近平总书记在 2012 年 11 月 17 日十八届中央政治局第一次集体学习时指出："这些基本要求是根据党的基本理论、基本路线、基本纲领、基本经验，深刻总结 60 多年来我国社会主义建设特别是中国特色社会主义建设实践提出的,是最本质的东西,是体现共产党执政规律、社会主义建设规律、人类社会发展规律的东西,表明我们党对中国特色社会主义规律的认识达到了新水平。"也就是说,三大规律具体体现为八个基本要求。把握三大规律就要深刻领会八个基本要求的科学含义。

(二) 习近平总书记强调认识和遵循经济社会发展的客观规律

2013 年 11 月 15 日,在就《关于全面深化改革若干重大问题的决定》向十八届三中全会作说明时,习近平总书记指出,我们之所以应该在完善社会主义市场经济体制上迈出新的步伐,一个重要原因就是我们对市场规律的认识和驾驭能力不断提高,宏观调控体系更为健全,主客观条件都已具备,也就是说我们已经探索到了市场经济的一般规律。正是有了对这一规律的深刻认识,我们才能够提出"使市场在配置资源中发挥决定性作用"。习近平总书记说:"理论和实践都证明,市场配置资源是最有效率的形式。市场决定资源配置是市场经济的一般规律,市场经济本质上就是市场决定资源配置的经济。健全社会主义市场经济体制必须遵循这条规律,着力解决市场体系不完善、政府干预过多和监管不到位问题。"

习近平总书记在 2013 年 1 月新进中央委员会的委员、候补委员学习贯彻党的十八大精神研讨班开班时的讲话中谈到战时共产主义违背社会发展规律和苏联模式违背经济规律带来的后果。他讲道:新生的苏维埃政权实行的战时共产主义政策对于捍卫和巩固苏维埃政权发挥了重要作用,但是,这些政策违背了社会发展规律,引发了严重的政治经济危机。列宁对此进行了深刻反思。在斯大林时期,苏联模式开始形成,这一模式在特定历史条件下,对巩固苏联社会主义制度曾经起了重要作用,促进了苏联经济和整个社会生活的快速发展,也为苏联军民夺取反法西斯战争胜利发挥了重要作用。但是，由于不尊重经济规律，随着时间的推移，苏联模式的弊端日益显露，成为经济社会发展的严重体制障碍。建设中国特色社会主义就是既要尊重社会发展规律，也要尊重经济发展规律，按规律办事。

（三）习近平总书记强调认识和运用政党执政规律、共产党执政规律和中国共产党执政规律

2009 年 11 月 12 日，在中央党校 2009 年秋季学期第二批进修班开学典礼上的讲话中，习近平总书记强调：善于把握规律是马克思主义学习型政党必须具有的科学精神和科学态度。在这里他强调了三点：首先，任何政党要取得执政成效，获得人民支持，都必须按客观规律办事，中国共产党执政也不例外。其次，运用共产党执政规律。共产党执政规律，就是共产党执政后必须遵循的、反映党的执政本质和必然性的法则及客观要求，包括共产党在执政过程中应该遵循的执政理念和执政方略，应该采取的执政体制和执政方式，应该巩固的执政基础和执政资源，应该创造的执政条件和执政环境，等等。最后，执政的一般规律、普遍规律和特殊规律是相互联系的。民主革命时期，毛泽东同志全面论述了战争规律、革命战争规律和中国革命战争规律及其相互关系。而政党执政规律、共产党执政规律和中国共产党执政规律也是相互联系的。只有把这些规律及其内在关系搞清楚了，党才能在领导改革开放的伟大事业中取得成功。与此同时，习近平总书记指出共产党要想保持纯洁性和先进性，就应当按照毛泽东主席当年提出的"两个务必"①的治乱规律来办事。2013 年 7 月，习近平总书记在河北西柏坡考察时指出："毛泽东同志当年提出的'两个务必'，包含着

---

① 1949 年 3 月，毛泽东主席在中国共产党于西柏坡召开的七届二中全会上的著名论断，即"务必使同志们继续地保持谦虚、谨慎、不骄、不躁的作风，务必使同志们继续地保持艰苦奋斗的作风"。

对我国几千年历史治乱规律的深刻借鉴，包含着对我们党艰苦卓绝奋斗历程的深刻总结，包含着对胜利了的政党永葆先进性和纯洁性、对即将诞生的人民政权实现长治久安的深刻忧思，思想意义和历史意义十分深远。"

二 习近平总书记重要讲话始终体现着马克思主义信仰的强大力量

2012 年 11 月 17 日，在十八届中央政治局第一次集体学习时，习近平总书记指出："我们在实践中要始终坚持'一个中心、两个基本点'不动摇，既不偏离'一个中心'，也不偏废'两个基本点'，把践行中国特色社会主义共同理想和坚定共产主义远大理想统一起来。"在信仰、理想信念问题上，习近平总书记系列重要讲话强调了三个方面的重要观点：

（一）对马克思主义的信仰，对社会主义和共产主义的信念，是共产党人的政治灵魂，是共产党人经受住任何考验的精神支柱

共产党人靠对马克思主义的充分信仰取得了革命与建设的胜利，同样，只有靠对马克思主义的充分信仰，才能赢得改革的一个又一个胜利。邓小平同志在 1984 年 6 月曾说："如果我们不是马克思主义者，没有对马克思主义的充分信仰，或者不是把马克思主义同中国自己的实际相结合，走自己的道路，中国革命就搞不成功，中国现在还会是四分五裂，没有独立，也没有统一。对马克思主义的信仰，是中国革命胜利的一种精神动力。"[1] 信仰问题在人类历史是一个十分重要的问题。德国近代伟大的作家歌德讲："世界历史的唯一真正的主题是信仰和不信仰的冲突。所有信仰占统治地位的

---

① 《邓小平文选》第 3 卷，人民出版社 1993 年版，第 63 页。

年代，对当代人和后代人都是光辉灿烂、意气风发和硕果累累的，不管这信仰采取什么形式；另一方面，所有不信仰占统治地位的年代（也不管这不信仰是什么形式），都只能得到一点微弱的成就，即使它也暂时地夸耀一种虚弱的光荣，这种光荣也会飞快地逝去。"从历史唯物主义的观点分析，信仰是人的一种精神追求和精神状态，其实质是超越个体生命的有限性、追求生命的"不朽"和永恒。这种追求是虚幻还是真实，不取决于其本身，而取决于其所追求的"不朽"的内容。马克思主义把"不朽"的根据归结为历史进步和人类文明发展的无限性，因而投身于人类解放事业，个人就能超越自我、获得有限生命的不朽价值。2014年3月17日，在河南兰考县考察工作时习近平总书记深刻阐明了这一道理，他说："很多东西存在的时间虽然短暂，但这短暂铸就了永恒，焦裕禄精神是这样，井冈山精神、延安精神、雷锋精神等革命传统和伟大精神都是这样。"这些精神就是为共产主义理想信念不懈奋斗的精神。

（二）理想信念是共产党人的精神之"钙"，理想信念包含着十分丰富的价值"维生素"，缺了这些"钙"，很多人就会得"软骨病"

共产主义社会是生产力高度发达的社会。恩格斯在《反杜林论》中断言，在未来的新社会里，生产力将获得迅速发展。社会在生产力的高度发展中为全体社会成员提供丰裕的物质生活，并保证其自由而全面的发展。1919年6月28日在《伟大的创举》一文中，列宁讲：共产主义就是利用先进技术的、自愿自觉的、联合起来的工人所创造的较资本主义更高的劳动生产率。共产主义社会是按照整个社会的要求自觉地组织生产的社会。它消除了生产的无政府状态，商品和货币变成多余的东西了。列宁讲："所谓共产主义，是指这样一种制度，在这种制度下，人们习惯于履行社会义务而不需要特殊的强制机构，不拿报酬地为公共利益工作成为普遍现象。"① 共产主义社会是人最终脱离了动物界的社会。在共产主义社会中，人们都拥有非常高的道德品质。例如，列宁谈到共产主义星期六义务劳动时，曾经讲：共产主义星期六义务劳动非常可贵，它是共产主义的实际开端。②

这样一个美好社会始终激励着中国共产党人不懈奋斗。邓小平同志强调：尽管我们处在社会主义初级阶段，但我们的初级阶段是共产主义第一阶段的初级阶段，是与共产主义紧密相连的，离开了共产主义的远大理想，社会主义初级阶段就会失去意义。社会主义初级阶段的发展方向和前进目标是不断完善和发展社会主义，走向共产主义。邓小平同志指出："从长远说，最终是过渡到共产主义。""我们这些人的脑子里是有共产主义理想和信念的。要特别教育我们的下一代下两代，一定要树立共产主义的远大理想。"③ 在艰苦卓绝的革命战争年代特别是枪林弹雨的战场上，我们的物质异常匮乏，主要是依靠共产主义理想和强大的精神动力而奋不顾身、不怕牺牲才取得革命胜利的；在现阶段为建设中国特色社会主义而奋斗，尽管有了一定的物质基础，但面对强大的国际资产阶级的力量，面临着一系列伟大斗争，我们仍将在一个很长的历史时期处于弱势，在任何时候都不能放弃我们最大的政治优势。如果不以共产主义为最终目标，就会失去这一强大精神动力，就不能抵御各种腐朽思想的侵蚀，甚至会走上蜕化变质的邪路，从而发生历史的倒退。

（三）革命理想高于天，这一理想是远大理想与现实理想的有机统一

习近平总书记指出："没有远大理想，不是合格的共产党员；

---

① 《列宁选集》第4卷，人民出版社1995年版，第91页。
② 《列宁选集》第4卷，人民出版社1995年版，第11页。
③ 《邓小平文选》第3卷，人民出版社1993年版，第111页。

离开现实工作而空谈远大理想，也不是合格的共产党员。"有的党员在矛盾面前畏缩不前，在困难面前悲观失望，在诱惑面前不能洁身自好，在利益面前不能正确对待，说到底，还是共产主义理想和中国特色社会主义信念不坚定。党的十八大报告指出，"要坚定理想信念，坚守共产党人精神追求"。共产主义理想和社会主义信念，是建立在马克思主义揭示的人类社会发展规律的基础之上的，因而是科学的理想信念，是无数革命先烈为之抛头颅、洒热血的信仰。革命先驱李大钊面对绞刑架，发出了"我们深信，共产主义在世界、在中国，必然要得到光荣的胜利"的豪迈誓言。方志敏烈士在英勇就义前，慷慨陈词："敌人只能砍下我们的头颅，决不能动摇我们的信仰！因为我们信仰的主义，乃是宇宙的真理！"夏明翰烈士临刑前，挥笔写就了成为千古绝唱的就义诗："砍头不要紧，只要主义真。杀了夏明翰，还有后来人。"正因为这是一种"主义真"的信仰，所以，胡锦涛同志指出："必须认识到，我们现在的努力以及将来多少代的持续努力，都是朝着实现共产主义这个最终目标前进的。同时必须认识到，实现共产主义是一个非常漫长的历史过程，我国现在仍处于并将长期处于社会主义初级阶段。我们必须从这个实际出发确定现阶段的奋斗目标，脚踏实地地推进我们的事业。没有远大理想，不是合格的共产党员；离开现实工作而空谈远大理想，也不是合格的共产党员。"① 正如邓小平同志所说的："过去我们党无论怎样弱小，无论遇到什么困难，一直有强大的战斗力，因为我们有马克思主义和共产主义的信念。有了共同的理想，也就有了铁的纪律。无论过去、现在和将来，这都是我们的真正优势。"现在我们党执政的条件好了，有些党员和领导干部却在矛盾面前畏缩不前，在困难面前悲观失望，有的甚至抵挡不住权力、金钱、美色的诱惑而堕落为腐败分子，根本原因就是政治理

---

① 《十六大以来重要文献选编》（中），中央文献出版社 2006 年版，第 622 页。

想、政治信念出了问题。2009 年 6 月 30 日，在全国优秀共产党员代表座谈会上，习近平同志要求各级党组织一定要加强对党员和干部的思想政治教育，使他们坚定对马克思主义的信仰，坚定对中国特色社会主义的信念，坚定对改革开放和社会主义现代化建设的信心，要求广大党员要"把共产主义远大理想同实现党在现阶段的历史任务结合起来，把满腔政治热情转化为做好本职工作的强大动力，在平凡的岗位上创造第一流的工作业绩"。

三 习近平总书记系列重要讲话始终体现着马克思主义方法论的现实力量

习近平总书记把马克思主义看作行动的指南，强调掌握马克思主义的方法论，运用马克思主义的方法论来解决中国的改革与发展问题。他在 2013 年 1 月 1 日《求是》杂志发表的文章中指出：在前进道路上，我们一定要加强全党的理论武装，按照建设马克思主义学习型政党的要求，深入学习和掌握马克思列宁主义、毛泽东思想，深入学习和掌握中国特色社会主义理论体系，牢固树立辩证唯物主义和历史唯物主义世界观和方法论。

（一）习近平总书记运用历史唯物主义社会基本矛盾分析法来回答全面深化改革的必要性与紧迫性、改革的基本内容及主要方向

2013 年 12 月 3 日，在十八届中央政治局第十一次集体学习时，习近平总书记强调，"要学习和掌握社会基本矛盾分析法，深入理解全面深化改革的重要性和紧迫性"。社会基本矛盾分析法是推进改革的重要方法。他提出：我们进行全面深化改革，就是要适应我国社会基本矛盾运动的变化来推进社会发展。社会基本矛盾总是不断发展的，所以调整生产关系、完善上层建筑需要相应地不断进行下去。"改革开放只有进行时、没有完成时，这是历史唯物主义态度。"社会主义社会的基本矛盾仍然是生产力和生产关系、经济基础和上层建筑的矛盾，这一基本矛盾要求我们必须不断适应社会生产力的发展调整生产关系。

要想适应生产力的发展状况就必须首先弄清楚当代中国的生产力是个什么状况。改革开放 30 多年来，中国的生产力已经从自给自足的自然经济的生产力发展成了商品经济的生产力，从比较分散的小农经济发展成了以社会化大生产为主的生产力，从相对封闭的生产力转化为开放的生产力，从农业经济的生产力转变为以现代工业和服务业为主的生产力，从行政管制下的生产力转变为市场决定的生产力。生产力的变化要求我们必须变革生产关系，特别是完善体现生产关系的基本经济制度，完善以公有制为主体、多种所有制经济能够共同发展的所有制结构。要完善这一基本经济制度，就要全面深化改革。产权是所有制的核心，通过改革，健全归属清晰、权责明确、保护严格、流转顺畅的现代产权制度，使这一制度发挥出核心作用。混合所有制经济是基本经济制度的重要实现形式，通过改革，使国有资本、集体资本、非公有资本等交叉持股、相互融合的混合所有制经济不断成长壮大，既有利于国有资本放大功能、保值增值、提高竞争力，也有利于各种所有制资本取长补短、相互促进、共同发展。

这一基本矛盾还要求我们必须不断适应经济基础的发展变革上层建筑。经济基础是指一定社会中占统治地位的生产关系各方面的总和。新中国成立以来，我国的经济基础发生了很大变化，过去认为公有制经济与非公有制经济是对立的关系，严格限制非公有制经济发展。改革开放后，我们逐步认识到非公有制经济是公有制经济的有益补充，在一定范围内允许非公有制经济发展。20 世纪 90 年代后，我们更加清醒地认识到公有制经济与非公有制经济可以共同发展。在当代中国，公有制经济和非公有制经济都是社会主义市场经济的重要组成部分，都是我国经济社会发展的重要基础。经济基础的变化要求我们推动上层建筑的变革，特别是推动政府职能的转变。坚持权利平等、机会平等、规则平等，废除对非公有制经济各种形式的不合理规定，消除各种隐性壁垒，制定非公有制企业进入特许经营领域的具体办法，使它们有更加广阔的发展空间；进一步简政放权，深化行政审批制度改革，最大限度地减少中央政府对微观事务的管理，直接面向基层，由地方管理更方便有效的经济社会事项一律下放地方和基层管理。

（二）习近平总书记系列重要讲话展现了历史唯物主义关于历史发展的辩证思维，强调用正确的历史观看待历史

对待历史的科学态度，使我们能够正确认识现实，避免重蹈苏共亡党的命运。习近平总书记从多个方面阐明了对待历史应有的科学态度：首先，正确看待"两个三十年"。只有正确看待"两个三十年"，才能更好地推进我们今后的改革。习近平总书记深刻指出，我们党领导人民进行社会主义建设，有改革开放前和改革开放后两个历史时期，这是两个相互联系又有重大区别的时期，但本质上都是我们党领导人民进行社会主义建设的实践探索。他强调，对改革开放前的历史时期要正确评价，不能用改革开放后的历史时期否定改革开放前的历史时期，也不能用改革开放前的历史时期否定改革开放后的历史时期。其次，在复杂的国际国内背景下，正确地评价了毛泽东同志的历史功绩。在 21 世纪的今天，对毛泽东同志历史功绩的评价直接影响到中国向何处去。在纪念毛泽东同志诞辰 120 周年大会上，习近平总书记指出："毛泽东同志是伟大的马克思主义者，伟大的无产阶级革命家、战略家、理论家，是马克思主义中国化的伟大开拓者，是近代以来中国伟大的爱国者和民族英雄，是党的第一代中央领导集体的核心，是领导中国人民彻底改变自己命运和国家面貌的一代伟人。"这一科学评价使中国今后发展有了清晰的方向。最后，对历史人物的评价，应该放在其所处时代和社会的历史条

件下去分析，要避免"六个不能"：评价历史人物不能离开对历史条件、历史过程的全面认识和对历史规律的科学把握；不能忽略历史必然性和历史偶然性的关系；不能把历史顺境中的成功简单归功于个人；也不能把历史逆境中的挫折简单归咎于个人；不能用今天的时代条件、发展水平、认识水平去衡量和要求前人；不能苛求前人干出只有后人才能干出的业绩来。

（三）习近平总书记运用辩证唯物主义及事物普遍联系的方法来分析改革举措的整体性、协同性

习近平总书记指出，中国共产党坚持辩证唯物主义和历史唯物主义的马克思主义世界观，始终坚持代表最广大人民根本利益的政治方向、政治立场、政治观点。辩证唯物主义强调事物之间的普遍联系性，强调事物的相互关联性。正是基于此，习近平总书记指出：全面深化改革是一项复杂的系统工程，需要加强顶层设计和整体谋划，加强各项改革关联性、系统性、可行性研究。我们要在基本确定主要改革举措的基础上，深入研究各领域改革关联性和各项改革举措的耦合性，深入论证改革举措可行性，把握好全面深化改革的重大关系，使各项改革举措在政策取向上相互配合、在实施过程中相互促进、在实际成效上相得益彰。

四 习近平总书记系列重要讲话始终体现着科学社会主义基本原则的神髓

有的人把中国特色社会主义理解为背离科学社会主义原则的社会主义，是只讲中国自身特点不讲世界文明"普世性"的社会主义，是与马克思主义创始人的科学社会主义格格不入的社会主义。这些观点是不符合实际的。习近平总书记指出，"中国特色社会主义是社会主义而不是其他什么主义，科学社会主义基本原则不能丢，丢了就不是社会主义"。

（一）习近平总书记清晰地阐明了科学社会主义基本原则

中国特色社会主义是根植于中国大地、反映中国人民意愿、适应中国和时代发展进步要求的科学社会主义，是全面建成小康社会、加快推进社会主义现代化、实现中华民族伟大复兴的必由之路。中国特色社会主义之所以充满生机与活力，一个重要原因就是马克思主义创始人阐明的科学社会主义基本原则具有强大生命力。

什么是科学社会主义基本原则？习近平同志在中央党校2008年春季学期开学典礼上的讲话中概括了科学社会主义基本原则坚持的"八个必须"："马克思列宁主义告诉我们，科学社会主义必须以历史唯物主义为理论基石，必须以实现共产主义为最高理想，必须以无产阶级政党为领导核心，必须以解放和发展生产力为根本任务，必须坚持代表最广大人民的根本利益，必须与社会化大生产相联系、以公有制和按劳分配为社会主义经济制度的基础，必须以人民当家做主为社会主义民主政治的本质特征，必须坚持改革和完善社会主义制度和体制机制，等等。"① 习近平总书记系列重要讲话指出了科学社会主义基本原则的基本内涵：在生产资料公有制基础上组织生产，满足全体社会成员的需要是社会主义生产的根本目的；对社会生产进行有计划的指导和调节，实行等量劳动领取等量产品的按劳分配原则；人应该在尊重自然的前提下充分发挥自身的主体性，并通过实践活动"自觉地"实现人与自然的和谐共处；无产阶级革命是无产阶级进行斗争的最高形式，必须由无产阶级政党领导，以建立无产阶级专政的国家为目的；通过无产阶级专政和社会主义高度发展，最终实现向消灭阶级、消灭剥削、实现人的全面而自由发展的共产主义过渡，等等。

---

① 习近平：《关于中国特色社会主义理论体系的几点学习体会和认识》，《求是》2008年4月1日。

（二）中国特色社会主义，是科学社会主义理论逻辑和中国社会发展历史逻辑的辩证统一，是科学社会主义的现实化

科学社会主义强调要大力发展社会生产力。马克思讲："无产阶级将利用自己的政治统治，一步一步地夺取资产阶级的全部资本，把一切生产工具集中在国家即组织成为统治阶级的无产阶级手里，并且尽可能快地增加生产力的总量。"① 习近平总书记系列重要讲话强调解放和发展生产力是中国特色社会主义的根本任务，在新的起点上继续推进中国特色社会主义，必须牢牢抓好党执政兴国的第一要务，始终代表中国先进生产力的发展要求，坚持以经济建设为中心，在经济不断发展的基础上，协调推进政治建设、文化建设、社会建设、生态文明建设以及其他各方面建设。

科学社会主义强调社会主义是有历史发展阶段的。马克思、恩格斯在创立科学社会主义理论时，考察和分析了人类社会的发展历程，提出了对未来共产主义社会发展阶段的科学论断。马克思在1875年所写的《哥达纲领批判》中首次提出共产主义社会将经历从"第一阶段"到"高级阶段"的发展过程。他把我们现在所说的社会主义社会称之为"共产主义社会第一阶段"，并认为它"是刚刚从资本主义社会中产生出来的，因此它在各方面，在经济、道德和精神方面都还带着它脱胎出来的那个旧社会的痕迹"②。恩格斯赞同马克思对未来社会划分的观点，并把未来社会的"第一阶段"看作一个不断发展的历史进程。习近平总书记系列重要讲话始终强调社会主义初级阶段是当代中国的最大国情、最大实际。他说："我们在任何情况下都要牢牢把握这个最大国情，推进任何方面的改革发展都要牢牢立足这个最大实际。不仅在经济建设中要始终立足初级阶段，而且在政治建设、文化建设、社会建设、生态文明建

---

① 《马克思恩格斯选集》第1卷，人民出版社1995年版，第293页。
② 《马克思恩格斯选集》第3卷，人民出版社1995年版，第304页。

设中也要始终牢记初级阶段；不仅在经济总量低时要立足初级阶段，而且在经济总量提高后仍然要牢记初级阶段；不仅在谋划长远发展时要立足初级阶段，而且在日常工作中也要牢记初级阶段。"

五 习近平总书记系列重要讲话始终体现着马克思主义的群众观的基本要求

习近平总书记系列重要讲话贯穿着一个重要的理念：人民对美好生活的向往，就是我们的奋斗目标。习近平总书记在党的十八大结束后记者见面会上讲："我们的人民热爱生活，期盼有更好的教育、更稳定的工作、更满意的收入、更可靠的社会保障、更高水平的医疗卫生服务、更舒适的居住条件、更优美的环境，期盼着孩子们能成长得更好、工作得更好、生活得更好。"实现人民的两大期盼、十个"更"字是我们党奋斗的巨大动力。

（一）习近平总书记系列重要讲话深刻阐明了在新的时代条件下人民依然是历史的创造者，群众才是真正的英雄

在市场经济深入发展的今天，有一些人自觉不自觉地把资本当成是创造历史的主要动力，强调公司的力量，忽视甚至鄙视劳动的力量。早在 2007 年上海曾进行过一次涵盖 4000 户的入户调查，数据表明仅有 1% 的人愿意做工人；人才就业意向根据频率高低依次为政府机关、事业单位、垄断性企业、金融保险和竞争性企业等。时至今日，不愿意当工人的现象依然相当普遍。针对这一现象，习近平总书记在 2013 年 4 月 28 日同全国劳动模范代表座谈时指出："人民创造历史，劳动开创未来"，"劳动是财富的源泉，也是幸福的源泉。人世间的美好梦想，只有通过诚实劳动才能实现；发展中的各种难题，只有通过诚实劳动才能破解；生命里的一切辉煌，只有通过诚实劳动才能铸就。必须牢固树立劳动最光荣、劳动最崇

高、劳动最伟大、劳动最美丽的观念，崇尚劳动，造福劳动者，让全体人民进一步焕发劳动热情、释放创造潜能，通过劳动创造更加美好的生活"。人民是先进生产力和先进文化的创造者，也是先进技术和先进社会关系的创造者。必须尊重人民的主体地位，发挥人民的首创精神。

（二）习近平总书记系列重要讲话深刻阐明了在全面深化改革的条件下人民是改革主体的理论，使全面深化改革牢牢建立在人民群众的伟大创造之上

人民群众之中孕育着深化改革的无限创造力。改革开放30多年来，人民群众创造出了诸如凤阳小岗村的农村承包制、首钢的工业承包制以及乡镇企业等众多的经验。改革开放之所以得到广大人民群众衷心拥护和积极参与，最根本的原因在于我们一开始就使改革开放事业深深扎根于人民群众之中。全面深化改革，需要依靠人民群众的智慧。习近平总书记指出："改革开放是亿万人民自己的事业，必须坚持尊重人民首创精神，坚持在党的领导下推进。改革发展稳定任务越繁重，越要加强和改善党的领导，越要保持党同人民群众的血肉联系，善于通过提出和贯彻正确的路线方针政策带领人民前进，善于从人民的实践创造和发展要求中完善政策主张，使改革发展成果更多更公平惠及全体人民，不断为深化改革开放夯实群众基础。"我们要通过全面深化改革，让人民群众中蕴含的劳动、知识、技术、管理、资本等要素的活力竞相迸发，让人民群众创造社会财富的源泉充分涌流，让人民成为市场的主体与决定性力量。

（三）习近平总书记系列重要讲话深刻阐明了在经济全球化的背景下开展党的群众路线教育实践活动的重要意义

以习近平同志为核心的党中央确信：党只有始终与人民心连心、同呼吸、共命运，始终依靠人民推动历史前进，才能做到坚如磐石。开展党的群众路线教育实践活动，就是要把为民务实清廉的价值追求深深植根于全党同志的思想和行动中，夯实党的执政基础、巩固党的执政地位、增强党的创造力凝聚力战斗力，使保持党的先进性和纯洁性、巩固党的执政基础和执政地位具有广泛、深厚、可靠的群众基础。习近平总书记强调：（1）群众路线是我们党的生命线和根本工作路线。实现党的十八大确定的奋斗目标，实现中华民族伟大复兴的中国梦，必须紧紧依靠人民，充分调动最广大人民的积极性、主动性、创造性。开展党的群众路线教育实践活动，就是要使全党同志牢记并恪守全心全意为人民服务的根本宗旨，以优良作风把人民紧紧凝聚在一起，为实现党的十八大确定的目标任务而努力奋斗。（2）群众路线是永葆党的青春活力和战斗力的重要传家宝，必须做到教育和实践两手抓，使马克思主义群众观点深深植根于思想中、真正落实到行动上。无论遇到任何困难和挑战，只要有人民支持和参与，就没有克服不了的困难，就没有越不过的坎。我们要贯彻党的群众路线，与人民心心相印、与人民同甘共苦、与人民团结奋斗。（3）一定要坚持从维护最广大人民根本利益的高度，多谋民生之利，多解民生之忧，在学有所教、劳有所得、病有所医、老有所养、住有所居上持续取得新进展。习近平总书记一再强调要坚持党的群众路线，坚持人民主体地位，时刻把群众安危冷暖放在心上，及时准确了解群众所思、所盼、所忧、所急，把群众工作做实、做深、做细、做透。要正确处理最广大人民根本利益、现阶段群众共同利益、不同群体特殊利益的关系，切实把人民利益维护好、实现好、发展好。

2013 年 3 月 1 日，在中央党校建校 80 周年庆祝大会暨 2013 年春季学期开学典礼上，习近平总书记指出，认真学习马克思主义理论是我们做好一切工作的看家本领，也是领导干部必须普遍掌握的工作制胜的看家本领。他引用毛泽东同志曾经提出的，"如果我们党有一百个至二百个系统地而不是零碎地、实际地而不是空洞地学会了马克思列宁主义的同志，就会大大提高我们党的战斗力量。"他强调："这个任务，今天依然很现实地摆在我们党面前。只有学懂了马克思列宁主义、毛泽东思想、邓小平理论、'三个代表'重要思想、科学发展观，特别是领会了贯穿其中的马克思主义立场、观点、方法，才能心明眼亮，才能深刻认识和准确把握共产党执政规律、社会主义建设规律、人类社会发展规律，才能始终坚定理想信念，才能在纷繁复杂的形势下坚持科学指导思想和正确前进方向，才能带领人民走对路，才能把中国特色社会主义不断推向前进。"这"五个才能"是我们掌握了马克思主义立场、观点、方法的必然结果。

实现中华民族伟大复兴
中国梦的思想研究

◎ 冯颜利[*]

党的十八大以来，习近平总书记在系列重要讲话中提出并深刻阐述了中华民族伟大复兴中国梦的定义、基本内涵、奋斗目标和实现路径。2012 年 11 月 29 日，习近平总书记在参观《复兴之路》展览时指出："每个人都有理想和追求，都有自己的梦想。现在，大家都在讨论中国梦，我以为，实现中华民族伟大复兴，就是中华民族近代以来最伟大的梦想。"[①] 并强调指出："改革开放以来，我们总结历史经验，不断艰辛探索，终于找到了实现中华民族伟大复兴的正确道路，取得了举世瞩目的成果。这条道路就是中国特色社会主义。"[②] 2013 年 3 月 17 日，习近平总书记进一步指出："实现中国梦必须走中国道路。这就是中国特色社会主义道路。""实现中国梦必须弘扬中国精神。这就是以爱国主义为核心的民族精神，以改革创新为核心的时代精神。这种精神是凝心聚力的兴国之魂、强国之魂。""实现中国梦必须凝聚中国力量。这就是中国各族人民大

---

　* 冯颜利，中国社会科学院马克思主义研究院研究员。
　① 《习近平关于实现中华民族伟大复兴的中国梦论述摘编》，中央文献出版社 2013 年版，第 3 页。
　② 同上书，第 23 页。

团结的力量。"① 2013 年 3 月 23 日，习近平总书记在莫斯科国际关系学院演讲时指出："实现中华民族伟大复兴，是近代以来中国人民最伟大的梦想，我们称之为'中国梦'，基本内涵是实现国家富强、民族振兴、人民幸福。"② 中国梦的重大战略思想生动形象地表达了全体中国人民的共同理想追求，昭示着国家富强、民族振兴、人民幸福的光明前景，为坚持和发展中国特色社会主义注入了新的内涵、强大正能量和时代精神。中国梦已经成为凝聚党心民心、激励中华儿女为实现中华民族伟大复兴而奋斗的强大精神力量，在国内外引起了热烈反响。③ 但是，国内外有些媒体在传播中国梦过程中，存在概念化、表面化，甚至庸俗化的倾向，以致有些人对于中国梦理解出现问题：有的人质疑，马克思创立唯物史观和剩余价值学说，把空想社会主义发展为科学社会主义，现在提出中国梦是否把科学社会主义又变成了梦想社会主义或者是新空想社会主义？也就是说，有的人认为中国梦是民族主义思想，④ 有的人认为中国梦

---

① 《习近平在第十二届全国人民代表大会第一次会议上的讲话》，《人民日报》2013 年 3 月 18 日。《习近平关于实现中华民族伟大复兴的中国梦论述摘编》，中央文献出版社 2013 年版，第 26、35、48 页。

② 《习近平关于实现中华民族伟大复兴的中国梦论述摘编》，中央文献出版社 2013 年版，第 5 页。

③ 美国《新闻周刊》2012 年 12 月 30 发表"中国的问答梦想"的文章说："中国梦将产生深远影响"。新华网伦敦 2012 年 3 月 22 日电（记者张建华）：英国最大的广告和公关集团 WWP 近日在英国议会下议院发布《中国梦的力量与潜力》调查报告。报告认为，中国人的个人梦与国家梦紧密交织，"中国梦"的吸引力未来可超越"美国梦"。报告指出，"中国梦"提出的时间虽短，但在中国已经妇孺皆知，中国民众对"中国梦"的认知程度远超美国人对"美国梦"、英国人对"英国梦"的认知程度。调查显示，有 92% 的受访中国民众知道"中国梦"，其中八成是从网上获悉。相比之下，只有 81% 的受访美国人听说过"美国梦"，而听说过"英国梦"的英国人只占 10%。报告认为，中国民众对"中国梦"的吸引力更加自信。受访中国人中有超过三分之一认为，美国是当今世界的"理想国度"，但这种看法仅限于当前，有 42% 的中国民众认为，再过 10 年，中国将会成为"理想国度"。同时，80% 受访中国民众认为美国是当今世界最强大的国家，这一比例比持有相同观点的美国人都要高。但有 44% 的中国民众认为，10 年后中国可以获得与美国比肩的影响力。

④ 曾在哈佛大学、耶鲁大学、普林斯顿大学担任教授的历史学家余英时在接受采访时，把中国梦看成民族主义，参见《谈习近平的"中国梦"》（余英时），自由亚洲电台 2013 年 5 月 3 日。

不是科学社会主义思想、不是马克思主义思想。实际上，中国梦的重大战略思想不仅始终以马克思主义为基础，不仅一刻也没有脱离马克思主义，而且是马克思主义中国化、时代化、大众化的理论典范、时代精华和精神旗帜。在当代中国，坚持中国特色社会主义就是坚持马克思主义。① 中国梦的重大战略思想，是马克思主义基本原理与中国国情和经济全球化时代特征相结合的最新理论成果，是科学社会主义的最新理论成果，是中国特色社会主义道路自信、理论自信、制度自信的表现，是马克思主义中国化、时代化、大众化的新话语、新凝练和新结晶，丰富和繁荣了中国特色社会主义理论体系，丰富和发展了马克思主义理论。

一　中国梦是马克思主义中国化的理论典范

马克思主义中国化意在强调把马克思主义基本原理与我国社会主义革命、建设和改革的实践完全而恰当地统一起来，反对各种形式主义和教条主义倾向，强调马克思主义说中国话。正如习近平总书记曾经所指出的："马克思主义中国化，就是把马克思主义基本原理同中国具体实际相结合，深入研究和解决中国革命、建设、改革不同历史时期的实际问题，总结中国的独特经验，形成具有中国风格、中国气派的马克思主义。"② 中国梦这个重大战略思想，是对中华民族昨天"雄关漫道真如铁"历史的科学总结，是对中华民族今天"人间正道是沧桑"实践的科学认识，更是对中华民族明天"长风破浪会有时"未来的科学把握，③ 它强调的中国道路、中国精神、中国力量，深刻把握了中国的实践需求，科学地回答了中国

---

① 参见党的十七大报告。
② 《习近平在中央党校秋季进修班开学典礼讲话》，人民网 2009 年 11 月 18 日。
③ 习近平在参观《复兴之路》展览时强调"承前启后　继往开来　继续朝着中华民族伟大复兴目标奋勇前进"，《人民日报》2012 年 11 月 30 日。

的现实问题，马克思主义中国化的生动形象、科学准确的表达方式，是中国特色、中国风格、中国气派的马克思主义思想理论典范。

首先，中国梦这个重大战略思想，是对中华民族近代以来历史的深刻把握，是马克思主义基本原理与中国革命实践相结合的思想理论典范。习近平总书记指出："实现中华民族伟大复兴是中华民族近代以来最伟大的梦想。"① 一个国家、一个社会乃至个人，没有思想就会僵化，没有理想就会停滞。中华民族是一个从来就不缺少思想、理想和梦想的民族。1840 年鸦片战争以来，中华民族历经磨难，经过几代中国共产党人和中国人民的艰辛探索，我们终于找到了一条把马克思主义基本原理与中国革命、建设与改革实践相结合的道路，这是一条实现中华民族伟大复兴中国梦的康庄大道，即中国特色社会主义道路。这条道路是中华民族历史的选择、人民的选择、现实的选择。习近平总书记指出，中国特色社会主义道路来之不易，它是在改革开放 30 多年的伟大实践中走出来的，是在中华人民共和国成立 60 多年的持续探索中走出来的，是在对近代以来170 多年中华民族发展历程的深刻总结中走出来的，是在对中华民族 5000 多年悠久文明的传承中走出来的，具有深厚的历史渊源和广泛的现实基础。中国特色社会主义道路，凝结着实现中华民族伟大复兴这个近代以来中华民族最根本的梦想。这条道路来之不易，是无数中华儿女用鲜血、汗水、智慧换来的。习近平总书记强调，中国特色社会主义道路是实现中华民族伟大复兴中国梦的必由之路。我们一定要坚定中国特色社会主义道路自信、理论自信、制度自信，既不走封闭僵化的老路，也不走改旗易帜的邪路。中华民族伟大复兴的中国梦浓缩了中华民族追梦的苦难与辉煌，凝结着中华儿女无数仁人志士前赴后继、英勇斗争的不懈努力，承载着全体中

① 《习近平关于实现中华民族伟大复兴的中国梦论述摘编》，中央文献出版社 2013 年12 月，第 57 页。

华儿女的共同美好向往。实现中华民族伟大复兴的中国梦，成为所有中华儿女的强烈愿望，展现出前所未有的国家富强、民族振兴、人民幸福的光明愿景。中国梦已经超越一种历史情结和民族情怀，早已升华成中国特色社会主义的政治理念、时代精神和理论典范。中国梦的重大战略思想深刻概括了中国近代以来社会历史发展的脉络、主题和主线，深刻把握了中国近代以来的社会历史发展的客观规律、必然趋势与未来走向，深刻展示了中华民族近代以来生生不息、不断求索、英勇奋斗的艰难历程，彰显了马克思主义中国化的民族特质，赋予了马克思主义更加明确的中华民族使命。在当代中国，没有任何一个思想、理念、理想，像中国梦这样深入人心、激励人心、凝聚人心。

其次，中国梦的重大战略思想，是对中国特色社会主义革命和建设实践特别是中国改革开放发展实践问题的清醒认识与深刻把握，是马克思主义基本原理与中国特色社会主义革命和建设实践特别是中国改革开放实践相结合的思想理论典范。改革开放以来，我党每一次重大理论创新的成果，都集中表达了中国特色社会主义建设实践探索的迫切要求。以中国革命、建设、发展、改革的实际问题为中心带动理论创新，是马克思主义中国化的基本经验，反映了马克思主义基本原理与中国实践相结合的内在品质。改革开放30多年来，我国经济社会发展取得了巨大成就，但正如邓小平同志指出的，发展起来以后的问题不比发展时少。在全面建成小康社会的新时期新阶段，我们不仅要解决快速发展所积累的大量矛盾和问题，还要解决好发展中可能产生的一系列新矛盾和新问题。习近平总书记深刻指出，行百里者半九十，距离实现中华民族伟大复兴的目标越近，我们越不能懈怠，越要加倍努力。党的十八大以来，习近平总书记对中华民族伟大复兴的中国梦作出了集中、系统和深刻的阐述，中国梦这一重大战略思想，是对世情、国情、党情、民情的清醒认识，是对中国历史与现实的深刻把握，是对当下中国实际问题的客观正视，是对中国经济社会发展规律的自觉遵循，蕴含着鲜明的问题意识和清晰的理论指向，是以马克思主义基本原理之"矢"射中国实际问题之"的"的思想理论结晶，彰显了我党领导中华儿女实现全面建成小康社会、实现中华民族伟大复兴宏伟目标的坚定自觉、自强与执政自信，展现出了马克思主义思想家、政治家非凡的理论勇气和高超的政治智慧。中国梦重大战略思想的提出，标志着马克思主义中国化达到了新的历史高度。

最后，中国梦这个重大战略思想，遵循历史发展的客观规律，正确认识和科学把握了改革开放前 30 年和改革开放后 30 年的辩证关系。中国梦既反对历史虚无主义又反对民主社会主义，继承、坚持、创新和发展了马克思提出的历史唯物主义和科学社会主义，处处体现着历史唯物主义的精髓和对科学社会主义的继承、创新和发展。正如马克思在《路易·波拿巴的雾月十八日》中所指出的："人们自己创造自己的历史，但是他们并不是随心所欲地创造，并不是在他们自己选定的条件下创造，而是在直接碰到的、既定的、从过去承继下来的条件下创造。"[①] 中华民族伟大复兴中国梦的提出和实现，离不开新中国成立后所进行的社会主义革命与建设的探索。中国共产党领导全国人民在社会主义建设实践中取得的独创性理论成果和巨大成就，为新的历史时期成功开创和发展中国特色社会主义道路、理论体系和制度提供了宝贵经验、理论准备和物质基础。有了这样的基础和准备，我们才能在 1978 年启动改革开放，改革开放的顺利推进使中国梦的实现有了可靠的物质基础和思想理论准备。实现中国梦要求我们不能用改革开放后的历史时期否定改革开放前的历史时期，也不能用改革开放前的历史时期否定改革开放后的历史时期。割断了这两个历史时期，用一个否定另一个，只会造成理论的混乱和历史的混乱，甚至会把中国人民的美好梦想带

---

① 《马克思恩格斯选集》第 1 卷，人民出版社 1995 年版，第 585 页。

向历史深渊。

建设和发展中国特色社会主义是一个十分漫长的历史过程,需要几代人、十几代人甚至几十代人的艰苦奋斗。在这一历史进程中,中国特色社会主义共同理想会展现很多的美丽图景,在社会主义初级阶段的亮丽图景就是全面建成小康社会、富强民主文明和谐的社会主义现代化国家和中华民族的伟大复兴。中国梦与中国特色社会主义紧密相连,中国特色社会主义的发展进步为中国梦的实现提供了无比广阔的空间,中国梦的重大战略思想为中国特色社会主义在社会主义初级阶段的发展呈现了光明的前景。

二 中国梦是马克思主义时代化的时代精华

马克思主义时代化意即强调马克思主义与时俱进的时代理论品格,使马克思主义紧跟时代步伐、反映时代精神、把握时代脉搏、回答时代课题、引领时代潮流,也就是说让马克思主义说时代新话。正如习近平总书记曾经所指出的:"马克思主义时代化,就是把马克思主义同时代特征结合起来,使之紧跟时代发展步伐、不断吸收新的时代内容、科学回答时代课题。"① 中国梦这个重大战略思想,把握了时代需要、时代难题、时代精神,始终以经济全球化和世界共创美好未来为基础,顺应了中国特色社会主义在新时期新阶段的发展大势,是中国特色社会主义道路、理论体系和制度在新时期新阶段的新话语,是马克思主义时代化的时代思想精华。

首先,中国梦这个重大战略思想,把马克思主义与世界社会主义的新特征相结合,是马克思主义特别是中国特色社会主义在世界社会主义发展进程中的时代新话语和时代精神精华。中华民族伟大复兴的中国梦是国家梦、民族梦、人民梦,也是世界梦、社会主义

---

① 《习近平在中央党校秋季进修班开学典礼讲话》,人民网 2009 年 11 月 18 日。

梦、时代梦。中国梦不仅是对改革开放 30 多年的伟大实践、中华人民共和国成立 60 多年的持续探索、近代以来 170 多年中华民族发展历程、中华民族 5000 多年悠久文明的传承的深刻总结，也是对世界社会主义 500 年发展规律的清醒认识和深刻把握。中国梦紧跟时代发展步伐，把握了时代脉搏、时代潮流和时代发展规律。实现中国梦必须走中国道路，走中国道路就是要坚定中国特色社会主义道路信心、丰富和发展中国特色社会主义理论体系、发展和完善中国特色社会主义制度。列宁曾经指出："重要的是相信道路选择得正确，这种信心能百倍地加强革命毅力和革命热情，有了这样的革命毅力和革命热情就能创造出奇迹来。"[1] 实现中国梦的理论基础就是马克思主义、毛泽东思想和中国特色社会主义理论体系等构成的基本理论系统。实现中国梦的制度基础就是中国特色社会主义制度，这一制度集中体现了中国特色社会主义公平与效率相兼顾、民主与集中相结合、活力与秩序相统一、人的全面而自由发展与社会文明进步相促进等中国特色社会主义的时代特点和时代优势，这使中华民族伟大复兴中国梦的实现有了雄厚的时代制度力量作为支撑和保障。

其次，中国梦这个重大战略思想，是马克思主义在经济全球化时代、全球化市场、民族历史走向世界历史的进程中的时代新话语，是马克思主义在全球化时代的时代思想理论精华。马克思和恩格斯早就指出，社会主义事业的发展、共产主义的实现是与世界市场的开拓、民族历史走向世界历史和世界历史的形成紧密联系在一起的。他们强调指出："只有这样，单个人才能摆脱种种民族局限和地域局限而同整个世界的生产（也同精神的生产）发生实际联系，才能获得利用全球的这种全面的生产（人们的创造）的能力。"[2] "每一个单个人的解放的程度是与历史完全转变为世界历史

---

[1] 《列宁全集》第 11 卷，人民出版社 1987 年版，第 84 页。
[2] 《马克思恩格斯选集》第 1 卷，人民出版社 1995 年版，第 89 页。

的程度一致的。"① 要实现中华民族伟大复兴的中国梦，就绝不能只顾国内的发展而忽视了与世界的广泛交往。我们必须积极主动地参与到经济全球化当中去，大力开展对外经济文化交流，积极推进对外经济技术合作，充分吸取世界文明成果，更好地利用国际国内两个市场、两种资源，实现经济落后国家建设社会主义过程中在技术和管理上的跨越式发展，早日建成全面小康社会，建成富强民主文明和谐的社会主义现代化强国，实现中华民族的伟大复兴。资本主义推动了经济全球化，完成了历史由民族历史向世界历史的转变，正如马克思所指出的："资产阶级，由于开拓了世界市场，使一切国家的生产和消费都成为世界性的了。"② 但是，资本主义主导的经济全球化使国家与国家、民族与民族之间的发展严重失衡，它创造的世界历史充满了国家之间、民族之间的极度不平等，资产阶级按照资本的本性创造出一个世界，"它迫使一切民族——如果它们不想灭亡的话——采用资产阶级的生产方式；它迫使它们在自己那里推行所谓的文明，即变成资产者"③。这些都是发展的狭隘性在经济全球化层面的反映。这种狭隘的国家和民族关系，只会引起国家之间和民族之间无尽的争夺、冲突和战争，而绝对不可能实现和平、发展、合作、共赢的世界梦。"无产阶级只有在世界历史意义上才能存在，就像共产主义——它的事业——只有作为'世界历史性的'存在才有可能实现一样。"④ 我们只有积极主动地参与到经济全球化当中去，加强国际经济文化交流与合作，才能触动国家之间、民族之间存在的不平衡和不平等状况，推动新型国际经济文化关系的建立；才能向世界展示中国特色社会主义建设的优势和辉煌成就，也才能实现中华民族伟大复兴的时代中国梦。中国特色社会

---

① 《马克思恩格斯选集》第 1 卷，人民出版社 1995 年版，第 89 页。

② 同上书，第 276 页。

③ 同上。

④ 同上书，第 87 页。

主义道路的成功开拓和发展，中国特色社会主义理论体系的形成和发展，中国特色社会主义制度的形成、发展和完善，是与经济全球化的时代进程和全球化市场密不可分的。实现中华民族伟大复兴的中国梦同样如此，中国梦不是中国孤芳自赏的梦想，而是与世界共精彩、与世界共通共享的时代梦想，是与世界各国人民和平、发展、合作、共赢的世界时代梦，是马克思主义的世界化、时代化的精神精华。

最后，中国梦这个重大战略思想，把马克思主义与时代共同理想相结合，是致力于中国为世界作出更大贡献的世界梦，是承担世界责任的时代梦，是中国特色社会主义发展繁荣的时代新话语。新中国成立以来，中国人民一直有这种梦想，就是要对人类发展进步作出更大的贡献。1956 年 11 月，毛泽东同志在《纪念孙中山先生》一文中正式提出了"中国梦"，他说："一九一一年的革命，即辛亥革命，到今年，不过四十五年，中国的面目完全变了。再过四十五年，就是二千零一年，也就是进到二十一世纪的时候，中国的面目更要大变。中国将变为一个强大的社会主义工业国。中国应当这样。因为中国是一个具有九百六十万平方公里土地和六万万人口的国家，中国应当对于人类有较大的贡献。"① 他还强调说："中国的人口多、底子薄，经济落后，要使生产力很大地发展起来，要赶上和超过世界上最先进的资本主义国家，没有一百多年的时间，我看是不行的。"② 后来，毛泽东同志又提出要在 20 世纪末实现四个现代化。③ 因此，按照毛泽东同志的观点，所谓中华民族伟大复兴，就是要用 50 年到 100 年左右的时间，把中国建成强大的社会主义工业国，实现四个现代化，赶上和超过世界上最先进的发达资本主义国家。1978 年 6 月 10 日，邓小平同志在会见卢旺达总统哈

---

① 《毛泽东文集》第 7 卷，人民出版社 1999 年版，第 156—157 页。
② 《毛泽东文集》第 8 卷，人民出版社 1999 年版，第 302 页。
③ 同上书，第 116—162 页。

比亚利马纳时曾说：衡量我们是不是真正的社会主义国家，不但要使我们自己发展起来，实现四个现代化，而且要能够随着自己的发展，对人类作更多的贡献。在 20 世纪 80 年代，邓小平同志从毛泽东同志的设想出发，提出了"三步走"战略。他说："本世纪走两步，达到温饱和小康，下个世纪用三十年到五十年时间再走一步，达到中等发达国家的水平。""如果达到这一步，第一，是完成了一项非常艰巨的、很不容易的任务；第二，是真正对人类作出了贡献；第三，就更加能够体现社会主义制度的优越性。"① 1997 年召开的党的十五大强调社会主义初级阶段是"逐步缩小同世界先进水平的差距，在社会主义基础上实现中华民族伟大复兴的历史阶段"。2002 年，党的十六大报告强调"实现中华民族伟大复兴"是中国共产党从成立那一天起就"肩负着的庄严使命"。2007 年，党的十七大报告指出，改革开放是"实现中华民族伟大复兴的必由之路"。2012 年，党的十八大报告提出要"牢牢把握社会主义初级阶段这个最大国情"和"牢牢立足社会主义初级阶段这个最大实际"，强调"实现社会主义现代化和中华民族伟大复兴"是建设中国特色社会主义的总任务，并强调："中国致力于缩小南北差距，支持发展中国家增强自主发展能力。中国将加强同主要经济体宏观经济政策协调，通过协商妥善解决经贸摩擦。中国坚持权利和义务相平衡，积极参与全球经济治理，推动贸易和投资自由化便利化，反对各种形式的保护主义。"总之，中华民族伟大复兴的中国梦，不仅造福中国人民，而且将造福世界各国人民，是马克思主义在时代的新特征、新话语、新结晶。

三 中国梦是马克思主义大众化的精神旗帜

马克思主义大众化意在把马克思主义基本原理更加通俗地且具

① 《邓小平文选》第 3 卷，人民出版社 1993 年版，第 251、224 页。

体形象地表达出来，用平实易懂、质朴无华和平易近人的语言把深刻的道理讲清楚、讲透彻，以让人民群众乐于接受的方式说清晰、说明白，让马克思主义从书斋走向人民大众，更好地为人民群众所理解、所接受，也就是说让马克思主义说人民群众喜闻乐见的话。正如习近平总书记曾经所指出的："马克思主义大众化，就是把马克思主义理论用简单质朴的语言讲清楚、用群众喜闻乐见的方式说明白，使之更好地为广大党员和人民大众所理解、所接受。"① 马克思主义要实现大众化，首先要通俗化、广泛化，没有通俗化、广泛化，其他一切都无从谈起。话语转换是马克思主义通俗化、广泛化的前提，也是大众化的本质要求。中国梦这个重大战略思想，把中国特色社会主义道路、理论体系、制度与马克思主义的话语转换成为人民群众喜闻乐见的大众语言，契合了大众生活、大众思想、大众表达，是马克思主义大众化的思想理论精神旗帜。中国梦的宣传不仅符合意识形态时代大众化的要求，而且是马克思主义宣传教育发展的需要。由于中国梦还赋予了中国特色社会主义共同理想更丰富的内涵，其思想的典范性、旗帜性和创新性必定助推我国主流意识形态研究、宣传的话语转换进一步深入，也必将为马克思主义大众化进一步平添更多时代光彩。

首先，中国梦这个重大战略思想，源于对最广大人民群众脉搏的真切感知，是马克思主义基本原理与人民大众脉搏相结合的马克思主义大众化的精神旗帜。习近平总书记指出："人民对美好生活的向往，就是我们的奋斗目标。"② 中国梦始终与人民心心相印、与人民同甘共苦、与人民团结奋斗。中国梦把中国特色社会主义伟大事业、国家民族的整体利益和每一个中国人的具体利益紧密联系在一起，把民族复兴的伟大目标转化为一个个相互关联、清晰可见、

---

① 《习近平在中央党校秋季进修班开学典礼讲话》，人民网 2009 年 11 月 18 日。
② 习近平：《人民对美好生活的向往就是我们的奋斗目标》，《人民日报》2012 年 11 月 16 日。

具体实在的理想和发展要求，把人民群众所期盼的更满意的收入、更稳定的工作、更好的教育、更可靠的社会保障、更高水平的医疗卫生服务、更舒适的居住条件、更优美的环境作为我们党和政府努力的方向，让人民群众真真切切地触摸和感受到自己的梦想正一天天、一步步变成现实，道出了亿万中华儿女的共同心声，激荡起亿万人民的强烈共鸣，最大限度地汇聚了不同阶层、不同年龄和不同群众的愿望与追求，形成了强大的凝聚力、感召力和内化力。改革开放30多年来，中国与世界都发生了翻天覆地的变化，在这个经济全球化、信息化、网络化时代，人民群众的世界观、人生观、价值观、道德观发生了前所未有的变化，在这个时候，我们就不能再用传统的思维方式或空洞的、遥远的、难以企及的宣传口号来教育群众、号召群众、说服群众，而是要用贴近的、亲切的、生动的、可信的语言来引导群众、感召群众、凝聚群众。1935年，蔡斐君向鲁迅请教诗歌问题，鲁迅回信说：“要易记，易懂，易唱，动听。”① 这个标准对于我们推进马克思主义中国化、时代化、大众化的理论创新与宣传大有裨益。当今，马克思主义理论宣传的目的是让中国特色社会主义道路、理论体系、制度离人民群众越来越近，越来越听得懂，越来越想听；而不是越来越远，越来越听不懂，越来越不想听。习近平同志在担任浙江省委书记期间就曾经教导领导干部说：“在开展群众工作方面，我们有的领导干部甚至不会说话。有的同志自嘲：与新社会群体说话，说不上去；与困难群众说话，说不下去；与青年学生说话，说不进去；与老同志说话，给顶了回去。很多场合，我们就是处于这样一种失语的状态，怎么能使群众信服呢？”② 中华民族伟大复兴的中国梦，正是符合了中国特色社会主义大众化的表达要求，因此受到人民群众的热烈响应。

其次，中国梦这个重大战略思想，是中国特色社会主义梦，也

① 《鲁迅书信集》下卷，人民文学出版社1976年版，第883页。
② 习近平：《要群众信任，决不仅仅靠权力》，《人民日报》2005年5月30日。

是共产主义远大理想梦，是马克思主义基本原理与时代人民大众理想相结合的马克思主义大众化的精神旗帜。中国梦强调要在坚持、发展和繁荣中国特色社会主义的过程中促进人的自由而全面发展，这是未来共产主义社会发展要求在中国当代现实的反映。马克思、恩格斯在《共产党宣言》中强调"每个人的自由发展是一切人的自由发展的条件"。马克思、恩格斯在《德意志意识形态》中讲："在共产主义社会里，任何人都没有特殊的活动范围，而是都可以在任何部门内发展，社会调节着整个生产，因而使我有可能随自己的兴趣今天干这事，明天干那事，上午打猎，下午捕鱼，傍晚从事畜牧，晚饭后从事批判，这样就不会使我老是一个猎人、渔夫、牧人或批判者。"[1] 后来，马克思在《资本论》中更明确地提出：每个人自由而全面的发展，是共产主义的基本原则。中华民族伟大复兴的中国梦内在地包含着促进人的自由而全面发展的要求。到2020年全面建成小康社会之际，收入分配差距缩小，中等收入群体持续扩大，为人的自由而全面发展提供更加丰实的经济基础；民主制度更加完善，民主形式更加丰富，人民群众的积极性主动性创造性进一步发挥，为人的自由而全面发展提供更加厚实的政治基础；中国特色社会主义文化大发展大繁荣，社会主义文化软实力显著增强，社会主义核心价值观深入人心，公民文明素质和社会文明程度明显提高，文化产品丰富，文化产业成为国民经济支柱性产业，人民群众的精神文化生活丰富多彩，社会主义文化强国建设基础坚实，为人的全面而自由发展提供更加坚实的文化基础；社会保障全民覆盖，人人享有基本医疗卫生服务，住房保障体系形成，社会和谐稳定，为人的自由而全面发展提供更加坚实的社会基础；社会主义生态文明建设成就突出，建成资源节约型、环境友好型社会，资源循环利用，单位国内生产总值能源消耗和二氧化碳排放低，主要污染

---

① 《马克思恩格斯选集》第1卷，人民出版社1995年版，第85页。

物排放总量少，森林覆盖率高，生态系统稳定，人居环境优化，建成美丽中国，为人的自由而全面发展提供更加坚实的生态文化和生态文明基础。

再次，中国梦这个重大战略思想，契合了人民大众的价值诉求，是马克思主义核心价值观即社会主义核心价值观的大众化表达，是马克思主义基本原理与大众价值观相结合的马克思主义大众化的精神旗帜。梦想承载价值、传播价值、放飞价值。核心价值观是非常抽象的东西，看不见、听不到、摸不着，要通过内化于心、外化于行的过程，让其内化为人民大众的真切认知、外化为人民大众的实际行动，就必须借助一定的载体。而中华民族伟大复兴的中国梦就是这样的载体，她让社会主义核心价值观这个比较抽象的东西一下子就变得具体、真实、现实，可知、可感、可行。中国梦有一个总目标，就是中华民族伟大复兴即"国家富强、民族振兴、人民幸福"；有两个阶段任务，就是在建党 100 年时全面建成小康社会，新中国成立 100 年时实现社会主义现代化；有两个价值追求，就是不仅强调国家的富强和民族的振兴，而且强调每个人都享有人生出彩的机会，享有梦想成真的机会，享有与祖国和时代一起成长与进步的机会，是国家梦、民族梦与个人梦的统一。因此，中国梦让人向往、让人振奋、让人感动。更为重要的是，中国梦还可以让全国各族人民结合本地区、本部门、本人的实际设计各自梦想成真的具体路径。

最后，中华民族伟大复兴的中国梦，是国家梦、民族梦和个人梦的统一，也是和平、发展、合作、共赢的世界梦，与包括欧洲梦、非洲梦等在内的世界各国人民的美好梦想有相通之处，是马克思主义基本原理与世界人民大众梦想相结合的马克思主义大众化的精神旗帜。第一，中国梦与欧洲梦有相通之处。中国正朝着实现中华民族伟大复兴的目标迈进，欧洲一体化也是欧洲人民追求和平发展繁荣的梦想。中欧都在走前人没有走过的路，做前人没有做过的事。作为最大的发展中国家和最大的发达国家联合体，中欧是维护世界和平的"两大力量"；作为世界上两个重要经济体，中欧是促进共同发展的"两大市场"；作为东西方文化的重要发祥地，中欧是推动人类进步的"两大文明"。2013 年底，习近平总书记在会见欧盟领导人时是这样定位中欧在世界上的角色和中欧关系使命的。中欧合作的三大使命，不仅重新定位了中欧关系及中欧在世界上的角色，而且会让世界更均衡、安全、美好。这说明，中国梦与欧洲梦有相通之处。第二，中国梦与非洲梦相通。习近平总书记在坦桑尼亚尼雷尔国际会议中心发表演讲时强调的中非在推动世界持续和平、共同繁荣方面是一致的，习近平总书记说：中国人民正致力于实现中华民族伟大复兴的中国梦，非洲人民正致力于实现联合自强、发展振兴的非洲梦。中非人民要加强团结合作、加强相互支持和帮助，努力实现我们各自的梦想，同国际社会一道，推动实现持久和平、共同繁荣的世界梦，为人类和平与发展作出新的更大的贡献。① 当然，中华民族伟大复兴的中国梦也不同于他国梦，如在能源消耗上不会做"美国梦"，在人口流动上不会做"欧洲梦"，在增强综合国力上不会做"苏联梦"。② 北京大学乐黛云教授在《美国梦·欧洲梦·中国梦》的演讲中也说：随着"美国梦"在 21 世纪渐渐褪去其昔日的炫目光彩，世界将它的目光投向了欧盟和中国。在 J. 里夫金看来，尽管断言"欧洲梦"和觉醒中的"中国梦"的融合结果会是什么，还为时尚早，但预言正在出现的"欧洲梦"和"中国梦"会对整个人类的未来产生深远影响则绝非言过其实！③

---

① 习近平：《永远做可靠朋友和真诚伙伴——在坦桑尼亚尼雷尔国际会议中心的演讲》，新华网 2013 年 3 月 25 日。

② 郑必坚：《对中国和平崛起新道路与中美关系的十点看法》，《中国报道》2005 年第 9 期。

③ "欧洲梦"和"中国梦"将影响人类未来，http://view. QQ. com，《文学报》2006 年 9 月 24 日。

总之，我党的思想理论总是随着时代的发展变化而不断与时俱进的。中国梦这个重大战略思想，凝结着中国特色社会主义的理论精华，赋予了中国特色社会主义道路、理论体系和制度新的思想内容，把中国特色社会主义推进到了马克思主义中国化、时代化、大众化的新境界，是马克思主义中国化、时代化、大众化的理论精髓。

中国特色社会主义与
科学社会主义关系的研究

◎ 吴　波

中国向何处去，是近几年国内外持续关注的重大问题。巨大的中国成就与巨大的中国问题如此高度紧密地结合，迫切需要中国共产党就未来道路、改革路径和政策选择等重大问题作出理论阐释和明确承诺。党的十八大正面阐发了中国道路的核心价值，但在一些人看来，中国特色社会主义仍然是一个含糊不清的概念，中国发展方向仍然缺乏确定性。可能正是基于这一点，对于"中国向何处去"问题的关注，不仅没有随着十八大的闭幕而告一段落，反而随着对"习李新政"的期待进入了一个新的阶段。正确理解和澄清中国特色社会主义的本质，是坚持和发展中国特色社会主义的思想前提。2013 年 1 月 5 日，在新进中央委员会的委员、候补委员学习贯彻党的十八大精神研讨班开班式上，习近平总书记指出："中国特色社会主义，是科学社会主义理论逻辑和中国社会发展历史逻辑的辩证统一，是根植于中国大地、反映中国人民意愿、适应中国和时代发展进步要求的科学社会主义，是全面建成小康社会、加快推进社会主义现代化、实现中华民族伟大复兴的必由之路。"[1] 这就进一

---

* 吴波，中国社会科学院中国社会科学评价中心研究员。

[1]　习近平：《毫不动摇坚持和发展中国特色社会主义》，《党建》2013 年第 2 期。

步明确了，中国特色社会主义是对马克思主义的世界观和方法论、对科学社会主义基本原理的创造性运用和发展，社会主义是中国道路的核心价值。习近平总书记在十八大召开后不久的这一重要论述不仅具有鲜明的现实针对性，回应了种种相关争论，而且进一步强化了中国道路的自我认知，蕴含了规范性矫正的政治意图。

一　中国特色社会主义的历史必然性

讨论中国特色社会主义的道路选择，不能回避这条道路与人类社会发展普遍规律关系的探讨，因而离不开历史唯物主义关于规律和道路关系问题的分析。在历史唯物主义看来，规律是道路的根本依据，道路是规律的实现方式。规律的实现以一定的条件开辟道路，因而条件构成规律与道路之间的中介环节，并对道路的形成产生重要影响。从根本上说，正是条件的特殊性决定了中国道路的历史选择，决定了中国特色社会主义的历史必然性。

近代中国沦为半殖民地半封建社会后，面临两个重大课题：一个是如何实现民族独立；一个是如何实现现代化。可以说，对这两个重大课题的科学回答决定了近代以来中国道路的走向和特色。在现代化与民族独立之间关系的问题上，马克思、恩格斯始终坚持东方民族的独立处于优先地位的观点。他们指出，"在印度人自己还没有强大到能够完全摆脱英国的枷锁以前，印度人是不会收获到不列颠资产阶级在他们中间播下的新的社会因素所结的果实的"①。波兰"只有当它作为一个独立的民族重新掌握自己的命运的时候，它的内部发展过程才会重新开始"②。近代中国历史充分证明了这一点：因为落后，所以挨打；因为不断地挨打，所以更加落后。在帝国主义列强的侵略和封建王朝的腐败统治下，中国始终发展不起

---

① 《马克思恩格斯选集》第 1 卷，人民出版社 1995 年版，第 771—772 页。
② 《马克思恩格斯全集》第 18 卷，人民出版社 1964 年版，第 630 页。

来，处于一种贫穷、落后的状态。这就决定了，中国若想发展起来，只有首先解决民族独立的问题才有可能。

孙中山这位"站在正面指导时代潮流的伟大历史人物"，最先擎起了反帝反封建的资产阶级民主革命的旗帜。认识到民族独立与现代化的一致性，是近代以来中国人民在中国道路问题上第一次理论自觉。1911年辛亥革命的胜利，终结了两千多年的封建帝制。然而，辛亥革命胜利后，由于没有实现大的社会变革，没有把反帝反封建的斗争进行到底，中国现代化的根本性障碍并没有得到彻底铲除。历史最终选择了中国共产党。以马克思主义武装起来的中国共产党成立后，经过曲折而艰难的探索，正确把握世界历史进程和深刻总结中国革命经验，提出了新民主主义的革命纲领，从而阐明了中国民主革命的正确方向。与旧民主主义革命纲领相比较，新民主主义革命纲领的超越性，突出体现为：在革命领导力量问题上无产阶级及其政党对资产阶级及其政党的替代上。实践证明了民族资产阶级在经济上没有完全断绝同帝国主义和封建主义的联系，在政治上没有彻底地反帝反封建的勇气和力量，其软弱性和动摇性决定了它不拥有彻底推翻封建统治和实现民族独立的能力。实践也证明了，为了取得民族独立和实现现代化，除了社会主义道路不可能有其他道路。列宁借助"世界历史发展的一般规律，不仅丝毫不排斥个别发展阶段在发展的形式或顺序上表现出特殊性，反而是以此为前提的"辩证法，取得了十月社会主义革命的胜利，在资本主义世界历史时代开辟出社会主义的崭新世界。新民主主义纲领的超越性还突出体现在社会主义社会的未来选择上。一个国家实行什么样的主义，关键要看这个主义能否解决这个国家面临的历史性课题。正如有学者指出的，只有沿着十月革命的方向，中国才有可能拥有自己的独立自主的现代化，这不是一个理论问题，而是社会条件本身塑造的历史进步的唯一可能性。认识到社会主义与现代化的一致性，是近代以来中国人民探索自己发展道路过程中的第二次理论自觉。

马克思虽然对作为资本主义社会替代形态的共产主义社会作出过概括性的说明，但对与资本主义社会共时存在的社会主义社会并没有留下清晰的墨迹，更没有提出与之相关的解决方案。按照历史唯物主义的理论逻辑，资本主义世界历史时代出现的社会主义必然残留着种种旧社会的痕迹，表现为不成熟和不完善的状态，反映为初级形态的社会主义。并且，由资本主义世界历史时代所决定，社会主义在其发展的相当长历史时期内不会作为全球化的主体力量主导世界历史的进程。走上社会主义道路的中国是初级形态社会主义的一个典型样本。从内部条件看，中国是在资本主义有了一定发展但在广度和深度上未充分展开的条件下进入社会主义的，既存在大量的封建积淀，也缺乏西方资本主义的物质基础。从外部条件看，和所有在类似条件下进入社会主义的国家一样，中国不得不在相当长的历史时期内面对需要破解相对孤立和经济落后两大问题。正如习近平总书记 2013 年 12 月 26 日在纪念毛泽东同志诞辰 120 周年座谈会上的讲话中所指出的："在中国这样的社会历史条件下建设社会主义，没有先例，犹如攀登一座人迹未至的高山，一切攀登者都要披荆斩棘、开通道路。"①

以毛泽东同志为主要代表的中国共产党人开启了中国自己的社会主义建设道路的探索，认识到走自己的路、建设有中国特色的社会主义是近代以来中国人民探索自己发展道路过程中的第三次理论自觉。在谈到《论十大关系》这篇探索中国自己的发展道路的初步成果时，毛泽东同志说明了其中的立意："十大关系的基本观点，就是同苏联作比较。除了苏联办法之外，是否可以找到别的办法，比苏联、东欧各国搞得更快更好。"但是，在这一探索过程中，由于脱离实际，虽然取得了显著的成就，却也出现了一系列的曲折和

---

① 习近平：《在纪念毛泽东同志诞辰 120 周年座谈会上的讲话》，《人民日报》2013 年 12 月 27 日。

错误，造成了严重损失。以邓小平同志为主要代表的中国共产党人在深刻总结前 30 年历史经验的基础上接力探索。邓小平同志认为，"我们过去照搬苏联搞社会主义的模式，带来很多问题。我们很早就发现了，但没有解决好。我们现在要解决好这个问题，我们要建设的是具有中国自己特色的社会主义"①。正如有学者指出的，中国特色社会主义不仅是总结历史得出的基本结论，而且也是新道路的最高范畴。它由此成为党和国家全部工作的主题，成为我们党在整个社会主义时期全部理论和实践的主题。②

形成于改革开放时期的中国特色社会主义不是横空出世的，它是两个 30 年中中国共产党人集体探索的结晶，凝结着几代中国共产党人对社会主义的认识，可谓来之不易。中国特色社会主义是继承性和创新性的统一。两者的差异性确实十分明显，按照美国学者费正清的观察，现在中国掉转了一个方向，这两个时期的对比是再明显不过了。但是，差异性并不等于对立性，有意或无意将两者对立或者割裂开来，必然会造成我们在认识和把握中国特色社会主义上出现严重的偏差。中国特色社会主义不是对前 30 年道路的改弦易辙。无视中国特色社会主义的历史渊源和继承性因素，一味将其全部视为创新的产物，这样做的结果并不能赋予中国特色社会主义以更多的光荣。如果忽视了继承性，既难以为中国特色社会主义的社会主义属性正名，也难以获得完善和巩固社会主义的机会和可能。创新如果缺乏这一依托，就可能距离社会主义越来越远。当然，中国特色社会主义的创新性是显而易见的。如果不能正确看待中国特色社会主义的创新性因素，就难以客观地对待前 30 年探索中存在的问题，就无法理解改革开放以来中国共产党人开启中国特色社会主义新探索的历史必然性，也就不可能获得改革开放以来中

---

① 《邓小平文选》第 3 卷，人民出版社 1993 年版，第 261 页。

② 冷溶：《历史的基本结论和新道路的最高范畴——对邓小平同志提出"建设有中国特色的社会主义"重大命题的一点认识》，《光明日报》2012 年 10 月 13 日。

国取得巨大成就的现实原因和根据。

关于两个30年关系的问题的认识，不仅涉及对毛泽东同志的历史评价，而且涉及对中国特色社会主义道路与科学社会主义原则关系的问题，蕴含着对"中国向何处去"问题的回答。2013年1月5日，在新进中央委员会的委员、候补委员学习贯彻党的十八大精神研讨班上的讲话中，习近平总书记指出："我们党领导人民进行社会主义建设，有改革开放前和改革开放后两个历史时期，这是两个相互联系又有重大区别的时期，但本质上都是我们党领导人民进行社会主义建设的实践探索。中国特色社会主义是在改革开放历史新时期开创的，但也是在新中国已经建立起社会主义基本制度、并进行了20多年建设的基础上开创的。虽然这两个历史时期在进行社会主义建设的思想指导、方针政策、实际工作上有很大差别，但两者决不是彼此割裂的，更不是根本对立的。不能用改革开放后的历史时期否定改革开放前的历史时期，也不能用改革开放前的历史时期否定改革开放后的历史时期。"可以说，习近平总书记在全面深化改革的开端对两个30年关系问题作出郑重的回答，不仅阐释了两个30年之间的辩证关系，也对中国特色社会主义的历史必然性作出了科学的说明。

二 中国特色社会主义是当代中国的科学社会主义

一些持普遍主义观点的学者将中国特色社会主义定性为"特殊主义"，认为它放弃了普适性的目标和标准。这不仅错判了中国特色社会主义的社会属性，也对科学社会主义的本质缺乏足够的了解。马克思、恩格斯创立的科学社会主义理论，只有在与时代和实践的互动中、在解决具体问题的过程中，才能体现出其意义和价值。换言之，科学社会主义的普遍性始终是与特殊性相结合的，这是科学社会主义的本质特征和存在方式。列宁指出："只要各个民族之间、各个国家之间的民族差别和国家差别还存在……各国共产主义工人运动国际策略的统一，就不是要求消除多样性，消灭民族差别……而是要求运用共产党人的基本原则时……把这些原则在某些细节上正确地加以改变，使之正确地适应于民族的和民族国家的差别，针对这些差别正确地加以运用。"① 这一重要论述说明民族特色是现实社会主义生存和发展的根本要求和实现路径。

当然，对特殊性的强调只是为普遍性提供了生存的条件和基础，而不是对普遍性的遮蔽和剔除。中国特色社会主义是普遍性与特殊性的统一。在中国特色社会主义中，始终包括作为科学社会主义缔造者的马克思和恩格斯对科学社会主义设定的基本原则。中国特色社会主义之所以是社会主义，正是因为它在理论、价值、制度、体制和政策等一系列基本环节上坚持了科学社会主义的基本原则。显然，如果在中国特色社会主义中剔除了科学社会主义基本原则，那么，中国特色社会主义就不成其为当代中国的科学社会主义。

基于社会主义的语境对中国特色社会主义进行考察，可以得出以下三个结论。第一，中国特色社会主义是中国共产党人将马克思主义的普遍性与中国的特殊性相结合，从社会主义初级阶段的具体实际出发，按照邓小平同志的话说就是"主要是根据自己的实际情况和自己的条件"，探索中国现代化道路的成果。第二，中国特色社会主义所承担的历史使命，就是使经济文化相对落后的中国迅速实现社会主义现代化。按照邓小平同志的话说就是"我们现在所干的事业，就是努力把中国变成一个现代化的社会主义国家"。第三，中国特色社会主义所要解决的主要问题，是"试图将市场经济与社会主义理想相结合的一场有世界历史意义的创新实践"②。按照邓小平同志的话说就是"社会主义也可以搞市场经济"。

---

① 《列宁选集》第4卷，人民出版社1995年版，第200页。
② 林春：《承前启后的中国模式》，《读书》2006年第4期。

　　总体而言，可以从三个层次解读中国特色社会主义的内涵。

　　第一个层次：中国特色社会主义的价值理念。显然，当我们将中国特色社会主义作为中国道路的核心理念时，事实上已经蕴含一种性质上的判定，即我们所讲的中国道路是社会主义的一般性要求和中国国情的特殊性要求共同决定的产物。中国在探索自己发展道路过程中所形成的价值理念，是中国道路在西方国家的影响之所以扩大的主要原因。而西方一些人之所以不愿意使用"中国特色社会主义"的概念，在很大程度上就是考虑到其具有浓厚的意识形态色彩。在他们看来，如果使用这个概念，就等于把中国取得的成绩归因于中国坚持走社会主义道路，事实上也就默认了所谓"历史终结论"的荒谬。

　　第二个层次：社会主义初级阶段的制度和体制。以党的领导、人民当家做主和依法治国的有机统一为本质特征的社会主义初级阶段的政治制度；以公有制经济为主体、多种所有制经济共同发展的社会主义初级阶段的基本经济制度；社会主义市场经济体制；以社会主义核心价值体系为主要内容的社会主义初级阶段的文化制度等，共同构成了中国特色社会主义的制度和体制性内容。

　　第三个层次：社会主义初级阶段的实践纲领和改革发展的战略策略。其中包括"一个中心、两个基本点"的基本路线等。有学者认为，中国发展模式具有以下几个方面的特点：在处理稳定、改革和发展三者的关系方面，中国找到了平衡点；中国现代化进程的指导方针非常务实，即集中精力满足人民最迫切的需求，首先就是消除贫困，并在这个领域取得了显著的成绩；不断地试验、不断地总结和汲取自己和别人的经验教训、不断地进行大胆而又谨慎的制度创新；拒绝"休克疗法"，推行渐进改革。确立了比较正确的优先顺序。[1] 这些关于改革的方法和经验层面的总结和概括，就属于这个层次的内容。

---

　　① 张维为：《关于中国发展模式的思考》，《学习时报》2009 年 7 月 8 日。

中国特色社会主义三个层次的内涵相互联系、相互作用，是一个有机统一的整体，需要在整体性的视野中认识和把握，而不能作割裂或分立式的理解。任何片面的认识都不能完整准确地把握中国特色社会主义的科学内涵。不难看出，即使停留在改革经验这个层面上来认识中国特色社会主义的内涵，也不仅不排斥经济基础和上层建筑的作用，而且还以之为基础。

中国特色社会主义的价值诉求在于，从世界历史的高度面对工业文明的历史代价这个人类社会发展史上必须经历的苦痛和磨难，探索人类"缩短和减轻"这一苦痛和磨难的现实具体途径。这是中国特色社会主义与科学社会主义的价值联结。在唯物史观的分析框架中，社会主义现代化道路与资本主义现代化道路的本质区别，其核心的一点是，社会主义现代化并不在于是不是注重发展生产力，而在于是不是以牺牲人本身的发展为代价来发展生产。由此，中国特色社会主义蕴含双重超越。第一重超越的对象是苏联建设社会主义的模式。显然，中国模式的首要参照物是苏联模式，提出中国特色社会主义的首要意义在于摆脱苏联模式的影响，探寻适合中国国情的现代化模式。邓小平同志认为，"我们过去照搬苏联搞社会主义的模式，带来很多问题。我们很早就发现了，但没有解决好。我们现在要解决好这个问题，我们要建设的是具有中国自己特色的社会主义"①。这是一重超越，但我们还不能停留于这个层面，因为与西方现代化道路相比，中国特色社会主义道路内在的一个前提性要求是中国已经完全摒弃了资本主义现代化的道路选择。换言之，在现代化道路的选择上，社会主义而非资本主义才是中国道路的底色。超越西方资本主义发展模式，是中国特色社会主义不言自明的先天性选择。邓小平同志讲过："我们既不能照搬西方资本主义国家的做法，也不能照搬其他社会主义国家的做法，更不能丢掉我们

---

① 《邓小平文选》第3卷，人民出版社1993年版，第261页。

制度的优越性。"① 这句重要论断可以被视为对中国特色社会主义双重超越的集中表达。

2013 年 1 月 5 日，在新进中央委员会的委员、候补委员学习贯彻党的十八大精神研讨班开班式上，习近平总书记指出："中国特色社会主义是社会主义而不是其他什么主义，科学社会主义基本原则不能丢，丢了就不是社会主义。"② 他借用清朝诗人郑板桥"千磨万击还坚劲，任尔东西南北风"的诗句，再次强调了十八大提出的"道路自信、理论自信、制度自信"。在 2013 年 3 月 17 日第十二届全国人大一次会议上的讲话中，习近平总书记用了"来之不易"四个字并四次重复使用"走出来的"，感性表达了对中国特色社会主义道路的尊重和敬畏。与其说这是对中国道路探索之艰辛历史的由衷感慨，倒不如说是对中国道路之未来方向的郑重表态，其实是向国内外再次释放出坚定不移走社会主义道路的政治信号。

在新的历史起点上，习近平总书记对中国特色社会主义社会属性的阐明，显示的是一份自信，一份社会主义的自信；展示的是一个启示，一个关于人类未来的启示。中国特色社会主义的成功实践，以铁一般的事实说明：在我们生活的这个时代，科学社会主义的基本原理没有过时，社会主义依然是迄今为止人类社会最先进的社会制度，社会主义取代资本主义依然是人类社会发展的必然趋势。邓小平同志站在世界历史的高度说过，中国特色社会主义"不但是给占世界总人口四分之三的第三世界走出了一条路，更重要的是向人类表明，社会主义是必由之路，社会主义优于资本主义"③。中国特色社会主义的中国意义和世界意义必然性地联系在一起。习近平总书记指出，中国特色社会主义"既体现了中国建设和发展社会主义的特殊性，又必然会对世界社会主义和人类进步事业产生广泛而深远的

① 《邓小平文选》第 3 卷，人民出版社 1993 年版，第 256 页。
② 习近平：《毫不动摇坚持和发展中国特色社会主义》，《党建》2013 年第 2 期。
③ 《邓小平文选》第 3 卷，人民出版社 1993 年版，第 225 页。

影响"①。随着改革开放的不断深入，中国特色社会主义事业的不断发展，中国特色社会主义对于人类进步事业的意义必将越来越充分地展现出来。

三　在实践中全面贯彻科学社会主义原则

科学社会主义基本原则的实现是一个长期的、渐进的历史过程，在实践中必须始终坚持过程与目标的统一。虽然我国已经过 30 多年的快速发展，但仍然没有逾越社会主义的初级阶段。我们既不能不顾现实条件把理想当作现实，这样就会犯教条主义的错误，也不能以强调实事求是、一切从实际出发为由，忽略甚至放弃社会主义的理想，那样就会迷失方向，走入歧途。在新的历史条件下，只有坚持马克思主义历史观和价值观的统一，不断深化中国特色社会主义的探索，在实践中全面贯彻科学社会主义原则，才能逐步克服和解决前进中存在的一系列问题，把中国特色社会主义事业不断推向前进。

（一）坚持人民群众主体地位

人民群众追求自身利益的历史性活动，是推动社会基本矛盾运动及发展的主体因素，是决定历史命运的主体力量。可以说，人民群众的实际要求及其实践，集中体现了历史发展的基本趋势。中国共产党的性质决定了"为人民服务"是其最根本的价值追求。为人民服务的实践，不仅构成共产党存在的根据和社会主义的优势，也成为共产党人占领真理和价值制高点的法宝。人民群众对中国共产党的选择和中国共产党对人民的担当共同汇成中国发展进步的合力。2012 年 11 月 15 日，在党的十八大结束后的中外记者见面会上，习近平总书记强调，人民是历史的创造者，群众是真正的英

---

① 习近平：《关于中国特色社会主义理论体系的几点认识》，《求是》2008 年第 7 期。

雄。人民群众是我们力量的源泉。人民对美好生活的向往，就是我们的奋斗目标。"人民"一词，成为习近平同志担任党和国家领导人之后使用频率最高的词汇之一，成为新一届党的领导集体坚持群众史观的鲜明标识。

人民群众不仅是道路选择的主体，也是道路评判的主体。人民群众不仅最终决定道路选择的问题，也拥有在道路实践过程中的评判权利。在道路选择和评判主体的问题上，习近平总书记明确地将"人民"摆在最高的位置。他反复强调，中国共产党之所以坚定不移地走中国特色社会主义道路，根本原因在于这条道路是人民群众自己的选择。2013 年 3 月 19 日，在担任中共中央总书记后第一次出访前夕接受金砖国家媒体联合采访时，习近平同志指出：只有走中国人民自己选择的道路，走适合中国国情的道路，最终才能走得通、走得好。路在脚下生成，并在脚下延伸。同年 3 月 23 日，在莫斯科国际关系学院的演讲中，习近平总书记形象地提出了"鞋子论"，论述关于道路评判主体的问题。他指出，"鞋子合不合脚，自己穿了才知道。一个国家的发展道路合适不合适，只有这个国家的人民才最有发言权"。这一形象的比喻反映出习近平总书记在道路评判问题上对于群众史观的严格遵循。

只要坚持人民至上，尊重人民群众的主体地位，就与尊重人类社会发展客观规律相一致，就能够正确认识和把握历史发展的趋势。2013 年 12 月 26 日，习近平总书记在纪念毛泽东同志诞辰 120 周年座谈会上的讲话中指出："我们党的宏伟奋斗目标，离开了人民支持就绝对无法实现。我们党的执政水平和执政成效都不是由自己说了算，必须而且只能由人民来评判。人民是我们党的工作的最高裁决者和最终评判者。如果自诩高明、脱离了人民，或者凌驾于人民之上，就必将被人民所抛弃。"[①] 这一论点提出的实践要求是，

---

① 习近平：《在纪念毛泽东同志诞辰 120 周年座谈会上的讲话》，《人民日报》2013 年 12 月 27 日。

中国共产党作为人民群众的利益代表，在建设中国特色社会主义的过程中，必须随时随刻倾听人民呼声，尤其需要倾听劳动阶级的呼声；必须随时随刻回应人民期待，尤其需要回应劳动阶级的期待。这也就决定了，在精英话语和大众话语之间，迫切需要进一步尊重大众话语，并努力寻求两个话语之间的相对平衡。

（二）坚持以社会主义公有制为主体

任何一个社会的发展都必须依托一定的经济基础。在社会结构的诸要素中，经济基础不但是决定一个社会基本性质和发展方向的关键因素，也是决定一个社会分配的关键因素。马克思指出，生产资料的分配"包含在生产过程本身中并且决定生产的结构，产品的分配显然只是这种分配的结果"。"分配的结构完全决定于生产的结构。分配本身是生产的产物，不仅就对象说是如此，而且就形式说也是如此。"① 在马克思和恩格斯看来，社会即联合起来的个人，占有全部生产资料，作为未来社会具有决定性意义的特征，构成未来社会的经济基础。恩格斯在 1890 年致奥·伯尼克的信中明确指出："它同现存制度的具有决定意义的差别当然在于，在实行全部生产资料公有制（先是单个国家实行）的基础上组织生产。"② 这个具有决定性意义的特征，在中国社会主义实践中显示了本质特征的意义，即以公有制经济为主体、多种所有制经济共同发展的社会主义初级阶段基本经济制度。显然，离开了这一经济基础，社会主义就丧失了立身之本，任何关于公平正义的美好动听的口号和许愿都只能是空中楼阁，没有实现的可能。恢复和发展资本主义，只存在工具性价值，而不具有目的性价值。所以，在强调生产力的重要性的同时，邓小平同志反复强调，以社会主义公有制经济为主体，是我

---

① 《马克思恩格斯选集》第 2 卷，人民出版社 1995 年版，第 13、14 页。
② 《马克思恩格斯选集》第 4 卷，人民出版社 1995 年版，第 693 页。

们在改革中必须始终坚持的根本原则。①

如何坚持和巩固公有制经济的主体地位以及如何体现国有经济的社会主义价值，是当下中国特色社会主义经济理论探索的两个重大课题。因为，无论是公有制经济的主体地位还是国有企业的社会主义价值体现，都存在值得深入思考和研究的理论空间。对于前一个课题，一些地方和部门严重忽视了基本经济制度之于社会主义现代化的意义和价值，一味强调让国有经济退出竞争领域，鼓吹"国退民进"，导致公有制的主体地位和国有经济的主导作用遭到了一定程度的削弱。对于种种诸如关于私有化的改革方向以及所谓破除垄断论的错误观点，需要基于社会主义的学术立场加以深入的理论剖析，澄清利害关系，为坚持和巩固公有制经济的主体地位提供理论支持。对于后一个课题，需要从理论上深化对国有企业的社会主义价值的认识。从应然的角度看，社会主义价值原则提出的实践要求至少包括四个方面：一是国有企业负责人的薪水应该是其管理劳动收入；二是国有企业职工应该是国有企业的主人；三是国有企业的盈利作出必要的扣除后应该归全社会劳动者所有；四是国有企业的生产应该充分依照人民群众的实际需求。在上述四个方面认识的基础上推动国有企业改革，积极探索社会主义价值实现的实践形式，才能进一步展现国有企业的社会主义价值。

正是基于此，习近平总书记在《关于〈中共中央关于全面深化改革若干重大问题的决定〉的说明》中强调，如何更好地体现和坚持公有制主体地位，进一步探索基本经济制度有效实现形式，是摆在我们面前的一个重大课题。《决定》提出，要积极发展混合所有制经济，强调国有资本、集体资本、非公有资本等交叉持股、相互融合的混合所有制经济，是基本经济制度的重要实现形式，有利于国有资本放大功能、保值增值、提高竞争力。这是新形势下坚持公

---

① 《邓小平文选》第3卷，人民出版社1993年版，第142页。

有制主体地位，增强国有经济活力、控制力、影响力的一个有效途径和必然选择。

（三）坚持走共同富裕道路

不平等问题是马克思主义的核心议题。马克思在阐明作为资本主义社会替代形态的共产主义社会是一个"社会生产力的发展将如此迅速"的社会的同时，明确指出这是一个生产将以所有的人的富裕为目的的社会。在社会主义本质论中，邓小平同志主要是将"共同富裕"作为社会主义初级阶段的目标使用的。他指出："社会主义与资本主义不同的特点就是共同富裕，不搞两极分化。"① 邓小平同志有一个精辟的论断："社会主义的特点不是穷，而是富，但这种富是人民共同富裕。"②

近年来，随着改革开放的不断深入，一些地方和部门只注重追求物质财富的数量和 GDP 的高低，在很大程度上忽视了分配公平的问题，社会成员之间收入差距逐步拉大，致使共同富裕的问题越来越突出。正确认识和把握发展生产力与实现共同富裕之间的关系，成为当前全面深化改革必须面对的一个重大课题。马克思明确指出过，人民群众是否得到解放，社会状况是否得到根本改善，"这两者不仅仅决定于生产力的发展，而且还决定于生产力是否归人民所有"③。邓小平同志虽然将解放和发展生产力作为社会主义初级阶段的根本任务，但他从来都不是孤立地谈解放和发展生产力的，而总是将解放和发展生产力与共同富裕联系起来，作为一个整体来理解。在他看来，与共同富裕的价值目标相比，解放和发展生产力只是手段。邓小平同志明确指出："社会主义发展生产力，成

---

① 《邓小平文选》第 3 卷，人民出版社 1993 年版，第 123 页。
② 同上书，第 265 页。
③ 《马克思恩格斯选集》第 1 卷，人民出版社 1995 年版，第 771 页。

果是属于人民的。"① 他还指出："我们提倡一部分地区先富裕起来，是为了激励和带动其他地区也富裕起来，并且使先富裕起来的地区帮助落后的地区更好地发展。提倡人民中有一部分人先富裕起来，也是同样的道理。"② 在他看来，让一部分人先富起来相对于共同富裕而言也只是手段。

正确认识发展生产力与实现共同富裕的关系，与正确认识效率与公平的关系一致。当下有一种流行的观点认为，必须坚持效率优先，只要把蛋糕做大，大家都会普遍受益。实际上，在马克思主义的视阈中，未来社会的发展是一个寓效率和公平于其中的总体性概念。在社会主义制度下，不断地发展生产力和提高经济效率，是为了更好地满足广大人民群众的物质文化需要。党的十八大重申："必须坚持走共同富裕道路。"2013 年 12 月 26 日，习近平总书记在纪念毛泽东同志诞辰 120 周年座谈会上的讲话中郑重声明："面对人民过上更好生活的新期待，我们不能有丝毫自满和懈怠，必须再接再厉，使发展成果更多更公平惠及全体人民，朝着共同富裕方向稳步前进。"这就再次明确了分配问题上的社会主义方向。由此，在马克思主义分配观的指导下，回应有关社会主义初级阶段分配关系问题的错误观点，积极探索共同富裕的实现形式，逐步改善社会主义初级阶段的分配关系，构成全面深化改革的一项重大任务。

（四）坚持价值理论制度体制政策的辩证统一

在马克思、恩格斯的科学社会主义理论中，几乎每一条原理都既是科学的分析，又是价值的要求。科学社会主义本身蕴含着对人类社会"应有"状态的价值理想，人类的价值目标与历史发展的客观趋势在其中融为一体。邓小平同志对社会主义本质的界定，是从价值的视角对"什么是社会主义"问题的一次全新的回答。张扬社

---

① 《邓小平文选》第 3 卷，人民出版社 1993 年版，第 255 页。
② 同上书，第 111 页。

会主义价值的意义，一方面表现为在对社会主义的理解上一度缺失的价值维度的唤回；另一方面也展示了社会主义敢于吸纳一切有利于巩固和完善社会主义的举措的自我超越的勇气。社会主义的制度表述与价值表述的统一，反映出在世界社会主义运动陷入低潮的条件下中国共产党人的理论自觉。

但是，一方面，在尊重社会主义初级阶段基本国情的同时，已经越来越明显地反映出对价值尺度的忽视和淡化。当下真理与价值近乎断裂和对立的事实，使得对前一个30年社会主义建设探索的理解和意义的把握，成为中国未来探索需要吸取和借鉴的重要内容。只有社会主义，才是历史、现实和未来得以连接在一起的唯一根据。在资本主导的世界历史进程中，价值始终处于优先的地位。习近平总书记在《关于〈中共中央关于全面深化改革若干重大问题的决定〉的说明》中指出，1992年，邓小平同志在南方谈话中说："不坚持社会主义，不改革开放，不发展经济，不改善人民生活，只能是死路一条。"回过头来看，我们对邓小平同志这番话就有更深的理解了。所以，我们讲，只有社会主义才能救中国，只有改革开放才能发展中国、发展社会主义、发展马克思主义。这一重要论述是对价值原则的重申和强调，彰显了鲜明的问题意识。

另一方面，邓小平同志从价值出发对社会主义本质的论述，是对改革的原则和方向提出的明确要求，它必然在理论创新的基础上提出制度、体制、政策反映社会主义价值的内在要求。当前最为紧迫的是，在谈论有关价值论题时必须坚持辩证法，拒斥形而上学。这不仅需要对于诸如公平、正义、民主等价值口号作社会主义的追问和反思，澄清社会主义与资本主义的区别，更为重要的是进一步明确社会主义价值理想现实化的桥梁和中介。如果一味停留在价值认识的层面上，就会在实践中造成价值与理论、制度、体制、政策的割裂。社会主义制度是社会主义的根本特征和本质规定，社会主义体制是社会主义制度的具体体现，社会主义政策则是基于社会主义制度和体制，践行社会主义价值观的措施和方法。党的十八届三中全会决定合理布局全面深化改革的战略重点、优先顺序、主攻方向、工作机制、推进方式和时间表、路线图，形成了改革理论和政策的一系列新的重大突破。"全会决定"从价值到理论、制度、体制、政策的每一个具体环节都作出了精细的筹划，显示出逻辑上的一致性，从而集中反映出以习近平同志为核心的党中央推进中国特色社会主义事业健康发展的坚定决心。

总体而言，中国道路依然在探索之中，依然有许多重大的矛盾和问题等待克服和解决。习近平总书记指出，中华民族是具有非凡创造力的民族，我们创造了伟大的中华文明，我们也能够继续拓展和走好适合中国国情的发展道路。国内外许多有识之士都对中国充满信心。2014 年 3 月习近平总书记出访欧洲前夕，荷兰克林根达尔国际关系研究院高级研究员、中国问题专家弗兰斯 - 保罗·范德普滕在接受人民网记者采访时就指出，中国人民在 19 世纪和 20 世纪的很长一段时期都经历了巨大的挫折和苦难，而在过去的几十年里中国发展取得了巨大的进步。尽管当前中国面临着发展中的挑战，但他相信中国领导人能够带领中国人民成功实现共同富裕和社会和谐，并且找到一条与世界其他国家和谐相处和共赢的发展道路。① 随着全面改革的不断深入，我国社会主义制度的优越性必将进一步显现，中国特色社会主义事业必将迎来新的胜利。

---

① http：//world. people. com. cn/n/2014/0316/c1002 - 24645203. html.

坚定理想信念、
坚守共产党人精神追求

◎ 李建国*

理想信念问题是一个事关党和国家兴衰成败的重大战略问题，始终是党的建设的重要内容，也是党的优良传统和政治优势。党的领导人毛泽东、邓小平、江泽民、胡锦涛同志，都对坚定理想信念和加强理想信念教育作过深刻的论述，他们都是坚守理想信念的典范，无论遇到多大的风浪，都坚定不移、矢志不渝。早在1925年，毛泽东同志就说过："本人信仰共产主义，主张无产阶级的社会革命。"① 1985年，邓小平同志指出："为什么我们过去能在非常困难的情况下奋斗出来，战胜千难万险使革命胜利呢？就是因为我们有理想，有马克思主义信念，有共产主义信念。"② 1999年，江泽民同志强调："我们共产党人的根本政治信仰是社会主义和共产主义，世界观是马克思主义的辩证唯物主义和历史唯物主义，这是任何时候都丝毫不能动摇的。"③ 2006年，胡锦涛同志指出："崇高理想，坚定信念，是凝聚人心、催人奋进的伟大旗帜，是战胜困难、赢得

---

* 李建国，中国社会科学院马克思主义研究院研究员。
① 《毛泽东文集》第1卷，人民出版社1993年版，第18页。
② 《邓小平文选》第3卷，人民出版社1993年版，第110页。
③ 《江泽民文选》第2卷，人民出版社2006年版，第361页。

胜利的力量源泉。"① 中国共产党正是依靠坚定的理想信念紧紧地凝聚在一起，团结和带领中国人民在历经千辛万苦、付出各种代价之后，才胜利地推翻了"三座大山"的压迫，建立了新中国和社会主义制度，开创了中国特色社会主义伟大事业。

党的十八大以来，习近平总书记高度重视理想信念教育，多次强调"革命理想高于天"，提出了"理想信念是共产党人精神上的'钙'""坚守共产党人的命脉和灵魂""是否具有共产主义远大理想是有客观标准的"等关于坚定理想信念、坚守共产党人精神追求的一系列的新思想，深刻论述了共产主义远大理想和中国特色社会主义现实目标之间的关系，极大地丰富和发展了中国共产党坚定理想信念和加强理想信念教育的思想，为新形势下教育引导党员和领导干部坚定理想信念提供了基本遵循，给当代中国共产党人胸怀共产主义远大理想、坚持和发展中国特色社会主义注入了强大的精神力量，指明了正确的前进方向。认真学习习近平总书记关于坚定理想信念、坚守共产党人精神追求的一系列重要思想，对于在日益复杂的国际国内环境下坚持党的领导、坚持和发展中国特色社会主义，具有重要的理论意义和实践意义。

一　理想信念是共产党人精神上的"钙"

从古至今，坚定的理想信念始终是一个国家、一个民族、一个政党生存发展的精神动力和攻坚克难的制胜法宝。没有坚定的理想信念，任何一个国家、一个民族、一个政党都不能长存于世。习近平总书记强调："理想信念，是世界观和政治信仰在奋斗目标上的具体体现。一个国家、一个民族、一个政党，任何时候任何情况下都必须树立和坚持明确的理想信念。如果没有或丧失理想信念，就

---

① 《十六大以来重要文献选编》（下），中央文献出版社 2008 年版，第 729 页。

会迷失奋斗目标和前进方向，就会像一盘散沙而形不成凝聚力，就会失去精神支柱而自我瓦解。"① 理想信念，是一个国家、一个民族、一个政党的旗帜和向导。习近平总书记指出："经过几千年的沧桑岁月，把我国五十六个民族、十三亿多人紧紧凝聚在一起的，是我们共同经历的非凡奋斗，是我们共同创造的美好家园，是我们共同培育的民族精神，而贯穿其中的、更重要的是我们共同坚守的理想信念。"② 中华民族之所以能够生生不息五千年，文明不断四海立，就是因为"天下大同"的思想，"自强不息""厚德载物"的精神，"和为贵""协和万邦"的理念等这些中华优秀传统文化的核心内容，成为中国人精神追求的主轴。近现代以来，无数仁人志士为了改变中国半殖民地半封建社会的地位，为了摆脱贫穷落后被动挨打的状况，为了追求中华民族独立和中国人民解放，不惜流血不怕牺牲，实际上靠的就是一种信仰，为的就是一个理想。虽然他们清楚地知道，他们追求的理想并不一定会在自己这一代人手中实现，但他们始终坚信，只要一代又一代人持续作出努力，持续作出牺牲，崇高的理想就一定能够实现。

中国共产党从诞生之日起，就把马克思主义写在自己的旗帜上，把实现共产主义确立为自己的远大理想和奋斗目标。在90多年的历史中，一代又一代中国共产党人为了追求民族独立和人民解放，不惜流血牺牲，靠的就是一种信仰，为的就是一个理想。在革命战争年代，许许多多的革命先烈在生死考验面前之所以能够赴汤蹈火、视死如归，就是因为他们对崇高的理想信念坚定不移、矢志不渝，为的就是实现国家富强、民族振兴、人民幸福的伟大理想。在社会主义和平建设时期，千千万万的共产党人为了建设社会主义而忘我工作、艰苦奋斗，靠的还是坚定的理想信念。在社会主义改革开放新时期，千千万万的共产党人为了实现中华民族伟大复兴的

---

① 习近平：《领导干部要树立正确的"三观"》，《学习时报》2010年9月6日。
② 《十八大以来重要文献选编》（上），中央文献出版社2014年版，第234页。

中国梦而无私奉献，靠的仍然是坚定的理想信念。正是因为千千万万的共产党人在持续地为崇高理想而不懈拼搏和奋斗，我们所开创的中国特色社会主义伟大事业才取得了举世瞩目的辉煌成就，可以说我们比历史上任何一个时期都更为接近中华民族伟大复兴的目标。

在世界多极化、经济全球化、社会信息化、价值多元化的新的历史条件下，树立和坚持明确的理想信念具有特别重要的意义。从国际上来看，当今世界各种思想文化交流、交融、交锋日益频繁，国与国之间有形的经济、军事、科技等硬实力竞争固然激烈，无形的思想、价值等软实力较量也更加惊心动魄。从党和国家工作的大局来看，在社会主义初级阶段，虽然我们是以经济建设为中心的，但我们同时必须高度注重精神文明建设和精神力量。从党的建设的角度来看，为了加强对权力运行的制约和监督，我们提出要把权力关进制度的笼子里，但我们同时必须坚定共产党人的崇高理想信念。从巩固党的执政地位的角度来看，人民群众始终是我们党的坚实执政基础，崇高信仰始终是我们党的强大精神支柱，只要我们永不动摇崇高信仰、永不脱离人民群众，就能无往而不胜。历史已经证明，不论社会怎么发展、不论经济怎么繁荣，如果我们党放弃了对崇高理想信念的追求，我们的国家和民族就不可能巍然屹立于世界。

强调理想信念问题，有很强的现实针对性。在当今这个快速发展、开放多元的时代，面对相互激荡、形形色色的思潮，以及社会生活的复杂变化、利益关系的深刻调整，所有人的世界观、人生观、价值观都受到了强烈的冲击。还要不要坚持、能不能坚持崇高理想，坚守共产党人的精神家园，这个问题尖锐地摆在了每一个共产党员面前。如果在信仰上出现动摇，那么在政治上必然会迷失方向，本来应该胸怀崇高理想信念的共产党人，就会变成一个彻底的利己主义者和实用主义者。坚定理想信念，始终是共产党人经受住任何考验的精神支柱。我们必须站在理想信念这个制高点上来抓党的建设，在理想信念这个根本问题上对全党特别是领导干部提出明确要求。

2012 年 11 月 17 日，习近平总书记在十八届中共中央政治局第一次集体学习时的讲话中说："坚定理想信念，坚守共产党人精神追求，始终是共产党人安身立命的根本。对马克思主义的信仰，对社会主义和共产主义的信念，是共产党人的政治灵魂，是共产党人经受住任何考验的精神支柱。形象地说，理想信念就是共产党人精神上的'钙'，没有理想信念，理想信念不坚定，精神上就会'缺钙'，就会得'软骨病'。现实生活中，一些党员、干部出这样那样的问题，说到底是信仰迷茫、精神迷失。全党要按照党的十八大部署，深入学习实践中国特色社会主义理论体系特别是科学发展观，讲党性、重品行、作表率，矢志不渝为实现中国特色社会主义共同理想而奋斗。"① 2014 年 1 月 20 日，习近平总书记在党的群众路线教育实践活动第一批总结暨第二批部署会议上的重要讲话中再次指出，理想信念是共产党人的精神之"钙"，必须加强思想政治建设，解决好世界观、人生观、价值观这个"总开关"问题。习近平总书记的讲话深刻又生动地阐明了坚定理想信念的重大理论意义和实践意义。

习近平总书记用"理想信念就是共产党人精神上的'钙'"这个形象生动的比喻，深刻揭示了理想信念之于共产党人的内在关联性，指出了坚定的理想信念对于共产党人的极端重要性。《共产党宣言》发表 160 多年来，"共产党人为工人阶级的最近的目的和利益而斗争，但是他们在当前的运动中同时代表运动的未来"②。共产党人从来没有忘记，他们的最终目的是要实现"每个人的自由发展

---

① 《十八大以来重要文献选编》（上），中央文献出版社 2014 年版，第 80—81 页。
② 《马克思恩格斯文集》第 2 卷，人民出版社 2009 年版，第 65 页。

是一切人的自由发展的条件"① 的联合体。共产党人之所以为共产党人，就是因为有马克思主义、共产主义信仰。失去了马克思主义、共产主义信仰，就失去了共产党人身份的象征，失去了共产党人区别于其他人的最醒目的标志。因此，共产党人心中的马克思主义、共产主义信仰万万不能丢，在任何情况下政治信仰、政治立场和政治方向都不能变，坚守自己的政治生命线和政治灵魂。

我们经常把共产党员挂在嘴边，那么究竟什么是共产党员呢？所谓共产党员，在本质上就是指胸怀共产主义和中国特色社会主义的理想信念，并矢志不渝地为共产主义事业和中国特色社会主义事业奋斗终身的先锋战士。《中国共产党章程》在总纲部分的第一自然段明确指出："党的最高理想和最终目标是实现共产主义。"邓小平同志曾经说："我们多年奋斗就是为了共产主义，我们的信念理想就是要搞共产主义。在我们最困难的时期，共产主义的理想是我们的精神支柱，多少人牺牲就是为了实现这个理想。"② 作为一名共产党员，如果没有理想信念，或者理想信念不坚定，精神上就会"缺钙"，"软骨病"就会找上身来，就可能导致政治上变质、精神上贪婪、道德上堕落、生活上腐化。如果共产党员沦落到这种地步，很显然已经变质了。我们经常会看到这样一种现象：一些腐败分子在落马之后，常常会把自己现在遭受的牢狱之灾归罪于我们在制度上有漏洞，这实际上只是他们为自己的开脱之辞。一个国家的制度固然更带有根本性、全局性、稳定性、长期性，但是坚定的马克思主义和共产主义信仰才始终是共产党员和领导干部站稳政治立场、抵御各种诱惑的决定性因素。制度只能使人不敢腐败，只有信仰才能使人不愿腐败，这就是理想信念和精神信仰的力量！

在波澜壮阔的中国革命史上，有"砍头不要紧，只要主义真"

---

① 《马克思恩格斯文集》第2卷，人民出版社2009年版，第53页。
② 《邓小平文选》第3卷，人民出版社1993年版，第137页。

的夏明翰，也有"敌人只能砍下我们的头颅，决不能动摇我们的信仰"的方志敏……这些革命先烈身上都彰显出了理想信念之"钙"的巨大作用。在社会主义改革开放新时期，如果每一名共产党员和领导干部都能够在诱惑和挑战面前体现出坚定的理想信念，那就说明他们练就了"金刚不坏之身"，我们也不用再来强调解决包括形式主义、官僚主义、享乐主义和奢靡之风在内的"四风"问题，我们也必然能够战胜和消除执政考验、改革开放考验、市场经济考验、外部环境考验这"四大考验"，精神懈怠的危险、能力不足的危险、脱离群众的危险、消极腐败的危险这"四种危险"。

看一个干部是否合格，第一位的就是看其理想信念是否坚定。如果理想信念不坚定，能耐再大也不是党需要的好干部。当前，就中国共产党整体情况而言，广大共产党员的信仰是坚定的，理想是崇高的。但也有少数共产党员在理想信念方面出现了滑坡和动摇，主要表现在对马克思主义信仰的动摇，对社会主义和共产主义信念的滑坡。有的党员认为理想信念是虚的，马克思主义已经过时了，竟然把批评和嘲讽马克思主义作为一种"时尚"；有的党员只能看到社会主义在某些方面不如资本主义，向往资本主义的社会制度和价值观念，而看不到社会主义制度的优越性，对社会主义最终战胜资本主义丧失了信心，实际上也就是对社会主义前途失去了信心；有的党员已经忘记自己曾经在党旗面前庄严地宣誓过"为共产主义而奋斗终生"的誓言，受主客观各种因素的影响，认为共产主义已经成为遥不可及的空中楼阁，是不可能实现的。理想信念的缺失，是百病之源。一旦丢失了共产党人的远大目标，就会迷失前进方向，变成功利主义者和实用主义者，最后导致意志消沉，奉行及时行乐的人生哲学，甚至产生"人不为己，天诛地灭"的想法，把当领导干部作为一种牟取私利、巧取豪夺的手段。2013年9月23日，习近平总书记在参加河北省委常委班子专题民主生活会时说，有一个道理要反复讲，就是党的干部必须永不动摇信仰，矢志不渝地为中国特色社会主义共同理想而奋斗。理想信念是一个国家、民族和政党团结奋斗的精神旗帜，理想信念动摇是最危险的动摇。

少数共产党员由于动摇和丧失了崇高的理想信念，导致精神上极度空虚，竟然"忘记"了自己的共产党员身份，从封建迷信中寻找精神寄托，"不问苍生问鬼神"，热衷于算命看相，到处求神拜佛，烧香磕头，请"神功大师"指点，竟然捧火了王林等一大批所谓的"风水大师"；有的党员已经利欲熏心，信奉金钱至上、名利至上、享乐至上这"三个至上"，把配偶子女移民国外、钱存到国外，给自己"留后路"，自己则在国内做起了"裸官"，随时准备"跳船"，他们的心里已经没有任何的敬畏，他们的行为也已经没有任何的底线；有的党员缺乏基本的是非观念和正义感，在大是大非面前态度暧昧，不敢挺身而出，立场模糊甚至大耍滑头；等等。诸如此类的"最危险的动摇"现象近年来大有愈演愈烈之势，极大地损害了中国共产党在人民群众心目中的光辉形象。共产党员一旦没有了崇高的理想信念，就会失去奋斗的动力，形式主义、官僚主义、享乐主义和奢靡之风必然盛行，有的人甚至会因此走向犯罪的深渊。历史一再警醒我们，理想信念是共产党人精神上的"钙"，在任何时候都不能缺失，一旦缺失就会没有骨气、挺不起腰杆。一个政权的瓦解也往往先从思想领域开始，一旦思想防线被敌人攻破了，其他各方面的防线就很难再守住。苏联解体就是前车之鉴，我们必须认真汲取经验和教训。

中国共产党已经走过了90多年的历程，马上要进入百年了。作为一个政党，实际上和一个人是一样的，最可宝贵的是在历尽沧桑之后，还能怀有一颗赤子之心。作为一名真正的共产党员，必须始终站在党和国家生死存亡的高度来看待坚定理想信念的极端重要性，正视理想动摇、信仰迷失、精神"缺钙"、道德失范问题，清洗思想灰尘、清除政治微生物、坚定理想信念，为世界观、人生观、价值观这个"总开关"拧紧螺丝，积极响应习近平总书记向全体共产党员发出的号召，面对各种诱惑和挑战，坚守崇高信仰，练就"金刚不坏之身"，做到对马克思主义和共产主义虔诚而执着、至信而深厚，面对各种诱惑立场坚定，遇到大是大非旗帜鲜明，经历风浪考验无所畏惧，在建设中国特色社会主义和实现中华民族伟大复兴的中国梦的伟大斗争中，永远保持共产党人的政治本色。

二　是否具有共产主义远大理想是有客观标准的

共产主义是人类历史上最为崇高的信仰和目标，是每个共产党人的最高理想。共产党员是否具有共产主义远大理想，是可以衡量的。习近平总书记指出："衡量一名共产党员、一名领导干部是否具有共产主义远大理想，是有客观标准的，那就要看他能否坚持全心全意为人民服务的根本宗旨，能否吃苦在前、享受在后，能否勤奋工作、廉洁奉公，能否为理想而奋不顾身去拼搏、去奋斗、去献出自己的全部精力乃至生命。"① 这"四个能否" 就是衡量共产党员是否具有坚定理想信念的客观标准。

"四个能否"的衡量标准看似非常具体、非常朴实，但这绝不意味着降低了共产党员远大理想信念的标准，实际上是对共产党员坚定共产主义理想提出了明确要求。"能否坚持全心全意为人民服务的根本宗旨"，是衡量共产党员是否具有共产主义远大理想的思想基础。人民是历史的创造者，是共产党的力量源泉，共产党人要始终把人民放在心中最高的位置。党的根本宗旨是全心全意为人民服务，全心全意为人民服务是共产党人的天职。共产党人讲理想信念，任何时候都不能离开全心全意为人民服务这个根本。丢了全心全意为人民服务这个根本，"四风"等问题就会接踵而来。共产党员为共产主义理想而奋斗，首先就要践行党的根本宗旨，全心全意

---

① 《十八大以来重要文献选编》（上），中央文献出版社 2014 年版，第 116 页。

为人民服务，用实际行动为人民群众谋利益和幸福。"能否吃苦在前、享受在后"，是衡量共产党员是否具有共产主义远大理想的基本要求。作为中国工人阶级的先锋队，中国人民和中华民族的先锋队，中国共产党人只有不怕苦、不怕死，吃苦在前、享受在后，才能成为名副其实的先锋队。"能否勤奋工作、廉洁奉公"，是衡量共产党员是否具有共产主义远大理想的具体体现。中国共产党的权力来自于人民。共产党员特别是领导干部要牢固树立正确的权力观、地位观、利益观，始终保持共产党员的高尚品格和廉洁操守，自觉为人民服务，自觉接受人民监督，自觉为民用权。"能否为理想而奋不顾身去拼搏、去奋斗、去献出自己的全部精力乃至生命"，是衡量共产党员是否具有共产主义远大理想的根本途径。共产主义美好理想不会从天而降，为共产主义奋斗终生的誓言不能只挂在嘴上，而必须脚踏实地去实践，兢兢业业地创造一流工作业绩，努力为实现崇高理想而拼搏奋斗，不论遇到什么困难，面对什么样的危险，都要始终保持清醒头脑，既不放弃，也不动摇。

　　"四个能否"的衡量标准同时要求我们把坚定远大理想同做好现实工作更好地结合起来。2013年1月5日，习近平总书记在新进中央委员会的委员、候补委员学习贯彻党的十八大精神研讨班开班式上的讲话中进一步指出："共产党员特别是党员领导干部要做共产主义远大理想和中国特色社会主义共同理想的坚定信仰者和忠实践行者……我们既要坚定走中国特色社会主义道路的信念，也要胸怀共产主义的崇高理想，矢志不移贯彻执行党在社会主义初级阶段的基本路线和基本纲领，做好当前每一项工作。革命理想高于天。没有远大理想，不是合格的共产党员；离开现实工作而空谈远大理想，也不是合格的共产党员。"① 党章明确规定，中国共产党的最高理想和最终目标是实现共产主义。共产主义的实现，必须建立在社

---

① 《十八大以来重要文献选编》（上），中央文献出版社2014年版，第115—116页。

会主义社会充分发展和高度发达的基础之上，这是一个需要经过多少代人的努力奋斗才能实现的目标，是一个非常漫长的历史过程。根据马克思主义经典作家的设想，共产主义社会分为低级和高级两个阶段。社会主义是共产主义的第一阶段，亦即低级阶段，而我们又处于社会主义的初级阶段。距离实现共产主义的最终目标，还有相当遥远的路程。中国共产党坚持最高纲领和最低纲领的统一。我国现在正处于并将长期处于社会主义初级阶段，建立富强民主文明和谐的社会主义现代化国家，是我们党和国家在整个社会主义初级阶段的奋斗目标。2013 年 9 月 23 日，习近平总书记在参加河北省委常委班子专题民主生活会时强调，坚定理想信念，要从我们走过的道路去体会和认识。中国特色社会主义道路，被历史证明是中华民族走向伟大复兴的唯一正确道路。我们要坚定中国特色社会主义的道路自信、理论自信和制度自信，坚定不移地沿着中国特色社会主义道路走下去，一定能够实现国家富强、民族振兴、人民幸福的中国梦。

2013 年 8 月 19 日，习近平总书记在全国宣传思想工作会议上指出，党员、干部要坚定马克思主义、共产主义信仰，脚踏实地为实现党在现阶段的基本纲领而不懈努力，扎扎实实做好每一项工作，取得"接力赛"中我们这一棒的优异成绩。习近平总书记还强调我们在实践中要"把践行中国特色社会主义共同理想和坚定共产主义远大理想统一起来，坚决抵制抛弃社会主义的各种错误主张，自觉纠正超越阶段的错误观念和政策措施。只有这样，才能真正做到既不妄自菲薄、也不妄自尊大，扎扎实实夺取中国特色社会主义新胜利"[①]。共产党员既要树立共产主义的远大理想，更要脚踏实地地为实现党在现阶段的基本纲领和基本路线而不懈努力，扎扎实实地做好现阶段的每一项工作。如果共产党员丢失了远大目标，就会

[①] 《十八大以来重要文献选编》（上），中央文献出版社 2014 年版，第 76—77 页。

迷失方向，变成功利主义者和实用主义者。习近平总书记的这些重要论述深刻地揭示了共产党员胸怀远大目标和脚踏实地实现现实目标之间的关系，明确指出了我们当前所处的历史方位和所要完成的历史任务。

共产主义远大理想和社会主义坚定信念，建立在人类社会发展规律的基础之上，是科学的理想信念；中国特色社会主义是中国共产党和中国人民90多年奋斗、创造、积累的根本成就，是中国发展、走向富强的必由之路，我们必须倍加珍惜、始终坚持、不断发展，开拓中国特色社会主义更为辉煌的未来。每一名共产党员都要把坚定自己的理想信念同坚持和发展中国特色社会主义紧紧联系起来，把自己的行动落实到实现"两个一百年"奋斗目标和中华民族伟大复兴的中国梦上。

三　如何坚定理想信念、坚守共产党人的精神追求

理想信念不是凭空产生的，它建立在实践的基础之上。习近平总书记指出："坚持用邓小平理论、'三个代表'重要思想、科学发展观武装头脑，把理想信念建立在对科学理论的理性认同上，建立在对历史规律的正确认识上，建立在对基本国情的准确把握上，不断增强道路自信、理论自信、制度自信，增强对坚持党的领导的信念，永远紧跟党高高举起中国特色社会主义伟大旗帜。"① 只有把理想信念建立在对科学理论的理性认同上，建立在对历史规律的正确认识上，建立在对基本国情的准确把握上，不断坚定道路自信、理论自信、制度自信，理想信念这棵树才会根深叶茂、四季常青。

如果要问共产党人的理论是什么？答案就是马克思主义。500多年前，人类社会就出现了种种空想社会主义理论，是马克思和恩

---

① 《十八大以来重要文献选编》（上），中央文献出版社2014年版，第278页。

格斯把社会主义理论由空想变为了科学。马克思主义诞生以后，在实践中不断得到验证，共产主义运动蓬勃展开，特别是中国特色社会主义的伟大实践已经证明了马克思主义的科学性；在理论上不断进行创新，实现马克思主义基本原理与各国具体实际相结合，产生了列宁主义、毛泽东思想、中国特色社会主义理论体系等理论成果，表明马克思主义是与时俱进的理论，是开放的理论。正是因为马克思主义在理论上具有科学性、在实践中具有旺盛的生命力，共产党人才会对马克思主义产生理性的认同，才会把它作为自身的精神追求，作为安身立命的根本，作为自身的命脉和灵魂。

马克思主义之所以值得共产党人信仰，还在于它符合人类历史发展规律。马克思的一生有两大发现，就是唯物史观和剩余价值学说，这两大发现揭示了人类社会发展的一般规律，揭开了资本主义生产的秘密，说明资本主义生产的不合理性和资本主义社会的必然灭亡。在相当长的一个历史时期，资本主义虽然可以通过不断自我调整来适应社会生产力的发展，但这种自我调整不能挑战生产资料的私人占有。也就是说，生产的社会化与生产资料的私人占有之间的矛盾这个资本主义固有的矛盾依然存在，且呈现出愈来愈不可调和的趋势。不论是发源于美国的国际金融危机，还是欧洲主权债务危机，都充分说明了这一点。也就是说，马克思主义经典作家所揭示的"两个必然"并没有过时。

改革开放30多年来，中国共产党带领中国人民取得了举世瞩目的伟大成就，经济总量已经跃升到世界第二位，综合国力显著提升，人民生活明显改善，国际影响力大大增强。这些成就的取得，是中国共产党把马克思主义普遍原理同中国具体国情相结合，坚持走中国特色社会主义道路的结果。我们不难得出这样的结论：只有社会主义才能救中国，只有中国特色社会主义才能发展中国。坚定中国特色社会主义的道路自信、理论自信、制度自信，就是坚定我们的理想信念。

坚定的理想信念是中国共产党带领中国人民战胜一切艰难险阻的强大精神支柱和力量源泉。党的十八大把坚定理想信念作为全面提高党的建设科学化水平的首要任务进行了部署。我们应该认真贯彻落实党的十八大部署和习近平总书记的重要论述，把抓好党的理论武装作为坚定理想信念、坚守共产党人精神追求的根本，抓好党性教育作为坚定理想信念、坚守共产党人精神追求的核心，抓好道德建设作为坚定理想信念、坚守共产党人精神追求的基础，教育引导党员和领导干部做共产主义远大理想和中国特色社会主义共同理想的坚定信仰者和忠实践行者，始终对马克思主义、社会主义和共产主义虔诚而执着、至信而深厚。

第一，加强党的理论武装。坚定理想信念、坚守共产党人的精神追求，要把加强党的理论武装作为根本，打牢历史唯物主义根基。习近平总书记在全国宣传思想工作会议上强调，要练就"金刚不坏之身"，必须用科学理论武装头脑，不断培植我们的精神家园。马克思主义是共产党人的理论，是科学的理论，是正确的世界观方法论，是共产党人坚定理想信念的灵魂。在当前国际国内形势纷繁复杂的时代背景下，有些党员之所以会出现理想信念动摇和滑坡的情况，最根本的原因就是历史唯物主义观点在头脑之中并不牢固，对人类社会发展规律、共产党执政规律、社会主义建设规律看不清。共产党员本来应该是科学无神论者，然而有些党员却热衷于从封建迷信中寻找精神寄托，"不问苍生问鬼神"，热衷于算命看相，到处求神拜佛、烧香磕头，请"神功大师"指点，根子就在于没有牢固树立历史唯物主义的观点。习近平总书记指出："只有学懂了马克思列宁主义、毛泽东思想、邓小平理论、'三个代表'重要思想、科学发展观，特别是领会了贯穿其中的马克思主义立场、观点、方法，才能心明眼亮，才能深刻认识和准确把握共产党执政规律、社会主义建设规律、人类社会发展规律，才能始终坚定理想信念，才能在纷繁复杂的形势下坚持科学指导思想和正确前进方向，才能带领人民走对路，才能把中国特色社会主义不断推向前进。"①

用科学理论武装头脑是全体共产党员终身都要坚持的必修课，是共产党员坚定理想信念的根本。习近平总书记在全国宣传思想工作会议上指出，领导干部特别是高级干部要把系统掌握马克思主义基本理论作为看家本领，老老实实、原原本本地学习马克思列宁主义、毛泽东思想特别是邓小平理论、"三个代表"重要思想、科学发展观。党校、干部学院、社会科学院、高校、理论学习中心组等都要把马克思主义作为必修课，成为马克思主义学习、研究、宣传的重要阵地。新干部、年轻干部尤其要抓好理论学习，通过坚持不懈地学习，学会运用马克思主义立场、观点、方法观察和解决问题，坚定理想信念。党员和领导干部尤其要自觉加强理论武装，深入学习和掌握马克思列宁主义、毛泽东思想和中国特色社会主义理论体系，努力学会运用马克思主义的立场、观点、方法来观察和解决问题，廓清围绕在自己身边的思想迷雾，排除形形色色错误思潮的干扰，矢志不渝地为共产主义远大理想和中国特色社会主义共同理想而奋斗。当前，特别要把深入学习和掌握包括邓小平理论、"三个代表"重要思想、科学发展观在内的中国特色社会主义理论体系作为重要的任务。通过加强党的理论武装，打牢历史唯物主义根基，坚定党员特别是领导干部的理想信念，增强党员和领导干部的道路自信、理论自信、制度自信，真正做到对马克思主义、社会主义和共产主义的理想信念坚定不移、矢志不渝。

第二，加强党性教育。坚定理想信念、坚守共产党人的精神追求，要把党性教育作为核心，着力加强党性锻炼和修养。只有党性坚强，信仰才能坚定。习近平总书记指出，共产党员要"自觉加强党性修养，增强党的意识、宗旨意识、执政意识、大局意识、责任

---

① 习近平：《在中央党校建校80周年庆祝大会暨2013年春季学期开学典礼上的讲话》，《人民日报》2013年3月3日。

意识，切实做到为党分忧、为国尽责、为民奉献"①。对于共产党员而言，参加党校学习和党所组织的重大教育实践活动，都是加强共产党员党性锻炼和修养的重要途径。1995年开展的"讲学习、讲政治、讲正气"教育活动，2005年开始的保持共产党员先进性教育活动，2008年开始的深入学习实践科学发展观活动，2013年开始的党的群众路线教育实践活动，都是加强党性锻炼和修养的很好载体，是对党员特别是领导干部的精神洗礼和党性锻炼，目的都是为了使共产党员自我净化、自我完善、自我革新、自我提高。

加强党性教育，必须努力学习党的历史。中国革命历史是最好的营养剂，只有重温中国共产党领导人民进行革命的伟大历史，党员和领导干部心中才能拥有更多的正能量，才能弘扬党的优良传统和作风，牢固树立正确的世界观、权力观、事业观，始终保持政治上的清醒和坚定，始终保持高尚的道德情操，始终保持共产党人的本色。加强党性教育，要认真组织党员干部学习党章、严格遵守党章、切实维护党章，真正做到把党章"内化于心，外化于行"，真正做到对党忠诚。加强党性教育，要大力弘扬中国共产党理论联系实际、密切联系群众、批评和自我批评的三大优良传统作风，始终牢记毛泽东同志倡导的"两个务必"，即"务必使同志们继续地保持谦虚、谨慎、不骄、不躁的作风，务必使同志们继续地保持艰苦奋斗的作风"。加强党性教育，要始终牢记党的全心全意为人民服务的根本宗旨，始终与人民群众同呼吸、共命运、心连心。

加强党性教育，为的是党员干部能够旗帜鲜明地坚持党性。习近平总书记在全国宣传思想工作会议上明确指出，坚持党性，核心就是坚持正确政治方向，站稳政治立场，坚定宣传党的理论和路线方针政策，坚定宣传中央重大工作部署，坚定宣传中央关于形势的重大分析判断，坚决同党中央保持高度一致，坚决维护党中央权

---

① 习近平：《认真学习党章　严格遵守党章》，《求是》2012年第23期。

威。他要求所有宣传思想部门和单位，所有宣传思想战线上的党员、干部都要旗帜鲜明坚持党性原则。对于共产党员而言，不论在什么时候，也不论在什么情况下，党性原则都绝对不能丢，绝对不能忘记，也绝对不能动摇，始终旗帜鲜明地坚持党性，理直气壮地讲党性。碰到大是大非和政治原则问题，共产党员绝对不能含糊其辞。面对关键时刻和关键问题，共产党员要敢于亮剑，坚定地表明自己的立场。

第三，加强道德建设。坚定理想信念、坚守共产党人的精神追求，要把道德建设作为基础，用模范道德行动彰显共产党人的人格力量。道德问题是做人的首要的基本问题，党员干部要始终保持高尚的道德情操和健康的生活情趣。习近平总书记强调："要大力加强思想道德建设，引导党员、干部自觉践行社会主义荣辱观，培养高尚的道德情操和健康生活情趣，始终保持蓬勃朝气、昂扬锐气、浩然正气，用自己的模范行为和高尚人格感召群众，引领社会风尚。"[①] 许多事实表明，有些领导干部走上违纪违法的道路，最终堕落为腐败分子，最初往往是从思想蜕化、道德变质开始的。他们之所以会腐化变质，最主要的原因是放松了自身世界观的改造和道德修养。

习近平总书记指出："衡量一名共产党员、一名领导干部是否具有共产主义远大理想，是有客观标准的，那就要看他能否坚持全心全意为人民服务的根本宗旨，能否吃苦在前、享受在后，能否勤奋工作、廉洁奉公，能否为理想而奋不顾身去拼搏、去奋斗、去献出自己的全部精力乃至生命。一切迷惘迟疑的观点，一切及时行乐的思想，一切贪图私利的行为，一切无所作为的作风，都是与此格格不入的。"[②] 有些党员和领导干部，早已忘记了自己肩上扛着全心

---

① 习近平：《关于建设马克思主义学习型政党的几点学习体会和认识——在中央党校2009 年秋季学期第二批进修班开学典礼上的讲话》，《学习时报》2009 年 11 月 18 日。
② 《十八大以来重要文献选编》（上），中央文献出版社 2014 年版，第 116 页。

全意为人民服务的天职，只是一门心思地为自己谋取各种各样的好处；他们明里或暗里过着花天酒地、尽情享受的生活，把吃苦在前、享乐在后忘得一干二净；他们善于应付差事、逢场作戏、大捞特捞，哪里管什么勤奋工作和廉洁奉公；他们唯利是图，根本不会为国家和人民的利益而献出自己的全部精力乃至生命。包括领导干部在内的每一名共产党员，都要时刻对照这"四个能否"的标准衡量自己，看看自己是否树立了共产主义远大理想，是否有过迷惘和迟疑，是否有及时行乐的思想，是否有贪图私利的行为，是否有无所作为的作风，是否是一名合格的共产党员、合格的领导干部。

　　早在1980年，邓小平同志就曾经说过："党和政府愈是实行各项经济改革和对外开放的政策，党员尤其是党的高级负责干部，就愈要高度重视、愈要身体力行共产主义思想和共产主义道德。否则，我们自己在精神上解除了武装，还怎么能教育青年，还怎么能领导国家和人民建设社会主义！我们在新民主主义革命时期，就已经坚持用共产主义的思想体系指导整个工作；用共产主义道德约束共产党员和先进分子的言行；提倡和表彰'全心全意为人民服务'，'个人服从组织'，'大公无私'，'毫不利己、专门利人'，'一不怕苦、二不怕死'。现在已经进入社会主义时期，有人居然对这些庄严的革命口号进行'批判'，而这种荒唐的'批判'不仅没有受到应有的抵制，居然还得到我们队伍中一些人的同情和支持。每一个有党性、有革命性的共产党员，难道能够容忍这种状况继续下去吗？"[①] 邓小平同志和习近平总书记对于党员领导干部违背共产主义理想和社会主义道德现象的批评，是非常深入、非常透彻的。

　　党员和领导干部在道德方面应该比普通群众有更高的标准和要求，应该模范践行社会主义核心价值体系、示范社会主义道德、引领诚信风尚、维护公平正义。要按照为民、务实、清廉的要求，勇

---

① 《邓小平文选》第2卷，人民出版社1994年版，第367页。

于正视缺点和不足，从自己做起、从现在改起，端正行为，保持共产党人的良好形象。要以整风的精神开展批评和自我批评，清洗思想和行为上的灰尘，保持共产党人的政治本色。要坚决反对形式主义、官僚主义、享乐主义和奢靡之风，培养高尚道德情操和健康生活情趣，学习要认认真真、做人要老老实实、做事要干干净净，以实际行动彰显共产党人的人格力量。

党的十八大报告指出："只要我们胸怀理想、坚定信念，不动摇、不懈怠、不折腾，顽强奋斗、艰苦奋斗、不懈奋斗，就一定能在中国共产党成立一百年时全面建成小康社会，就一定能在新中国成立一百年时建成富强民主文明和谐的社会主义现代化国家。全党要坚定这样的道路自信、理论自信、制度自信。"这一铿锵有力、含义至深的论断，极大地鼓舞了全党和全国人民。我们坚信，在以习近平同志为核心的党中央坚强领导下，只要坚定理想信念、坚守共产党人的精神追求，解放思想、改革开放、凝聚力量、攻坚克难，就一定能团结和带领全国人民创造中华民族更加灿烂美好的未来。

科学把握道路自信、理论自信和制度自信

◎ 刘志明[*]

围绕坚持和发展中国特色社会主义这一主题，党的十八大报告提出了坚定中国特色社会主义的道路自信、理论自信、制度自信的重大命题。2013 年 1 月 5 日，习近平总书记在新进中央委员会的委员、候补委员学习贯彻党的十八大精神研讨班开班式上再次强调"要有这样的道路自信、理论自信、制度自信，真正做到'千磨万击还坚劲，任尔东西南北风'"[①]。系统学习和深入研究习近平总书记道路自信、理论自信、制度自信的思想，对我们澄清在中国特色社会主义道路、理论和制度方面存在的似是而非的错误认识，深入认识中国特色社会主义的内涵、历史地位和发展指向，增强政治定力和战略定力，深入贯彻习近平总书记治国理政新理念新思想新战略，更好坚持和发展中国特色社会主义，实现中华民族伟大复兴中国梦，具有重要意义。

一 关于坚定道路自信、理论自信、制度自信原因的思想

坚定道路自信、理论自信、制度自信，一个很重要的问题就是

* 刘志明，中国社会科学院马克思主义研究院研究员。

① 习近平：《毫不动摇坚持和发展中国特色社会主义》，《人民日报》2013 年 1 月 6 日。

要首先弄清楚坚定这种自信的原因。在这个问题上没有清醒的认识，那这种自信要么盲目，要么不可能坚定。

为什么要坚定道路自信、理论自信、制度自信？习近平总书记对此问题作了系统深入的阐述，提出了一系列新思想新论断新要求。在系统梳理他有关坚定道路自信、理论自信、制度自信原因的新思想新论断新要求之前，这里有必要提到他对中国特色社会主义最鲜明特色的有关论述。他指出，中国特色社会主义的最鲜明特色在于，它是由道路、理论体系、制度三位一体构成的，三者统一于中国特色社会主义伟大实践。其中，中国特色社会主义道路是实现途径，中国特色社会主义理论体系是行动指南，中国特色社会主义制度是根本保障。[①]

具体地说，中国特色社会主义道路，既坚持以经济建设为中心，又全面推进经济建设、政治建设、文化建设、社会建设、生态文明建设以及其他各方面建设；既坚持四项基本原则，又坚持改革开放；既不断解放和发展社会生产力，又逐步实现全体人民共同富裕、促进人的全面发展，它是实现我国社会主义现代化的必由之路，是创造人民美好生活的必由之路。[②]

中国特色社会主义理论体系，是马克思主义中国化最新成果，同马克思列宁主义、毛泽东思想是坚持、发展和继承、创新的关系，[③]是我们党继往开来、与时俱进，团结带领全国各族人民沿着中国特色社会主义道路实现中华民族伟大复兴唯一正确的理论。[④]

中国特色社会主义制度，坚持把根本政治制度、基本政治制度同基本经济制度以及各方面体制机制等具体制度有机结合起来，坚持把国家层面民主制度同基层民主制度有机结合起来，坚持把党的

---

① 习近平：《紧紧围绕坚持和发展中国特色社会主义 学习宣传贯彻党的十八大精神》，《人民日报》2012 年 11 月 19 日。
② 同上。
③ 同上。
④ 习近平：《关于中国特色社会主义理论体系的几点认识》，《求是》2008 年第 7 期。

领导、人民当家做主、依法治国有机结合起来，符合我国国情，集中体现了中国特色社会主义的特点和优势，是中国发展进步的根本制度保障。①

至于党的十八大要求全党坚定道路自信、理论自信、制度自信的原因，习近平总书记指出，最根本的就在于，"实践充分证明，中国特色社会主义是中国共产党和中国人民团结的旗帜、奋进的旗帜、胜利的旗帜。我们要全面建成小康社会、加快推进社会主义现代化、实现中华民族伟大复兴，必须始终高举中国特色社会主义伟大旗帜，坚定不移坚持和发展中国特色社会主义"②。他还强调，"只有高举中国特色社会主义伟大旗帜，我们才能团结带领全党全国各族人民，在中国共产党成立100年时全面建成小康社会，在新中国成立100年时建成富强民主文明和谐的社会主义现代化国家，赢得中国人民和中华民族更加幸福美好的未来"③。

全面建成小康社会、加快推进社会主义现代化、实现中华民族伟大复兴为什么必须始终高举中国特色社会主义伟大旗帜呢？其原因就在于它承载着几代中国共产党人的理想和探索，寄托着无数仁人志士的夙愿和期盼，凝聚着亿万人民的奋斗和牺牲的中国特色社会主义是近代以来中国社会发展的必然选择，是发展中国、稳定中国的必由之路，它来源于实践、来源于人民、来源于真理。

的确，中国特色社会主义既不是从天上掉下来的，也不是照抄照搬和主观臆测的产物，更不是来自于书本，而是来自于实践，是中国共产党和人民长期实践取得的根本成就。这条道路来之不易，它是在改革开放30多年的伟大实践中走出来的，是在中华人民共和国成立60多年的持续探索中走出来的，它建立在我们党长期奋

---

① 习近平：《紧紧围绕坚持和发展中国特色社会主义　学习宣传贯彻党的十八大精神》，《人民日报》2012年11月19日。
② 同上。
③ 同上。

斗的基础上，是由我们党的几代中央领导集体团结带领全党全国人民历经千辛万苦、付出各种代价、接力探索取得的。同时，它也是在我们党对近代以来170多年中华民族发展历程的深刻总结中走出来的，是在我们党对中华民族5000多年悠久文明的传承中走出来的，具有深厚的历史渊源和广泛的现实基础。实践也充分地证明，由道路、理论体系、制度三位一体构成的中国特色社会主义是中国共产党和中国人民团结的旗帜、奋进的旗帜、胜利的旗帜。

需要指出的是，中国特色社会主义虽然首先来源于改革开放后的实践，但是，它也与改革开放前我们党的社会主义实践有着密切的关系。正如习近平总书记指出的，改革开放前的社会主义实践探索，是党和人民在历史新时期把握现实、创造未来的出发阵地，没有它提供的正反两方面的历史经验，没有它积累的思想成果、物质成果、制度成果，改革开放也难以顺利推进。一切向前走，都不能忘记走过的路；走得再远、走到再光辉的未来，也不能忘记走过的过去。① 他还强调，我们要把党和人民90多年的实践及其经验，当作时刻不能忘、须臾不能丢的立身之本，既不妄自菲薄、也不妄自尊大，毫不动摇走党和人民在长期实践探索中开辟出来的正确道路。②

中国特色社会主义是中国共产党紧紧依靠人民开创的，它来源于人民，反映了全国各族人民的意愿和要求，凝聚了全国各族人民的积极性主动性创造性，由人民检验并通过人民实施。正因为中国特色社会主义来源于人民，中国特色社会主义事业才能不仅成为中国共产党的事业，而且成为中国人民的事业。谁又能否认人民不是坚持和发展中国特色社会主义的主体性力量呢？正因为这一点，我们党才得以通过中国特色社会主义这条道路从根本上改变中国人民和中华民族的前途命运，才不可逆转地结束了近代以后中国内忧外

---

① 习近平：《在纪念毛泽东同志诞辰120周年座谈会上的讲话》，《人民日报》2013年12月27日第2版。

② 同上。

患、积贫积弱的悲惨命运，不可逆转地开启了中华民族不断发展壮大、走向伟大复兴的历史进军，使具有 5000 多年文明历史的中华民族以崭新的姿态屹立于世界民族之林。①

也正是因为中国特色社会主义来源于人民，所以人民特别珍惜自己选择的且来之不易的中国特色社会主义道路，人民坚定地相信能够引领自己创造美好生活的中国特色社会主义理论体系，人民也真心拥护能够确保当代中国发展进步的中国特色社会主义制度。全党全国各族人民要坚定并增强对中国特色社会主义的道路自信、理论自信、制度自信，从根本上来说，也就是要对人民历史主体地位的自信和自我尊重，对人民创造历史的首倡精神和积极性主动性的自信和自我尊重。正是因为对人民历史主体地位的自信和自我尊重，习近平总书记深刻指出，不论过去、现在和将来，我们都要把国家和民族发展放在自己力量的基点上，坚持民族自尊心和自信心，坚定不移走自己的路。他还强调，站立在 960 万平方公里的广袤土地上，吸吮着中华民族漫长奋斗积累的文化养分，拥有 13 亿中国人民聚合的磅礴之力，我们走自己的路，具有无比广阔的舞台，具有无比深厚的历史底蕴，具有无比强大的前进定力。中国人民应该有这个信心，每一个中国人都应该有这个信心。他还指出，中华民族是具有非凡创造力的民族，我们创造了伟大的中华文明，我们也能够继续拓展和走好适合中国国情的发展道路。全国各族人民一定要增强对中国特色社会主义的理论自信、道路自信、制度自信，坚定不移沿着正确的中国道路奋勇前进。②

中国特色社会主义来源于真理，它是马克思主义普遍真理与中国具体实践相结合的产物，其真理性主要表现在它是科学社会主义

---

① 习近平：《紧紧围绕坚持和发展中国特色社会主义　学习宣传贯彻党的十八大精神》，《人民日报》2012 年 11 月 19 日。

② 习近平：《在第十二届全国人民代表大会第一次会议上的讲话》，《人民日报》2013 年 3 月 18 日。

的理论逻辑和中国社会发展历史逻辑的辩证统一，是根植于中国大地、反映中国人民意愿、适应中国和时代发展进步要求的科学社会主义，是全面建成小康社会、加快推进社会主义现代化、实现中华民族伟大复兴的必由之路。① 其真理性具体地说，又表现在中国特色社会主义理论体系是能够引领中国不断发展进步的完全正确的理论。正如习近平总书记指出的，中国特色社会主义理论体系之所以完全正确，之所以能够引领中国不断发展进步，最根本的就在于它既破除了对马克思主义的教条式理解，又抵制了抛弃社会主义基本制度的错误主张；既坚持了科学社会主义基本原则，又具有鲜明的时代特征和中国特色；既继承了前人，又创新了内容，开拓了马克思主义新境界，是深深扎根于中国大地、符合中国实际的当代中国马克思主义。在这个理论体系指引下，我国以世界上少有的速度持续快速发展起来，社会主义和马克思主义在中国大地上焕发出勃勃生机，给人民带来更多福祉，使中华民族大踏步赶上时代前进潮流、迎来伟大复兴的光明前景。②

正是基于中国特色社会主义是社会主义而不是其他什么主义，是近代以来中国社会发展的必然选择，是发展中国、稳定中国的必由之路，正是基于它来源于实践、真理和人民，习近平总书记2013年6月25日在主持中共中央政治局第七次集体学习时强调指出，我们说的道路自信、理论自信、制度自信，来源于实践、来源于人民、来源于真理。③

可见，在坚定道路自信、理论自信和制度自信问题上，尤其在对中国特色社会主义道路的自信问题上存疑或者信心不足，是毫无道理的。正如习近平总书记深刻指出的，世界上没有放之四海而皆准的具体发展模式，也没有一成不变的发展道路。历史条件的多样

---

① 习近平：《毫不动摇坚持和发展中国特色社会主义》，《人民日报》2013年1月6日。
② 习近平：《关于中国特色社会主义理论体系的几点认识》，《求是》2008年第7期。
③ 《习近平主持中共中央政治局第七次集体学习》，新华网2013年6月26日。

性，决定了各国选择发展道路的多样性。人类历史上，没有一个民族、没有一个国家可以通过依赖外部力量、跟在他人后面亦步亦趋实现强大和振兴。那样做的结果，不是必然遭遇失败，就是必然成为他人的附庸。①

二　关于坚定道路自信、理论自信、制度自信坚实基础的思想

坚定道路自信、理论自信、制度自信，必须要有坚实基础作支撑，否则，这种自信就会因基础不牢而地动山摇。关于坚定道路自信、理论自信、制度自信的基础，习近平总书记明确指出，我们讲要坚定道路自信、理论自信、制度自信，要有坚如磐石的精神和信仰力量，也要有支撑这种精神和信仰的强大物质力量。② 为筑牢道路自信、理论自信和制度自信的坚实基础，使这种自信牢牢建立在坚如磐石的精神和信仰力量，以及强大物质力量的基础上，习近平特别强调从以下两个方面着力。

第一，加强全党的理论武装，推动全党特别是各级领导干部坚定理想信念，增强为党和人民事业不懈奋斗的自觉性和坚定性，真正做到坚定不移、矢志不渝。习近平总书记强调，对马克思主义的信仰，对社会主义和共产主义的信念，是共产党人的政治灵魂，是共产党人经受住任何考验的精神支柱。并指出，理想信念就是共产党人精神上的"钙"，没有理想信念，理想信念不坚定，精神上就会"缺钙"，就会得"软骨病"。③

---

① 习近平：《在纪念毛泽东同志诞辰 120 周年座谈会上的讲话》，《人民日报》2013 年 12 月 27 日第 2 版。

② 习近平：《切实把思想统一到党的十八届三中全会精神上来》，《人民日报》2014 年 1 月 1 日。

③ 习近平：《紧紧围绕坚持和发展中国特色社会主义　学习宣传贯彻党的十八大精神》，《人民日报》2012 年 11 月 19 日。

　　为防止党员特别是领导干部精神上"缺钙"和得"软骨病"，习近平总书记强调要按照建设马克思主义学习型政党的要求，深入学习和掌握马克思列宁主义、毛泽东思想，深入学习和掌握中国特色社会主义理论体系，牢固树立辩证唯物主义和历史唯物主义世界观和方法论。他深刻指出，共产党员坚定理想信念，必须努力学习和掌握辩证唯物主义和历史唯物主义的强大思想武器，把理想信念建立在科学分析的理性基础之上。既要正确认识目前资本主义经济、科技发展的现实，更要正确认识资本主义社会的基本矛盾及其最终必然走向衰亡的历史趋势；既要正确认识社会主义发展过程中出现的曲折和反复，更要正确认识社会主义的发展前途是光明的；既要正确认识社会主义事业的长期性、艰巨性、复杂性，更要正确认识社会主义制度的强大生命力和巨大优越性。就是说，要从马克思主义关于人类社会发展规律的高度来认识当今世界的变化及其趋势，始终坚定自己的理想信念。要深刻认识到，中国特色社会主义理论体系这个当代中国的马克思主义，既坚持了科学社会主义的基本原则、又根据我国实际和时代特征形成了鲜明的中国特色，是引领当今中国社会不断发展进步、引领中华民族实现伟大复兴的科学理论，因而要始终不为任何风险所惧、不被任何干扰所惑，坚定不移地沿着中国特色社会主义方向勇往直前。① 他要求领导干部特别是高级干部要把系统掌握马克思主义基本理论作为看家本领，老老实实、原原本本学习马克思列宁主义、毛泽东思想特别是邓小平理论、"三个代表"重要思想、科学发展观，并指出，只有学懂了马克思列宁主义、毛泽东思想、邓小平理论、"三个代表"重要思想、科学发展观，特别是领会了贯穿其中的马克思主义立场、观点、方法，才能心明眼亮，才能深刻认识和准确把握共产党执政规律、社会主义建设规律、人类社会发展规律，才能始终坚定理想信念，才

---

　　① 习近平：《深入学习中国特色社会主义理论体系　努力掌握马克思主义立场观点方法》，《求是》2010 年第 7 期。

能在纷繁复杂的形势下坚持科学指导思想和正确前进方向，才能带领人民走对路，才能把中国特色社会主义不断推向前进。① 他还要求党校、干部学院、社会科学院、高校、理论学习中心组等都要把马克思主义作为必修课，成为马克思主义学习、研究、宣传的重要阵地。新干部、年轻干部尤其要抓好理论学习，通过坚持不懈学习，学会运用马克思主义立场、观点、方法观察和解决问题，坚定理想信念。② 不过，他也强调，学习和掌握马克思主义立场、观点、方法，既要坚决抵制马克思主义"过时论"等种种否定马克思主义的错误思想，又不要被针对具体情况、具体条件的个别词句、个别结论束缚住手脚。③

为使全党同志始终牢固地掌握马克思主义世界观，习近平总书记强调，全党同志必须始终站在人民大众立场上，必须始终不脱离、不动摇这个立场，并认为这是共产党人掌握马克思主义世界观的重大问题，也是广大党员干部学习贯彻中国特色社会主义理论体系要解决好的重大问题。他指出，党员领导干部要真正站在人民大众立场上，首先要对人民群众有真挚的感情，要时刻把群众的安危冷暖挂在心上，扎实做好事关群众切身利益的每项工作。要始终牢记党的根本宗旨，从思想和感情深处真正把人民群众当主人、当先生，把自己看作人民群众的公仆和学生，自觉贯彻党的群众路线。其次要解决好为谁掌权用权的问题。领导干部要牢记手中的权力是人民赋予的，只能用来为人民谋利益，绝不能把它变成牟取个人或少数人私利的工具，要把权力用在贯彻执行党的路线方针政策和各项部署上，确保权力行使不偏向、不越轨、不出格，始终做到公正

①　习近平：《在中央党校建校 80 周年庆祝大会暨 2013 年春季学期开学典礼上的讲话》，《人民日报》2013 年 3 月 3 日。

②　倪光辉：《习近平在全国宣传思想工作会议上强调　胸怀大局把握大势着眼大事　努力把宣传思想工作做得更好》，《人民日报》2013 年 8 月 21 日第 1 版。

③　习近平：《深入学习中国特色社会主义理论体系　努力掌握马克思主义立场观点方法》，《求是》2010 年第 7 期。

用权；要牢固树立法律面前人人平等、制度面前没有特权、制度约束没有例外的意识，按规定的权限行使权力、不超越用权的界限，按规定的程序行使权力、不任意妄为，按规定的责任行使权力、不逃避约束，始终做到依法依规用权；要主动接受监督、自觉接受监督、乐于接受监督，时刻警惕官僚主义滋长蔓延，坚决抵御来自各方面的诱惑，带头遵守《中国共产党党员领导干部廉洁从政若干准则》，清清白白做人，干干净净干事，始终做到立党为公、为民用权、廉洁用权。①

第二，努力推动我国社会生产力不断向前发展，努力推动实现物的不断丰富和人的全面发展的统一。习近平总书记指出，新中国成立以来特别是改革开放以来，我国社会主义事业取得举世瞩目的伟大成就，但底子薄的状况还未得到根本改变，要达到发达国家的经济文化发展水平，将是一个相当长的奋斗历程。② 在他看来，只要国内外大势没有发生根本变化，坚持以经济建设为中心就不能也不应该改变。因为这是坚持党的基本路线 100 年不动摇的根本要求，也是解决当代中国一切问题的根本要求。③ 在他看来，这决定了全面建成小康社会，实现社会主义现代化，实现中华民族伟大复兴，最根本最紧迫的任务还是进一步解放和发展社会生产力。④ 因此，他强调，"我们在建设社会主义的整个历史进程中，都必须把集中力量发展社会生产力摆在首要位置，把经济建设作为党和国家的中心工作，聚精会神搞建设，一心一意谋发展。我们必须始终抓好发展这个第一要务，必须始终坚持以经济建设为中心，无论遇到

---

① 习近平：《深入学习中国特色社会主义理论体系　努力掌握马克思主义立场观点方法》，《求是》2010 年第 7 期。

② 习近平：《坚持实事求是的思想路线》，《学习时报》2012 年 5 月 28 日。

③ 倪光辉：《习近平在全国宣传思想工作会议上强调　胸怀大局把握大势着眼大事努力把宣传思想工作做得更好》，《人民日报》2013 年 8 月 21 日第 1 版。

④ 习近平：《切实把思想统一到党的十八届三中全会精神上来》，《人民日报》2014 年 1 月 1 日。

什么情况都不能动摇。这一条，各级领导干部一定要牢牢把握"①。他还深刻指出，"我们在推进发展的过程中，既要见物又要见人，既要重视物质生产水平的提高又要重视人的素质的提高，既要注重经济指标又要注重人文和资源环境指标。这就必须树立致力于全面发展、全面进步的正确政绩观，也只有坚持这样的政绩观，才能做出经得起实践检验和人民满意的实绩"②。

在全面深化改革的历史新起点，在我们党明确宣示全面深化改革必须坚持以促进公平正义和增进人民福祉为出发点和落脚点后不久，习近平总书记仍然不忘强调，生产力是推动社会进步的最活跃、最革命的要素。社会主义的根本任务是解放和发展社会生产力。在全面深化改革中，我们要坚持发展仍是解决我国所有问题的关键这个重大战略判断，使市场在资源配置中起决定性作用和更好发挥政府作用，推动我国社会生产力不断向前发展，推动实现物的不断丰富和人的全面发展的统一。他还特别强调要紧紧围绕发展这个第一要务来部署各方面改革，以解放和发展社会生产力为改革提供强大牵引，更好推动生产关系与生产力、上层建筑与经济基础相适应。③

习近平总书记还寄望通过不断改革创新，"使中国特色社会主义在解放和发展社会生产力、解放和增强社会活力、促进人的全面发展上比资本主义制度更有效率，更能激发全体人民的积极性、主动性、创造性，更能为社会发展提供有利条件，更能在竞争中赢得比较优势，把中国特色社会主义制度的优越性充分体现出来"④。

---

① 习近平：《深入学习中国特色社会主义理论体系　努力掌握马克思主义立场观点方法》，《求是》2010 年第 7 期。

② 同上。

③ 习近平：《推动全党学习历史唯物主义基本原理和方法论》，新华社 2013 年 12 月 4 日。

④ 习近平：《切实把思想统一到党的十八届三中全会精神上来》，《人民日报》2014 年 1 月 1 日。

三 关于以发展的眼光坚持道路自信、理论自信和制度自信的思想

习近平总书记指出，坚持马克思主义，坚持社会主义，一定要有发展的观点。① 坚持道路自信、理论自信和制度自信也同样如此，必须坚持发展的观点，具有发展的眼光。否则，这种自信就会因为僵化、故步自封逐渐陷入摇摆性、片面性、盲目性之中，并最终窒息中国特色社会主义的生命力和创造力。

为使全党始终和更好地坚定、增强道路自信、理论自信和制度自信，习近平总书记一再强调坚持以发展的观点尤其是改革创新的精神来推进中国特色社会主义。比如，他强调，"全党同志一定要以更加坚定的信念、更加顽强的努力，毫不动摇坚持、与时俱进发展中国特色社会主义，不断丰富中国特色社会主义的实践特色、理论特色、民族特色、时代特色"②。又如，他指出，我们要不断深化对改革开放规律性的认识，勇于攻坚克难，敢于迎难而上，坚决破除各方面体制机制弊端，奋力开拓中国特色社会主义更加广阔的前景。③ 还如，他强调，我们在改革开放上绝不能有丝毫动摇，改革开放的旗帜必须继续高高举起，中国特色社会主义道路的正确方向必须牢牢坚持。全党要坚定改革信心，以更大的政治勇气和智慧、更有力的措施和办法推进改革。④ 再如，他号召全党同志坚持不懈地把改革创新精神贯彻到治国理政各个环节，奋力把改革开放推向

① 习近平：《毫不动摇坚持和发展中国特色社会主义》，《人民日报》2013 年 1 月 6 日。

② 习近平：《紧紧围绕坚持和发展中国特色社会主义 学习宣传贯彻党的十八大精神》，《人民日报》2012 年 11 月 19 日。

③ 习近平：《在纪念毛泽东同志诞辰 120 周年座谈会上的讲话》，《人民日报》2013 年 12 月 27 日第 2 版。

④ 习近平：《关于〈中共中央关于全面深化改革若干重大问题的决定〉的说明》，《求是》2013 年第 22 期。

前进，并强调要坚持社会主义市场经济的改革方向，提高改革决策的科学性，增强改革措施的协调性，找准深化改革开放的突破口，明确深化改革开放的着力点，不失时机地推进重要领域和关键环节改革，继续解放和发展社会生产力，继续推动我国社会主义制度自我完善和发展，坚决破除一切妨碍科学发展的思想观念和体制机制弊端，① 如此等等，不一而足。

具体地说，在坚定道路自信问题上，习近平总书记一方面强调不能数典忘祖，不能照抄照搬别国的发展模式，也绝不接受任何外国颐指气使的说教，要坚定不移走中国特色社会主义道路，既不走封闭僵化的老路，也不走改旗易帜的邪路。但是，另一方面，他也强调，"我们要根据形势任务发展变化，通过全面深化改革，不断拓展中国特色社会主义道路"②。在他看来，在道路自信问题上，最关键的就是他在 2013 年 6 月 25 日主持中共中央政治局就中国特色社会主义理论与实践进行的集体学习时所明确指出的，就是"坚定不移走这条道路、与时俱进拓展这条道路，推动中国特色社会主义道路越走越宽广"。

在坚定理论自信问题上，习近平总书记同样要求坚持发展的观点，以发展的眼光来看待中国特色社会主义这一引领中国发展进步的唯一正确的理论，指出，"今天，坚持和发展中国特色社会主义，全面深化改革，有效应对前进道路上可以预见和难以预见的各种困难与风险，都会提出新的课题，迫切需要我们从理论上作出新的科学回答。我们要及时总结党领导人民创造的新鲜经验，不断开辟马克思主义中国化新境界，让当代中国马克思主义放射出更加灿烂的

---

① 习近平：《全面贯彻落实党的十八大精神要突出抓好六个方面工作》，《求是》2013年第 1 期。
② 习近平：《在纪念毛泽东同志诞辰 120 周年座谈会上的讲话》，《人民日报》2013 年12 月 27 日第 2 版。

真理光芒"①。

在坚定制度自信问题上，习近平总书记同样要求坚持发展的观点，他指出，应该看到，中国特色社会主义制度是特色鲜明、富有效率的，但还不是尽善尽美、成熟定型的。中国特色社会主义事业不断发展，中国特色社会主义制度也需要不断完善。② 他强调，要坚定不移推进改革开放，不断在制度建设和创新方面迈出新步伐，不断促进生产关系和生产力、上层建筑和经济基础相适应，促进经济社会各个领域、各个方面、各个环节相协调；③ 要坚持以实践基础上的理论创新推动制度创新，坚持和完善现有制度，从实际出发，及时制定一些新的制度，构建系统完备、科学规范、运行有效的制度体系，使各方面制度更加成熟、更加定型，为夺取中国特色社会主义新胜利提供更加有效的制度保障。④ 在谈到如何有效推进国家治理体系和治理能力现代化的问题时，习近平总书记指出，相比我国经济社会发展要求，相比人民群众期待，相比当今世界日趋激烈的国际竞争，相比实现国家长治久安，我们在国家治理体系和治理能力方面还有许多不足，有许多亟待改进的地方。真正实现社会和谐稳定、国家长治久安，还是要靠制度。推进国家治理体系和治理能力现代化，就是要适应时代变化，既改革不适应实践发展要求的体制机制、法律法规，又不断构建新的体制机制、法律法规，使各方面制度更加科学、更加完善，实现党、国家、社会各项事务治理制度化、规范化、程序化。要更加注重治理能力建设，增强按制度办事、依法办事意识，善于运用制度和法律治理国家，把各方

① 习近平：《在纪念毛泽东同志诞辰 120 周年座谈会上的讲话》，《人民日报》2013 年 12 月 27 日第 2 版。
② 习近平：《紧紧围绕坚持和发展中国特色社会主义 学习宣传贯彻党的十八大精神》，《人民日报》2012 年 11 月 19 日。
③ 习近平：《全面贯彻落实党的十八大精神要突出抓好六个方面工作》，《求是》2013 年第 1 期。
④ 习近平：《紧紧围绕坚持和发展中国特色社会主义 学习宣传贯彻党的十八大精神》，《人民日报》2012 年 11 月 19 日。

面制度优势转化为管理国家的效能，提高党科学执政、民主执政、依法执政水平。①

四 关于坚定道路自信、理论自信、制度自信思想的重大意义

习近平总书记关于坚定道路自信、理论自信和制度自信的思想，政治性、理论性、针对性都很强，具有多方面的理论意义和现实意义，具体地说，主要有以下三点重要意义。

第一，对我们丰富中国特色社会主义的内涵、历史地位的认识，更好坚持和发展中国特色社会主义，具有重要意义。习近平总书记关于中国特色社会主义是道路、理论体系和制度三者的辩证统一的观点，关于中国特色社会主义来源于实践、人民和真理的观点，关于要在深入把握中国特色社会主义的科学性和真理性的基础上增强道路自信、理论自信和制度自信的观点，关于以发展的眼光来坚定道路自信、理论自信和制度自信的观点，以及关于实现中国梦必须走中国道路的观点，无疑丰富了中国特色社会主义的内涵，为我们党和全国各族人民坚持和发展中国特色社会主义指明了方向，提供了基本遵循。习近平总书记的上述重要观点启示我们，坚定道路自信、理论自信、制度自信本身不是目标而是前提，它是着眼于推进中国特色社会主义的。如果一味沾沾自喜于已经取得的成就，不能与时俱进地推进中国特色社会主义，坚定道路自信、理论自信、制度自信就纯粹是空谈而没有任何实际的意义。但是，推进中国特色社会主义本身必须以坚定道路自信、理论自信和制度自信为必要前提；否则，发展中国特色社会主义就会因为立场不坚定和方向不正确而走弯路或陷入歧途，甚至归于失败。因此，我们有理由坚持认为，只要中国共产党和全国

---

① 习近平：《切实把思想统一到党的十八届三中全会精神上来》，《人民日报》2014年1月1日。

各族人民自觉地增强对中国特色社会主义的道路自信、理论自信和制度自信，在坚持和发展中国特色社会主义问题上"不动摇、不懈怠、不折腾"，"顽强奋斗、艰苦奋斗、不懈奋斗"，那中国特色社会主义就一定能不断"赢得主动，赢得优势，赢得未来"。

第二，对我们更好地搞好党的意识形态工作，具有重要指导意义。在国际金融危机使西方资本主义制度、发展模式和发展理念普遍受到质疑的情形下，在世界持续掀起有关研讨和解读中国特色社会主义道路、理论和制度的热潮中，在全面深化改革的历史新起点，我国意识形态领域活跃复杂，各种社会思潮竞相发声的情形下，习近平总书记关于坚定道路自信、理论自信和制度自信的思想，对于我们党澄清国内外思想理论界在中国特色社会主义道路、理论和制度方面存在的一些误读，对于我们以正确的立场、鲜明的观点、坚定的态度，对新自由主义、民主社会主义、历史虚无主义、"普世价值论""民主宪政论"等各种错误思潮及其错误观点进行深入辨析和有力批驳，帮助人们划清是非界限、澄清模糊认识，坚定不移地巩固和壮大主流思想舆论，具有重要意义。须知，上述错误思潮及其错误观点和最近几年一度甚嚣尘上的"中国崩溃论""中国威胁论"一道，总想消磨和瓦解中国共产党和全国各族人民对中国特色社会主义的道路自信、理论自信和制度自信，从而诱使我们自己折腾自己，或走封闭僵化的老路，或走改旗易帜的邪路，从而白白丢掉我们通过艰辛努力取得的伟大成就，白白丧失我们现在面临的有助早日实现国家富强、民族振兴和人民幸福伟大中国梦的战略机遇期，以达到它们阻滞和延缓中国崛起进程的目的。

第三，对我们始终确保改革开放沿着正确的方向前进具有重要意义。习近平总书记关于把坚定道路自信、理论自信和制度自信置于坚如磐石的精神和信仰力量以及强大物质力量基础上的观点，关于全党同志必须始终站在人民大众立场上以及解决好为谁掌权用权问题的观点，关于紧紧围绕发展这个第一要务来部署各方面改革，使中国特色社会主义在解放和发展社会生产力、解放和增强社会活力、促进人的全面发展上比资本主义制度更有效率，更能激发全体人民的积极性主动性创造性，更能为社会发展提供有利条件，更能在竞争中赢得比较优势的观点，明确宣示了中国共产党人在全面深化改革的历史新起点坚持社会主义正确改革方向的坚定立场和坚强决心，有利于我们正在攻坚克难的全面深化改革，正确贯彻以促进社会公平正义、增进人民福祉为出发点和落脚点的基本要求，从而使我们的改革不至于滑向西方新自由主义和福利资本主义改革观的陷阱中而不能自拔。

　　这里有必要指出，在如何贯彻以促进社会公平正义、增进人民福祉为出发点和落脚点的全面深化改革这一重要指导思想的问题上，有观点认为，这标志着中国特色社会主义建设从此由以经济建设为中心步入了以社会建设为中心的新阶段，并自觉不自觉地推崇欧洲"福利国家"建设理论。这种观点如同新自由主义的改革观一样，对我们的全面深化改革也是有误导作用的。不能否认，使发展成果更多更公平地惠及全体人民是我们党下一步工作的重点，但是，这并不意味着我们就可以无视社会主义初级阶段的基本国情、社会发展水平，可以离开经济建设这个中心，可以丢掉发展这个硬道理，可以忘记发展仍然是解决我国一切问题的关键这一重大战略判断。以促进社会公平正义、增进人民福祉为例，虽然这个问题如果不抓紧解决，不仅会影响人民群众对改革开放的信心，而且会影响社会和谐稳定，但是，我们也应该看到，实现社会公平正义是由多种因素决定的，最主要的还是经济社会发展水平。在当代中国讲促进社会公平正义，还是要按照习近平总书记所指出的，"必须紧紧抓住经济建设这个中心，推动经济持续健康发展，进一步把'蛋糕'做大，为保障社会公平正义奠定更加坚实物质基础"①。

---

　　①　习近平：《切实把思想统一到党的十八届三中全会精神上来》，《人民日报》2014 年1 月1 日。

社会主义初级阶段基本
经济制度及其实现形式思想研究

◎ 张福军[*]

改革开放以来，尤其是我国确立社会主义市场经济体制改革的目标以来，我国的所有制结构不断发生变化，公有制经济和非公有制经济在发展经济、促进就业等方面的比重不断调整，两种所有制经济取长补短、相互促进、共同发展，不断增强经济社会发展的活力，从而公有制经济和非公有制经济在内容、形式以及相互关系等方面都经历了重构，多种经济形式并存的经济现实构成了我国坚持和完善基本经济制度的基本条件。

在新形势下，为了实现全面建成小康社会的目标，不断开创中国特色社会主义事业新局面，习近平总书记在 2013 年的一系列讲话中，多次强调坚持和完善基本经济制度的重要性，根据我国处于并将长期处于社会主义初级阶段的基本国情确立的公有制为主体、多种所有制经济共同发展的基本经济制度，既是中国特色社会主义制度的重要支柱，又是社会主义市场经济体制的根基；既是实现中国经济长期持续健康发展的重要保障，又是推动科学发展的制度基础。习近平总书记还强调，坚持和完善社会主义初级阶段基本经济

————————

* 张福军，中国社会科学院马克思主义研究院副研究员。

制度，需要积极探索基本经济制度的有效实现形式，并指出如何更好地体现和坚持公有制主体地位，进一步探索基本经济制度的有效实现形式，是摆在我们面前的一个重大课题。

一　坚持和完善基本经济制度，进一步巩固和发展中国特色社会主义的重要支柱

马克思主义所有制理论认为，生产资料所有制是一个社会经济制度的基础，是决定一个社会基本性质和发展方向的根本因素。在长期的社会主义建设实践中，我国把马克思主义基本原理中国化，围绕坚持和完善社会主义初级阶段基本经济制度进行不懈的努力和探索，确立了公有制为主体、多种所有制经济共同发展的基本经济制度，反映了社会主义初级阶段生产关系的本质特征，这也是对马克思主义所有制理论的丰富和发展。因此，社会主义初级阶段基本经济制度问题，既是中国特色社会主义理论中最重要的基础理论问题，又是与改革发展实际紧密联系的重大实践问题。

习近平总书记在党的十八届三中全会通过的《中共中央关于全面深化改革若干重大问题的决定》和所作的《关于〈中共中央关于全面深化改革若干重大问题的决定〉的说明》中，明确指出："公有制为主体、多种所有制经济共同发展的基本经济制度，是中国特色社会主义制度的重要支柱，也是社会主义市场经济体制的根基。"习近平总书记这一论断，丰富和发展了中国特色社会主义理论体系，既是对新中国成立60多年来经济发展实践中逐步形成的宝贵经验和理论成果的总结，又反映了新形势下经济社会发展的要求，指明了下一步发展的方向，意义重大而深远。

坚持和完善基本经济制度是新中国成立以来逐步形成的宝贵经验和理论成果的总结。习近平总书记关于"基本经济制度是中国特色社会主义制度的重要支柱"思想，是新中国成立后不同历史时期

的经验总结，什么时候我们很好地坚持和完善基本经济制度，我国的社会主义事业就会稳步前进；什么时候我们没有很好地坚持和完善基本经济制度，我国的社会主义事业就会走弯路，出现挫折。新中国成立初期，我国社会环境复杂，经济形势严峻，帝国主义加强对我国的封锁，在这种不利条件下，我国在经济领域还是取得了令人瞩目的成绩。一方面，我国通过没收官僚资本、接收帝国主义在华企业以及解放区原有的公营经济成分，大规模发展国有经济，迅速建立起比较完整的国民经济体系。另一方面，为了保护和促进民族工商业和私有经济发展，实施了"公私兼顾、劳资两利"指导方针，全面调动民族资产阶级的积极性，充分发挥私营经济的作用，保证国民经济在较短时间内得到恢复。这个时期，在新民主主义经济政策的引导下，初步形成了公有制为主体、多种所有制经济共同发展的基本经济格局，大大促进了生产力的发展，满足了新中国成立初期的基本物质需要，为新生政权的稳固奠定了基础。随后我国经济政策违背发展规律，实施"一大二公、纯而又纯"的单一公有制经济，"宁要社会主义的草，也不要资本主义的苗"，消灭私有制经济，最终导致生产效率低下，经济发展停滞不前。改革开放以来，尤其是 1997 年党的十五大确立公有制为主体、多种所有制经济共同发展的基本经济制度以来，我国在坚持公有制主体地位的同时，大力恢复和发展非公有制经济，形成了与我国社会主义初级阶段生产力发展水平和基本国情相适应的基本经济制度，我国公有制经济和非公有制经济都有巨大的发展，取得了举世瞩目的成就，创造了中国经济发展的奇迹。以 1998 年和 2013 年的数据为例，1998 年，国有工商企业净资产总额为 5.03 万亿元，国有及国有控股企业为 11365 亿元[①]；而到 2013 年 8 月，国有企业（不包括国有金融类企业）净资产为 30.4 万亿元，国有中央企业净资产总额为 16.1

---

① 资料来源：《中华人民共和国 1998 年国民经济和社会发展统计公报》。

万亿元①。同时，非公有制经济也迅速发展，1998 年，个体工商户为 3120 万户，从业人数为 6114 万人，注册资金为 3120 亿元②；而到 2012 年底，全国个体工商户已达 4059.27 万户，首次突破 4000 万户，资金数额达到 1.98 万亿元③。这些数据充分说明，我国确立的社会主义初级阶段基本经济制度，是适合社会生产力发展要求的，有利于激发各种所有制经济的活力、动力和创造力，为我国经济持续健康发展提供了广阔的空间。因此，习近平总书记关于"基本经济制度是中国特色社会主义制度的重要支柱"思想，是新中国成立以来逐步形成的宝贵经验和理论成果的总结，在不同时期中国特色社会主义事业的实践中得到了充分印证。

坚持和完善基本经济制度是推动科学发展的制度保障。习近平总书记在党的十八届三中全会所作的《关于〈中共中央关于全面深化改革若干重大问题的决定〉的说明》中强调，只有坚持和完善基本经济制度，才能巩固和完善中国特色社会主义制度，进一步夯实社会主义市场经济体制的根基，这为推动我国现阶段的科学发展指明了正确的前进方向。在我国新的历史发展阶段，只有坚持科学发展，才能保持国民经济的持续健康发展，才能为巩固和发展中国特色社会主义事业奠定强大的物质基础，才能不断深化社会主义市场经济体制改革，进而稳步提高人民的生活水平，这也是体现社会主义优越性的本质要求。目前，优化产业结构、加快转变经济发展方式迫在眉睫，科学发展已成为时代主题，为了完成时代赋予我们的历史使命，离不开公有制为主体、多种所有制经济共同发展这一基本经济制度的保障。

一是保持国民经济持续健康发展须坚持和完善基本经济制度。

---

① 参见张卓元《混合所有制经济是基本经济制度的重要实现形式》，《经济日报》2013 年 11 月 22 日。

② 资料来源：《工商行政管理统计汇编（1990—1998）》。

③ 参见 http://www.gov.cn/gzdt/2013-01/16/content_ 2313053.htm。

国有企业特别是中央企业已成为我国国民经济发展的主导力量，发挥着中流砥柱的作用。在经济全球化的大背景下，国有企业的发展壮大，有助于提升我国经济的国际竞争力，扩大我国在国际上的影响力。截至 2013 年 7 月，我国已有 45 家中央企业进入全球 500 强，还有一批具有国际竞争力的国有企业。① 同时，国有企业已担当起维护国家经济安全的历史重任，在抵御外部经济风险的冲击和保持国内经济持续稳定发展方面，具有不可替代的支撑和保障作用。对于非公有制经济来说，在我国国民经济中发挥的作用也越来越大，2012 年非公企业利润总额达到 1.82 万亿元，税收贡献超过 50%，GDP 所占的比重超过 60%，② 已成为保证我国经济持续健康发展的重要力量。随着国家在制度层面上对一些领域市场准入等体制机制障碍的进一步破除，非公有制经济对国民经济持续健康发展的推动作用还将增强。因此，只有坚持和完善基本经济制度，才能为保持国民经济持续健康发展提供制度保障。

二是促进产业结构优化升级须坚持和完善基本经济制度。一方面，在我国产业政策的结构调整中，国有经济利用在我国国民经济中的主导地位，带头执行国家产业结构优化升级的政策，发挥先导作用，更好地加快我国产业结构优化升级，成为实现我国宏观调控目标最重要的微观基础。另一方面，我国的非公有制企业以中小型企业为主，除了积极参与新兴产业的研发外，它们已在很大程度上融入以大企业为龙头的产业链，参与分工协作，有力地推动非公有制企业的转型升级，进而推动整体产业不断升级，走向高端化。因此，只有坚持和完善基本经济制度，发挥国有经济的引领作用，各种所有制经济在产业链条上分工协作，产业结构才能不断优化

---

① 参见国资委网站 http://www.sasac.gov.cn/n1180/n1226/n2410/n314259/n315134/15418725.html。

② 参见 http://finance.china.com.cn/news/special/lianghui2013/20130306/1315268.shtml。

升级。

三是促进科技自主创新须坚持和完善基本经济制度。提高自主创新能力，推动科学技术的发展，对于保持我国经济可持续发展和维护国家经济安全来说，意义重大。在加快转变经济发展方式进程中，无论是发展一些新兴产业，还是改造传统产业，都需要技术进步和自主创新的支撑和引领。坚持和完善基本经济制度，有助于推进协同创新，提高自主创新能力：一方面，国有企业有实力承担重大技术和关键技术的攻关，通过深化科技体制改革，与高校和科研院所加强合作，提升自主创新的研发能力，进一步提高科技成果市场转化的积极性，成为协同创新的主导力量。另一方面，以非公有制企业为主的中小企业自身的技术创新能力在不断增强，同时也在加强与国有企业在技术创新方面的合作。据测算，中小企业提供了全国约 65% 的发明专利、75% 以上的企业技术创新和 80% 以上的新产品开发。[①] 因此，坚持和完善基本经济制度，有利于发挥公有制经济与非公有制经济在科技自主创新方面的合力作用，不断提升我国的科技自主创新研发能力。

总之，推动科学发展，立足社会主义初级阶段基本国情，总结我国经济发展实践，深入分析我国发展的阶段性特征，是中国特色社会主义最富有时代特点的战略思想。因此，习近平总书记关于"坚持和完善基本经济制度"思想，为加快推动科学发展提供了制度保障，为进一步巩固和完善中国特色社会主义明确了发展方向。

二 混合所有制是基本经济制度的重要实现形式

习近平总书记在党的十八届三中全会所作的《关于〈中共中央关于全面深化改革若干重大问题的决定〉的说明》中强调，《决

---

① 参见《"十二五"中小企业成长规划》，http：//www.miit.gov.cn/n11293472/n11293832/n11293907/n11368223/14178245.html。

定》坚持和发展党的十五大以来有关论述，提出要积极发展混合所有制经济，强调国有资本、集体资本、非公有资本等交叉持股、相互融合的混合所有制经济，是基本经济制度的重要实现形式，有利于国有资本放大功能、保值增值、提高竞争力。这是新形势下坚持公有制主体地位，增强国有经济活力、控制力、影响力的一个有效途径和必然选择。

习近平总书记的这些论述，为进一步完善基本经济制度指明了发展方向，既是对党的十五大以来有关论断的继承和发展，又是对基本经济制度实现形式和国有经济发展模式的重大创新；既是对我国已有的混合所有制经济中不同所有制形式的深度融合进行了肯定，又为国企改革和私有企业的下一步发展提供了巨大的发展空间和强大的市场改革动力。在经济全球化背景下，为了实现全面建成小康社会和"三步走"的战略目标，我国必须尽快发展先进的社会化大生产所需要的条件，需要积极动员社会资本参与社会化大生产的全过程，而单一所有制形式难以满足这种要求。发展混合所有制经济，在宏观层面上，保持所有制结构的多元性，即国有、集体、个体、私营、外资等经济成分并存，有利于国有资本放大功能，增强国有经济的活力、控制力和影响力，更好地坚持公有制为主体、多种所有制经济共同发展的基本经济制度；在微观层面上，表现为产权主体的多元化，由不同所有制性质的投资主体共同出资组建新的组织形式，这样就可以动用大量的社会资本为社会主义现代化建设服务。因此，在我国的社会主义初级阶段，混合所有制是基本经济制度的重要实现形式，能够促使不同所有制形式的合作更加强化。

积极发展混合所有制是我们党对有关所有制论断和基本经济制度认识不断深化的结果。改革开放以来，我们党一直在探索公有制和基本经济制度的有效实现形式，在坚持公有制经济为主体和国有经济为主导的前提下，个体、私营等非公有制经济从无到有，从允许存在到定位"有益补充"和"重要组成部分"。1997年，党的十五大确立了社会主义初级阶段的基本经济制度，第一次提出混合所有制经济概念，阐述了公有制和混合所有制的关系，明确提出："公有制实现形式可以而且应当多样化。""要努力寻找能够极大促进生产力发展的公有制实现形式。股份制是现代企业的一种资本组织形式，有利于所有权和经营权的分离，有利于提高企业和资本的运作效率，资本主义可以用，社会主义也可以用。"1999年，党的十五届四中全会决定指出："国有大中型企业尤其是优势企业，宜于实行股份制的，要通过规范上市、中外合资和企业相互参股等形式，改为股份制企业，发展混合所有制经济。"2002年，党的十六大报告提出："除极少数必须由国家独资经营的企业外，积极推行股份制，发展混合所有制经济。"2003年，党的十六届三中全会提出："要适应经济市场化不断发展的趋势，进一步增强公有制经济的活力，大力发展国有资本、集体资本和非公有资本等参股的混合所有制经济，实现投资主体多元化，使股份制成为公有制的主要实现形式。"党的十七大提出，"以现代产权制度为基础，发展混合所有制经济"。习近平总书记在党的十八届三中全会上所作的《关于〈中共中央关于全面深化改革若干重大问题的决定〉的说明》中更为明确地提出，国有资本、集体资本和非公有资本等交叉持股、相互融合的混合所有制经济是基本经济制度的重要实现形式。这是在新形势下探索公有制经济和市场经济相结合有效形式的成果，是社会主义市场制度下国有企业改革发展的独特模式和重大创新，成功解决了公有制和市场经济相结合的世界性难题。因此，习近平总书记的这一论断，既与以往论述一脉相承，又结合实际实现了新的突破和发展，是我们党对有关所有制论断和基本经济制度认识不断深化的结果，反映了经济市场化深入发展的客观要求，必将有力地推动混合所有制经济的发展。

积极发展混合所有制经济为进一步完善基本经济制度指明了方

向。习近平总书记在党的十八届三中全会上所作的《关于〈中共中央关于全面深化改革若干重大问题的决定〉的说明》中，特别强调混合所有制经济是基本经济制度的重要实现形式。这一论断为深化国有企业改革、国有资本战略性调整进一步指明了方向，为非公有资本参与国有企业改革改组、与其他资本平等竞争进一步指明了方向，是今后完善基本经济制度的重要着力点。

如果从经济发展的现象来看，混合所有制经济实际上在新中国成立后的"一化三改"时期就已出现，当时我们党创造性地用公私合营的方式对个体手工业和资本主义工商业进行改造，公私合营就是混和所有制经济。后来公有制经济一统天下，直到改革开放。从20世纪90年代开始，我国开始实施允许国内民间资本和外资参与国有企业改组的政策，与此同时，国有企业加快上市的步伐，大大促进了混合所有制经济的发展。在政策层面上，我国也给予非公有制经济很大的支持，尤其是2010年颁布的"非公36条"，允许非公有制经济投资的方向基本涵盖了我国经济的各个领域，特别强调了"两大领域"——能源领域与公共服务领域，"七大行业"——金融、石油、电力、铁路、电信、资源开发、公用事业，在这些领域，向非国有资本推出一批投资项目，为非公有制经济的进入打开大门。2013年9月6日，国务院常务会议再次提出，必须继续解放思想，切实转变观念，全面落实好鼓励和引导民间投资的各项政策，尽快在金融、石油、电力、铁路、电信、资源开发、公用事业等领域向民间资本推出一批符合产业导向、有利于转型升级的项目，形成示范带动效应，并在推进结构改革中发展混合所有制经济。

在积极发展混合所有制的政策指引下，今后将允许更多国有经济和其他所有制经济发展成为混合所有制经济，国有资本投资项目允许非国有资本参股，并且鼓励发展非公有资本控股的混合所有制企业。有数据显示，截至2014年初，全国国有企业改制面超过

80%，中央企业及其下属企业改制面由 2002 年的 30.4% 提高到 89.18%。中央企业及其子企业引入非公有资本形成混合所有制企业已占总企业户数的 52%。截至 2013 年 6 月底，中央企业及其子企业控股的上市公司共 385 户，中央企业资产总额的 56.97%、净资产的 75.62%、营业收入的 60.56% 都已在上市公司。上市公司中非国有股权比例已超过 53%。地方国有企业控股的上市公司 681 户，上市公司非国有股权比例已超过 60%。2010 年 "新 36 条" 颁布以来至 2012 年底，民间投资参与各类企业国有产权交易受让合计 4473 宗，占交易总宗数的 81%；受让金额合计 1749 亿元，占交易总额的 66%。① 这些数据显示，我国在推动各种资本交叉持股、相互融合的混合所有制经济方面，已经取得了很大的成绩。因此，习近平总书记关于发展混合所有制经济的论述，不仅是对我国以往发展混合所有制经济的充分肯定，也为进一步完善基本经济制度指明了方向。

积极发展混合所有制经济是新形势下坚持公有制主体地位的有效途径和必然选择。习近平总书记在讲话中强调，发展混合所有制经济，有利于国有资本放大功能、保值增值、提高竞争力。这是新形势下坚持公有制主体地位，增强国有经济活力、控制力、影响力的一个有效途径和必然选择。

混合所有制经济为国有资本、集体资本和非公有资本提供平等发展与相互融合的平台，是一种富有活力和效率的资本组织形式。通过不同性质产权形式的相互融合，推动目前各类性质的企业或资本向混合所有制经济形式演进，改进企业的产权组织形式和产权结构，建立规范的现代企业制度，形成市场化的运作机制和激励与约束机制，进而优化我国经济的微观基础。因此，国有资本对自己投资的领域，积极引进社会资本，可以直接放大国有资本功能，有利

---

① 数据来源：《国企改革：在凤凰涅槃中浴火重生》，http：//news.xinhuanet.com/politics/2014 – 03/09/c_ 119678828.htm。

于改善国有企业的产权结构，推动企业建立适应市场经济发展的现代企业制度。由于投资主体多元化而进一步改善公司治理结构，进而提高国有企业的决策效率和市场竞争力。因此，混合所有制拓展了社会主义的公有制基础，拓宽了我国公有制经济的实现形式和范围，使其资本形态更加完备、活力不断增强，是新形势下坚持公有制主体地位的有效途径。习近平总书记再次重申这一论断，是对社会主义市场经济理论的创造性发展，成为下一步指导国有企业改革实践的理论基础、出发点和制定政策的基石。

在党的十五大报告中已提道，"公有制实现形式可以而且应当多样化。一切反映社会化生产规律的经营方式和组织形式都可以大胆利用。要努力寻找能够极大促进生产力发展的公有制实现形式。股份制是现代企业的一种资本组织形式，有利于所有权和经营权的分离，有利于提高企业和资本的运作效率，资本主义可以用，社会主义也可以用。不能笼统地说股份制是公有还是私有，关键看控股权掌握在谁的手中。国家和集体控股，具有明显的公有性，有利于扩大公有资本的支配范围，增强公有制的主体作用"。在党的十八届三中全会上，再次强调"混合所有制经济是基本经济制度的重要实现形式"。其实，混合所有制经济从本质上说就是股份制经济，因此，十五大对股份制的论述与十八届三中全会对混合所有制的论述是一脉相承的关系，通过不同性质的资本融合而组建的混合所有制经济，关键是看控股权掌握在谁的手上，国家和集体控股，具有明显的公有性，才能扩大公有制经济的支配范围，才能体现公有制经济的主体地位。同时，发展混合所有制经济有利于增强国有资本的控制力，所谓国有资本的控制力，是指它对民营资本的支配、影响、引导、调节和带动等方面的综合能力，如果全盘国有化、国有资本包办一切、实行单一的公有制，在社会主义初级阶段，整个经济就会失去活力，也就谈不上什么国有资本的控制力。所以，要想发挥国有资本的控制力，就应该使国有资本与社会资本有机结合，发展混合所有制经济形式，这种结合越紧密，其控制和影响力就越大、越直接，也就越能巩固公有制的主体地位。因此，发展混合所有制经济，能够促进国有资产的资本化运作和国有资本的布局调整，扩大国有经济的控制力和影响力，进一步巩固和发展公有制经济，是新形势下坚持公有制经济主体地位的必然选择。

三　坚持"两个毫不动摇"，正确认识不同　所有制经济的地位和相互关系

习近平总书记在党的十八届三中全会上所作的《关于〈中共中央关于全面深化改革若干重大问题的决定〉的说明》中，再次强调"必须毫不动摇巩固和发展公有制经济，坚持公有制主体地位，发挥国有经济主导作用，不断增强国有经济活力、控制力、影响力。必须毫不动摇鼓励、支持、引导非公有制经济发展，激发非公有制经济活力和创造力"。"公有制经济和非公有制经济都是社会主义市场经济的重要组成部分，都是我国经济社会发展的重要基础。"这些论述说明，在社会主义市场经济条件下，公有制经济和非公有制经济是平等竞争、相互促进的关系，二者统一于社会主义现代化建设的过程中。只有通过公有制经济和非公有制经济的互相融合、共同发展，才能进一步激活我国社会主义市场经济的活力和创造力。

国有企业是推进国家现代化、保障人民共同利益的重要力量。习近平总书记强调，经过多年改革，国有企业总体上已经同市场经济相融合。同时，国有企业也积累了一些问题、存在一些弊端，需要进一步推进改革。因此，党的十八届三中全会通过的《中共中央关于全面深化改革若干重大问题的决定》提出一系列有针对性的改革举措，包括国有资本加大对公益性企业的投入；国有资本继续控股经营的自然垄断行业，实行以政企分开、政资分开、

特许经营、政府监管为主要内容的改革，根据不同行业特点实行网运分开、放开竞争性业务；健全协调运转、有效制衡的公司法人治理结构；建立职业经理人制度，更好发挥企业家作用；建立长效激励约束机制，强化国有企业经营投资责任追究；探索推进国有企业财务预算等重大信息公开；国有企业要合理增加市场化选聘比例，合理确定并严格规范国有企业管理人员的薪酬水平、职务待遇、职务消费、业务消费。这些举措将推动国有企业完善现代企业制度、提高经营效率、合理承担社会责任、更好发挥作用，充分体现了国有企业是推进国家现代化、保障人民共同利益的重要力量。

国有资产监管要逐步从管国有企业为主向管国有资本为主转变。习近平总书记强调，完善国有资产管理体制，以管资本为主加强国有资产监管，改革国有资本授权经营体制，这一举措就是为了改变目前政企不分、政府干预过多的格局，让国有企业成为真正的市场主体。《决定》还提出了国有资本投资运营要服务于国家战略目标，更多投向关系国家安全、国民经济命脉的重要行业和关键领域，重点提供公共服务、发展重要前瞻性战略性产业、保护生态环境、支持科技进步、保障国家安全，同时，还要划转部分国有资本充实社会保障基金，提高国有资本收益上缴公共财政的比例，使其更多用于保障和改善民生。通过建立国有资本运营公司和投资公司来管理运营国有企业，让国有企业成为真正的市场主体，就会不断增强国有经济的活力和影响力。因此，习近平总书记的讲话为下一步国有企业改革指明了方向，通过推进国有资产监管体制改革，建立清晰的资产监管和授权国有资本经营体系，把管资产和经营资本有机分离，逐步从管国有企业为主向管国有资本为主转变，这会促使国有企业通过市场化手段加强与民营企业的合作，清除合作过程中的制度障碍，为混合所有制经济的发展提供更加广阔的舞台。

坚持"两个毫不动摇"，正确认识不同所有制经济的相互关系。

习近平总书记除了再次强调"两个毫不动摇"外，还指出党的十八届三中全会通过的《中共中央关于全面深化改革若干重大问题的决定》从多个层面提出鼓励、支持、引导非公有制经济发展，激发非公有制经济活力和创造力的改革举措。在功能定位上，明确公有制经济和非公有制经济都是社会主义市场经济的重要组成部分，都是我国经济社会发展的重要基础；在产权保护上，明确提出公有制经济财产权不可侵犯，非公有制经济财产权同样不可侵犯；在政策待遇上，强调坚持权利平等、机会平等、规则平等，实行统一的市场准入制度；鼓励非公有制企业参与国有企业改革，鼓励发展非公有资本控股的混合所有制企业，鼓励有条件的私营企业建立现代企业制度，这将推动非公有制经济健康发展。

习近平总书记关于公有制经济和非公有制经济关系的思想，指出在处理不同所有制经济的问题上，应该始终坚持"两个毫不动摇"，把不同所有制经济真正融合起来，共同发展，建立一种新型的平等竞争合作关系，而不能把它们对立起来。一是国有企业与民营企业之间不是你进我退的对立关系，而是共生共荣的双赢关系，在相互合作中共享发展成果。二是公有制经济与非公有制经济是深度融合的统一。实现这种融合的组织形式，既可以是通过混合所有制组建的现代企业制度形式，又可以是在分工协作的基础上形成的一种上下游产业发展形式。三是国有经济为国民经济持续健康发展提供基础性的保障，为民营经济生存和发展环境提供有利条件，民营经济也要为国有经济营造竞争性的市场环境，通过市场力量助推国有企业改革，两者是一种相互依存、相互促进的关系。因此，在社会主义初级阶段，公有制经济和非公有制经济都是发展社会生产力不可缺少的所有制形式，都是社会主义市场经济的重要组成部分，都可以用来为社会主义建设实践服务。坚持和完善基本经济制度必须坚持"两个毫不动摇"，"两个毫不动摇"之所以能激发市场活力、提升生产效率、发挥各自优势，就在于它尊重了我国社会主义初级阶段的基本国情，不搞单一公有化，也不搞全盘私有化，而是实行混合化，从而调动各方面的生产积极性，实现共同促进、共同发展。

四 认真领会习近平总书记关于基本经济制度的思想，坚决抵制错误思潮的干扰

改革开放以来，关于公有制经济和非公有制经济的争议从来就没有停止过。特别是近年来关于"国进民退"、国有企业垄断、国有企业低效率、民营企业投资遇到的"玻璃门"和"弹簧门"等现象争议不断。虽然争论的问题大多并不符合事实，数据也不支持，但造成了公有制经济和非公有制经济的对立，在社会上产生了重大的负面效应，直接影响到国民经济的稳定健康发展。习近平总书记关于社会主义初级阶段基本经济制度的思想，是对长期以来思想理论界在基本经济制度问题上进行争议的有力回应，正本清源，并提出了一些新观点、新举措，丰富和发展了我国关于社会主义初级阶段基本经济制度的论述。

一是是否坚持公有制经济主体地位问题。改革开放以来，公有制经济在实现形式上进行了积极探索并不断发展，非公有制经济也在快速发展，使我国社会主义经济建设事业取得了举世瞩目的伟大成就。然而，有观点认为，改革开放以来的经济发展应完全归功于后者，"公有制为主体"现在已经变得无关紧要，甚至反对公有制经济占主体地位，主张通过改革实现私有化，使私有制经济主体化，还有观点将初级阶段基本经济制度中的两种所有制经济对立起来，将完善基本经济制度理解为所谓的"国退民进"，甚至提出"改革的关键是公有制变成私有制"等主张。

通过学习习近平总书记的一系列讲话，我们能够清醒地认识到，在社会主义市场经济条件下，坚持公有制经济的主体地位不是

人们的主观臆想，而是我国社会主义经济条件的必然选择。公有制经济的主体地位，不仅在我国宪法中有明确的规定，而且也是实现国民经济持续健康发展的现实要求。与发达国家相比，我国人口众多、人均资源匮乏、生产力总体水平低。如果搞私有制为主体，不仅不能集中力量加快发展，而且会逐渐导致贫富两极分化，使整个社会失去发展的凝聚力和动力。从经济实践来看，大型国有企业为财政开支和改善民生提供了重要保障，从这个方面说，国有企业是全面建成小康社会的重要力量，是中国特色社会主义的重要支柱，是我们党执政的重要基础。总之，发挥国有企业的主导支柱作用，坚决贯彻中央"两个毫不动摇"的方针，是社会主义制度优越性的重要表现。动摇了国有经济的主导地位，社会主义就失去了正确的发展方向，种种宣扬"公有制失败论"的看法，既经不起历史的检验，也经不起现实的对照。

二是混合所有制经济姓"公"姓"私"的问题。关于混合所有制经济的发展，思想理论界流行两种不同的观点：其一是应大力发展混合所有制经济，认为发展混合所有制经济可以巩固公有制的主体地位，扩大国有经济的支配范围，并进而成为引导非公有制经济发展的一种形式和手段；其二是应该大力鼓励和支持非公有制经济控股的混合所有制经济，把发展混合所有制经济当作资本主义私有经济控制和利用社会主义公有经济的一种形式和手段，这种观点希望通过混合所有制经济形式，逐步减少国有经济的比重，最终实现全面私有化。

习近平总书记关于混合所有制经济的思想，强调国有资本、集体资本、非公有资本等交叉持股、相互融合的混合所有制经济，是基本经济制度的重要实现形式，有利于国有资本的放大功能、保值增值、提高竞争力。这是新形势下坚持公有制主体地位，增强国有经济活力、控制力、影响力的一个有效途径和必然选择。由此可见，习近平总书记的这一论断，发展混合所有制经济，不是放弃公有制经济的主体地位，不是实行全面的私有化，而是在坚持基本经济制度的前提下，发展社会主义生产力的一种资本组织形式。混合所有制是基本经济制度的实现形式，至少包含三层含义：第一是混合所有制不是所有制本身，只是实现形式，不能代替基本经济制度；第二是混合所有制不仅对国有经济来讲是重要实现形式，对民营经济、私营经济来说也是重要实现形式，混合所有制经济中公有制经济和非公有制经济都可以控股；第三是在我国社会主义的初级阶段，为了坚持基本经济制度，体现公有制经济的主体地位，在发展混合所有制经济中，关键是看控股权掌握在谁手上，国家和集体控股，具有明显的公有性，才能扩大公有制经济的支配范围，增强国有经济的控制力和影响力。因此，发展混合所有制经济的最终目的，不是全盘私有化，减少国有经济的比重，而是放大国有经济的功能，增强国有经济的控制力，是新形势下坚持公有制经济主体地位的有效途径和必然选择。那种认为"发展混合所有制经济是资本主义私有经济控制和利用社会主义公有经济的一种形式和手段"的观点，是新自由主义在现阶段的又一表现形式，理论界应当旗帜鲜明地进行批判。

三是国有企业和民营企业能否共同发展的问题。现在理论界仍在流行这样的一些观点，"国有企业在市场上一枝独秀势必会挤压民间资本的空间"，"国有企业强大的另一面是民营企业的羸弱"，"民间资本即使没有政策上的门槛，但国有企业的强悍地位本身就在阻隔民间资本的进入及生存"，"国有企业在原料的占有、金融的支持、人才的吸纳等方面都可以呼风唤雨，具有民营企业望尘莫及的优势，民间资本实在不能与之争锋，只能退避三舍"等。

习近平总书记关于国有企业和民营企业平等竞争、共同发展的思想，有力地回应了上述观点。长期以来，我国政府一直推动公平竞争，努力降低非公有制企业进入的门槛，不断拓宽非公有制企业的经营领域，即使过去被认为应该由国家垄断经营的行业，包括一些关系国家经济命脉的行业，都已允许非公有制企业进入。实践证明，允许非公有制企业适当进入，可以促进竞争。但允许非公有制企业进入并不是要求国有企业必须退出，而是要形成各种所有制经济平等竞争、相互促进的新格局，以在促进国民经济发展的同时，更好地满足人民群众的物质文化需求。我们既要允许个体、私营等非公有制企业"与国（国有企业）争利"，也要允许国有企业"与私（非公有制企业）争利"。如果以不"与民争利"为由，要求国有企业退出所有竞争性行业甚至关系国计民生和国家安全的重要领域，则既是对全民所有权的侵害，也是对公平竞争原则的破坏。因此，公有经济与非公有经济不是相互对立、此消彼长的关系，而是相互促进、协同发展的关系，不是谁进谁退的问题，而是齐头并进、共进多少的问题，那种将"国有"与"民营"对立起来的观点，是不符合客观事实的，国有经济和非国有经济共同发展才是我国经济日益繁荣、迅速强大的根本原因和基本特征。改革开放的实践也表明，只有坚持"两个毫不动摇"，正确把握公有制经济为主体与多种所有制经济共同发展的关系，才能真正坚持社会主义市场经济的发展方向。

在社会主义初级阶段，应当充分阐述包括私有经济在内的非公有经济对促进我国生产力发展的积极作用，充分创造条件使其得到发展。但是非公有制经济具有两面性，即除了有利于发展生产力的积极一面外，还具有剥削性的消极一面。由于社会主义初级阶段生产力发展水平制约，非公有制经济中的剥削只要是合法的，是允许存在的。由于剥削和追逐私利这一本质所带来的一系列社会后果如劳资纠纷、两极分化等，应该从政策层面上进行约束。

总之，社会主义初级阶段基本经济制度直接决定着我国的社会性质，是社会主义事业取得成功的根本保证，一些观点混淆是非，根本背离了我国宪法的规定和党的方针政策，不仅影响着中国特色社会主义理论的完善和发展，也会影响社会主义改革和发展事业的顺利推进，理论界应该认真领会习近平总书记关于社会主义初级阶段基本经济制度的思想，坚决抵制一些错误思潮对中国特色社会主义事业的干扰。

坚持全面深化改革的
社会主义方向思想研究

◎ 龚　云[*]

改革开放是党在新的时代条件下带领全国各族人民进行的新的伟大革命，是当代中国最鲜明的特色，是决定当代中国命运的关键抉择，是党和人民事业大踏步赶上时代的重要法宝。党的十八大后，中国改革进入全面深化改革阶段。在新的历史起点上，如何保证改革沿着社会主义方向发展，是一个关系改革成败和社会主义命运的重大问题。2013 年，习近平总书记多次强调，要把握好全面深化改革开放的方向，既不走封闭僵化的老路，也不走改旗易帜的邪路，坚定不移地走中国特色社会主义道路。习近平总书记关于坚持改革正确方向的重要思想对全面深化改革具有重大指导意义，应该不折不扣地进行贯彻落实。

一　习近平总书记关于坚持改革的社会主义方向的重要思想和观点

党的十八大以来，习近平总书记围绕坚持改革的正确方向，在

* 龚云，中国社会科学院马克思主义研究院研究员。

多个场合发表了一系列重要思想和观点。

2012年12月31日，习近平总书记在中共中央政治局第二次集体学习时的讲话中指出，改革开放是一项长期的、艰巨的、繁重的事业，必须一代又一代人接力干下去。必须坚持社会主义市场经济的改革方向，坚持对外开放的基本国策，以更大的政治勇气和智慧，不失时机地深化重要领域改革，朝着党的十八大指引的改革开放方向奋勇前进。改革开放是一场深刻革命，必须坚持正确方向，沿着正确道路推进。在方向问题上，我们头脑必须十分清醒，不断推动社会主义制度自我完善和发展，坚定不移走中国特色社会主义道路。

2013年1月5日，习近平总书记在十八届新进中央委员、候补中央委员研讨班讲话中指出，中国特色社会主义是植根于中国大地，反映中国人民意愿、适应中国和时代发展进步要求的科学社会主义，而不是其他什么主义，科学社会主义基本原则不能丢，丢了就不是社会主义。

2013年10月7日，习近平总书记在亚太经合组织工商领导人峰会上发表的演讲中指出，中国是一个大国，绝不能在根本性问题上出现颠覆性错误，一旦出现就无法挽回、无法弥补。我们的立场是胆子要大、步子要稳，既要大胆探索、勇于开拓，也要稳妥审慎、三思而后行。我们要坚持改革开放正确方向，敢于啃硬骨头，敢于涉险滩，敢于向积存多年的顽瘴痼疾开刀，切实做到改革不停顿、开放不止步。

2013年11月，党的十八届三中全会通过的《中共中央关于全面深化改革若干重大问题的决定》指出，全面深化改革，要坚持党的领导，贯彻党的基本路线，不走封闭僵化的老路，不走改旗易帜的邪路，坚定走中国特色社会主义道路，始终确保改革正确方向。习近平总书记在《关于〈中共中央关于全面深化改革若干重大问题的决定〉的说明》中再次强调："改革开放到了一个新的重要关头。我们在改革开放上决不能有丝毫动摇，改革开放的旗帜必须高高举起，中国特色社会主义道路的正确方向必须牢牢坚持。"①

在 2013 年，习近平总书记多次从不同角度阐述了坚持改革的社会主义方向的重要性。习近平总书记关于坚持改革的社会主义方向的重要思想，具有强烈的现实针对性和未来指向，充分表明了他对坚持改革的正确方向的高度重视。

二　习近平总书记关于坚持改革的社会主义方向的思想的重要意义

方向问题至关重要。坚持什么样的改革方向，决定着改革的性质和最终成败。习近平总书记关于坚持改革的社会主义方向的重要思想，是对改革开放 30 多年成功经验的全面总结，是对苏联东欧剧变惨痛教训的深刻汲取，是在新的历史起点上全面深化改革的正确指针。

坚持改革的社会主义方向，是习近平总书记深刻总结中国改革开放 30 多年取得巨大成就的经验的认识成果，有助于我们正确总结改革开放成功经验。回顾 30 多年来的改革历程，改革之所以能够顺利推进并取得历史性成就，根本原因就在于中国共产党始终坚持正确的改革方向和改革立场，排除各种干扰，确保改革不变质、不走样。中国特色社会主义之所以具有蓬勃的生命力，就在于它是实行改革开放的社会主义，是通过改革开放自觉地实现社会主义制度自我完善和发展；我国改革开放之所以能够健康发展，就在于它是社会主义的改革开放，目的是巩固和发展社会主义。中国改革开放的总设计师邓小平同志多次强调："在改革中坚持社会主义方向，

---

① 习近平：《关于〈中共中央关于全面深化改革若干重大问题的决定〉的说明》，载《〈中共中央关于全面深化改革若干重大问题的决定〉辅导读本》，人民出版社 2013 年版，第85 页。

这是一个很重要的问题。"① 对于人们担心中国在改革开放中会不会变成资本主义，邓小平同志指出："这个担心不能说没有一点道理。我们不能拿空话而要拿事实来解除他们的这个忧虑，并且回答那些希望我们变成资本主义的人。"② 胡锦涛同志曾经指出："这 30 年来，中国人民的面貌、社会主义中国的面貌、中国共产党的面貌之所以能够发生历史性的变化，最根本的就是我们在党的基本路线指引下，始终坚持改革开放的正确方向。"③ "我们党所领导的改革开放之所以实现了目的和效果的高度统一，就在于我们既坚定不移地进行改革开放，又坚定不移地坚持中国共产党领导、坚持社会主义，坚决排除各种错误思潮、错误倾向的干扰，始终沿着正确方向前进。"④ 正是因为我们党牢牢把握住改革开放和现代化建设的正确方向，始终保持清醒的政治认识，有了问题能及时发现和纠正，所以改革开放才能始终得到人民的高度支持，使中国特色社会主义经受住国际国内风险和挑战的考验，使社会主义大旗始终高扬在世界的东方，取得了令世人震惊的"中国奇迹"。

坚持改革的社会主义方向，是习近平总书记吸取苏东剧变的惨痛历史教训的结果，有助于防止我国改革重蹈苏联东欧覆辙。苏联东欧等前社会主义国家也搞了"改革"，有的比我国还早，但它们的"改革"方向偏了、路走歪了，结果不但没有完善和发展社会主义制度、巩固和壮大社会主义事业，反而颠覆了社会主义制度，葬送了社会主义事业，让这些国家的人民重新遭受了资本主义制度的苦楚。共产主义的叛徒戈尔巴乔夫在 1991 年说："应该改变社会制度，我当时就得出了这个结论。但是如果一开始，社会还没做好准

---

① 《邓小平文选》第 3 卷，人民出版社 1993 年版，第 138 页。
② 同上书，第 111 页。
③ 胡锦涛：《在纪念党的十一届三中全会召开 30 周年大会上的讲话》，《人民日报》2008 年 12 月 19 日。
④ 胡锦涛：《继续把改革开放伟大事业推向前进》，《求是》2008 年第 1 期。

备，就这样提问题，那将一事无成。"① 因此，他以非政治化、非意识形态化作为过渡，抛出一些抽象的、模糊的、模棱两可的、怎么解释都可以的新概念，一点儿一点儿地修正改变原有的概念，让群众不知不觉地跟着他设计的邪路走去。1985 年他上台之初，就提出"按新的原则建设国家"，"我们的社会要改头换面，彻底改变自己的性质"。② 政治上，从声称坚持共产党领导、反对多党制，到宣布多党制不是原则问题，到"宪法任何一条都可以修改，包括第六条"（即规定共产党的领导地位的那一条），再到"不要像魔鬼害怕烧香那样害怕多党制"，最后宣布取消共产党领导、多党制；经济上，从言不由衷地说坚持公有制，到主张不分主体与补充的多种经济成分并存的混合制，到非国有化，最后宣布实行私有化，消灭公有制。从充分利用商品货币关系，到抽象的、不讲以哪种所有制为基础的市场经济，最后宣布公有制与市场经济不相容，必须实现以私有制为基础的资本主义市场经济；在思想上，从声称忠于马克思列宁主义，到提出吸收摆脱了教条主义的马克思、恩格斯、列宁的思想遗产（不提作为一个理论体系的马克思列宁主义为指导），到批评马克思没有预见资本主义的活力，列宁没有完整的社会主义建设纲领，最后宣布马克思、列宁创造的社会理论已经过时，必须抛弃。俄罗斯学者克洛茨沃格曾评论道："现在俄罗斯人民普遍感到上当了。俄罗斯有很多骗子，包括政治骗子和理论骗子。这些骗子在改革过程中从来不把最终目标告诉俄罗斯人民。他们知道，如果一开始就说出他们的最终目标是全面的资本主义，人民就不会跟他们走。所以，每走一步，他们只告诉这一步要干什么，而不说下一步要干什么，更不用说最终要干什么。这样一步一步走下去，等到他们的最终目标实现了，人们清醒了，认清了理论骗子和政治骗

---

① 转引自周新城《围绕改革问题马克思主义同反马克思主义的斗争——改革开放 30 年历程的回顾与总结》，中国社会科学出版社 2010 年版，第 200—201 页。

② 同上书，第 201 页。

子的面貌，但是，这一切都太晚了。"所以"要及时识破骗局"①。原苏共中央意识形态部部长亚·谢·卡普托说："随便把改革历史梳理一下就会发现，戈尔巴乔夫的改革，一开始就是实施加速发展战略，接着是科技进步，然后是更多的民主，就是民主社会主义，最后就是消灭社会主义。"俄中友协主席米·列·季塔连科说，"戈尔巴乔夫的改革名义上是改革，实际上是一项破坏苏联，瓦解苏联的计划"②。原上海市市长汪道涵临终前与人谈话说，"我的忧虑不在国外，是在国内"，"精英，社会精英"，"苏联主要是亡在它自己的党政领导干部和社会精英身上。这些干部和精英利用他们手上权力和社会政治影响，谋取私利，成了攫取和占有社会财富的特权阶级，他们不但对完善改进社会主义制度没有积极性，而且极力地加以扭曲。公有制度改变才能使他们的既得利益合法化。这只要看看各独立共和国当权的那些干部和社会名流大约有百分之八十都是当年苏联的党政官员和社会精英，事情便清楚了"③。苏东蜕变的教训说明，改革过程中坚持社会主义方向，直接决定着社会主义制度和事业的命运，关系到人民的幸福。

习近平总书记关于坚持改革的社会主义方向的重要思想，有助于我国在全面深化改革中坚持正确方向。全面深化改革，涉及经济体制、政治体制、文化体制、社会体制、生态文明体制和党的建设制度改革，广泛性、深刻性前所未有。随着我国发展面临的国际国内环境发生深刻复杂变化，各种思想文化相互激荡，各种矛盾相互交织，各种诉求相互碰撞，各种力量竞相发声，企图影响中国改革的方向。因此，推进改革的敏感程度、复杂程度前所未有。在这种情况下，如何确保改革沿着有利于党和人民事业发展的方向前进，

---

① 转引自周新城《围绕改革问题马克思主义同反马克思主义的斗争——改革开放 30 年历程的回顾与总结》，中国社会科学出版社 2010 年版，第 202—203 页。

② 转引自刘国光《社会主义市场经济理论问题》，中国社会科学出版社 2013 年版，第 105 页。

③ 香港《信报财经新闻》2007 年 6 月 23 日。

是中国共产党领导和推进改革必须解决的重大课题。在新的历史起点上全面深化改革开放的背景下，坚持改革的社会主义方向，是一个关系到改革成败的严峻问题，具有重要的现实意义。中国改革进入了攻坚期和深水区，处在向何处去的十字路口。著名经济学家刘国光认为："总体上党中央是坚持改革的社会主义方向的，总体上没有背离社会主义方向。但具体地讲，改革方向在许多重要方面受到干扰，如在所有制问题上，公有制为主体问题受到干扰；如在分配问题上，社会公平问题受到干扰；等等。"① 在这种情况下，坚持改革的社会主义方向，更显得迫切、重要。

在改革方向问题上，我们要以习近平总书记关于坚持改革正确方向重要思想为指导，在全面深化改革中，牢牢把正确方向摆在第一位，保持清醒头脑，排除各种干扰，不动摇、不懈怠、不折腾，始终坚定中国特色社会主义道路自信、理论自信、制度自信。

三　贯彻习近平总书记坚持改革的 社会主义方向的重要思想

在全面深化改革中贯彻习近平总书记关于坚持改革的社会主义方向的重要思想，要求我们必须做到：

坚持改革的正确指导思想。指导思想正确，是坚持改革社会主义方向的理论前提。在改革中要坚持把马克思主义基本原理同推进马克思主义中国化结合起来，既不丢掉老祖宗，又开辟新境界。党的十八届三中全会通过的《中共中央关于全面深化改革若干重大问题的决定》指出，全面深化改革的指导思想是，必须高举中国特色社会主义伟大旗帜，以马克思列宁主义、毛泽东思想、邓小平理论、"三个代表"重要思想、科学发展观为指导。

---

① 刘国光：《社会主义市场经济理论问题》，中国社会科学出版社 2013 年版，第 105 页。

　　坚持正确指导思想，要增强马克思主义的理论自信，要相信马克思主义不仅占领科学制高点，而且占领道德制高点。历史证明，没有马克思主义的指导，就没有新中国和中国特色社会主义。马克思主义是关于无产阶级和人类解放的科学，是被100多年来世界历史发展进程，特别是我国革命、建设和改革实践反复证明了的科学真理，是我们认识世界、改造世界的强大思想武器。在人类思想史上，没有哪一种学说像马克思主义那样对世界历史进程产生了如此巨大的影响，甚至那些不赞同的人也不得不承认，马克思主义是人类文明史上不朽的丰碑。要坚定社会主义信念和共产主义远大理想，既要靠中国特色社会主义实践证明，也要靠马克思主义的理论论证。中国改革开放的总设计师邓小平同志斩钉截铁地说，马克思主义是打不倒的，因为马克思主义的真理颠扑不破。他自信地说："我坚信，世界上赞成马克思主义的人会多起来的，因为马克思主义是科学。它运用历史唯物主义揭示了人类社会发展的规律。封建社会代替奴隶社会，资本主义代替封建主义，社会主义经历一个长过程发展后必然代替资本主义。这是社会历史发展不可逆转的总趋势，但道路是曲折的。资本主义代替封建主义的几百年间，发生过多少次王朝复辟？所以，从一定意义上说，某种暂时复辟也是难以完全避免的规律性现象。一些国家出现严重曲折，社会主义好像被削弱了，但人民经受锻炼，从中吸收教训，将促使社会主义向着更加健康的方向发展。因此，不要惊慌失措，不要认为马克思主义就消失了，没用了，失败了。哪有这回事！"①

　　如果改革背离了马克思主义的基本原理，缺少马克思主义的基本观点，也就丢掉了老祖宗，在这样的前提下去侈谈什么马克思主义中国化、侈谈什么"理论创新"，就必然走到邪路上去。"化"来"化"去，就不是马克思主义的中国化，而是别的什么主义的

---

① 《邓小平文选》第3卷，人民出版社1993年版，第382—383页。

"中国化"了。就像胡锦涛同志所说的："理论创新必须以坚持马克思主义基本原理为前提，否则就会迷失方向，就会走上歧途。"马克思主义是我们立党立国的根本指导思想，是全国各民族人民团结奋斗的共同理论基础。马克思主义的基本原理任何时候都要坚持，否则我们的事业就会因为没有正确的理论基础和思想灵魂而迷失方向，就会归于失败。

马克思列宁主义、毛泽东思想、邓小平理论、"三个代表"重要思想、科学发展观，是一脉相承的科学理论体系。在实际生活中，有人有意无意地割裂、扭曲马克思列宁主义、毛泽东思想同邓小平理论、"三个代表"重要思想、科学发展观的关系。特别是一些人在强调推进中国改革开放时，只强调邓小平理论、"三个代表"重要思想、科学发展观的指导，而不提马克思列宁主义、毛泽东思想的指导，人为地制造思想混乱，不利于坚持改革的社会主义方向。

坚持改革的性质和目标是社会主义制度的自我完善。邓小平同志早就说过："改革是社会主义制度的自我完善。"① "我们实行改革开放，是怎样搞社会主义的问题，作为制度来说，没有社会主义这个前提，改革开放就会走向资本主义，比如说两极分化"。② 我们党所领导的改革开放绝不是要改掉社会主义制度。③ "要坚持党的十一届三中全会以来的路线、方针、政策，关键是坚持'一个中心、两个基本点'。不坚持社会主义，不改革开放，不发展经济，不改善人民生活，只能是死路一条。基本路线要管一百年，动摇不得。"④ 党的十五大指出：改革是全面改革，是在社会主义基本制度的前提下，自觉调整生产关系和上层建筑的各个方面和环节，来适

---

① 《邓小平文选》第3卷，人民出版社1993年版，第142页。
② 《邓小平年谱（1975—1997）》，中央文献出版社2004年版，第1317页。
③ 参见《邓小平文选》第3卷，人民出版社1993年版，第379页。
④ 同上书，第370—371页。

应初级阶段生产力发展水平和实现现代化的历史要求。① 党的十八届三中全会通过的《中共中央关于全面深化改革若干重大问题的决定》指出，全面深化改革的总目标是完善和发展中国特色社会主义制度，推进国家治理体系和治理能力现代化。这鲜明地规定了改革的性质和方向。面对各种风险和考验，在全面深化改革过程中，要增强战略定力和底线思维。战略定力就是要始终坚持社会主义道路不动摇，底线思维就是坚决守住社会主义制度这条底线，坚决反对任何改变社会主义制度性质的图谋。全面深化改革是为了更好推进社会主义事业发展，更大限度地实现人民利益，不是为了博得西方的喝彩，更不能迎合少数人的诉求。在当前改革处于攻坚期和深水区的紧要关头，要保持清醒头脑，不为各种错误观点左右、不为各种干扰所惑，不生搬硬套西方理论和制度模式，坚持从中国实际和中国人民需要出发，该改的坚决改，不能改的坚决不改，牢牢把握改革的正确方向。

坚持公有制主体地位和共同富裕原则不动摇。判断坚持改革的社会主义方向的一个重要标准就是公有制的主体地位、国有经济的主导作用和共同富裕方向。恩格斯指出："它同现存制度的具有决定意义的差别当然在于，在实行全部生产资料公有制（先是单个国家实行）的基础上组织生产。"② 毛泽东同志指出："社会主义经济与资本主义经济在现象上是没有区别的，只在本质上有区别，这就是内部的区别。"③ 邓小平同志指出："社会主义的经济是以公有制为基础的。"④ "社会主义有两个根本原则，一个是公有制为主体，一个是共同富裕，不搞两极分化。"⑤ "社会主义的最大优越性就是

---

① 参见《十五大以来重要文献选编》（上），中央文献出版社 2000 年版，第 17 页。
② 《马克思恩格斯选集》第 4 卷，人民出版社 1995 年版，第 693 页。
③ 《毛泽东著作专题摘编》，中央文献出版社 2003 年版，第 80 页。
④ 《邓小平文选》第 2 卷，人民出版社 1994 年版，第 167 页。
⑤ 《邓小平年谱（1975—1997）》，中央文献出版社 2004 年版，第 1033 页。

共同富裕。这是体现社会主义本质的一个东西。"① "只要我国经济中公有制占主体地位，就可以避免两极分化。"② "社会主义与资本主义不同的特点就是共同富裕，不搞两极分化。"③ 改革应允许个体经济发展和允许中外合资经营和外资经营的企业发展，但是始终以社会主义公有制为主体④。江泽民同志指出："我们干的是社会主义事业，国家经济的主体必然是公有制经济。"⑤ "社会主义公有制的主体地位决不能动摇。否则我们党的领导地位和我们社会主义的国家政权就很难巩固和加强。" "我们要积极开拓，勇于进取，但绝不搞私有化。这是一条大原则，决不能有丝毫动摇。" "把国有资产大量量化到个人，并最终集中到了少数人手中，那样，我们的国有资产就有被掏空的危险，我们的社会主义制度就会失去经济基础。那时，中国将会是一个什么样的局面？我们靠什么来坚持社会主义制度，靠什么来巩固人民的政权，靠什么来保证全体人民的共同富裕？"⑥ 公有制比重的减少也是有限制有前提的，那就是不能影响公有制的主体地位。⑦

美国最后一任驻苏大使马特洛克嘲笑戈尔巴乔夫，提出"在西方，许多财产归集体所有，股份公司即是明显的例子"是"对资本主义经济的认识模糊，有时也不准确"，同时也指出："戈尔巴乔夫正在试图对'社会主义'产权重下定义。虽然他仍在'私有财产'这个术语上纠缠不清，但准备把持股人拥有的公司看作是一种可以接受的'集体所有制'形式。如果他能够使这一定义站住脚，必将

① 《邓小平年谱（1975—1997）》，中央文献出版社2004年版，第1324页。
② 《邓小平文选》第3卷，人民出版社1993年版，第149页。
③ 同上书，第123页。
④ 参见《邓小平文选》第3卷，人民出版社1993年版，第149页。
⑤ 《江泽民论有中国特色的社会主义》（专题摘编），中央文献出版社2002年版，第50页。
⑥ 《人民日报》1999年7月1日。
⑦ 参见《江泽民文选》第3卷，人民出版社2006年版，第72页。

为国有大型企业的私有化开辟一条道路。"① 美国前总统肯尼迪说过："私人企业在我们现在的国家制度下，应当是我们的经济力量的基础，这是我们对抗共产主义的唯一抉择，国家只应生产私人企业所不能生产的东西。"②

必须毫不动摇地巩固和发展公有制经济，坚持公有制主体地位，发挥国有经济主导作用，不断增强国有经济活力、控制力、影响力。习近平总书记指出"深化国企改革是大文章，国有企业不仅不能削弱，而且要加强"。国有企业属于全民所有，是推进国家现代化、保障人民共同利益的重要力量。国有经济是社会主义制度的经济基础，国有经济的存在及其主导作用的发挥是公有制主体地位的核心，决定着整个社会的社会主义性质。如果国有经济退出竞争领域，就无法控制国民经济和提供财政收入，不仅不能引导其他经济成分沿着有利于社会主义方向发展，而且要靠非公有制经济的税款来养活，就必然成为非公有经济的附庸。在巩固国有企业的主导作用同时，要鼓励发展壮大农村集体经济，旗帜鲜明地反对土地私有化。坚持农村土地集体所有权这个农业经营体制的"灵魂"不动摇，允许农村集体经营性建设用地出让、租赁、入股，实行与国有土地同等入市、同权同价，大力发展集体经营、合作经营，壮大集体经济。鼓励农村发展合作经济，扶持发展规模化、专业化、现代化经营，鼓励财政项目资金直接投向符合条件的合作社，允许财政补助形成的资产转交合作社持有和管护，允许合作社开展信用合作。

在发展混合所有制经济时要有利于巩固公有制主体地位。党的十八届三中全会提出，国有资本、集体资本、非公有资本等交叉持股、相互融合的混合所有制经济，是基本经济制度的重要实现形

① ［美］马特洛克：《苏联解体亲历记》（上），世界知识出版社1996年版，第315页。
② 转引自周新城《围绕改革问题马克思主义同反马克思主义的斗争——改革开放30年历程的回顾与总结》，中国社会科学出版社2010年版，第109页。

式，有利于国有资本放大功能、保值增值、提高竞争力，有利于各种所有制资本取长补短、相互促进、共同发展，是新形势下坚持公有制主体地位，增强国有经济活力、控制力、影响力的有效途径和必然选择。在进行混合所有制经济改革中，要有助于巩固公有制主体地位和发挥公有资本的主导作用，要防止公有资产的流失和国有企业主导地位的丧失。

美国前总统尼克松曾指出，"在经济方面，中国朝自由市场制度前进的过程应走了一半。现在，它的两种经济——一种私有，一种公有——正在进行殊死的竞争"，而且"战斗还远远没有结束"，只要美国"继续介入中国的经济，就能在帮助私营经济逐步销蚀国营经济方面扮演重要的角色"。[①]

基本经济制度决定社会的性质和社会的发展方向。判断一个社会的性质和发展方向的唯一标准就是看生产资料归谁所有。生产资料公有是社会主义制度区别于人类其他社会制度的根本不同点。因此，坚持公有制主体地位是坚持改革的社会主义方向的经济保证。

坚持社会主义市场经济方向。社会主义市场经济体制是社会主义制度与市场经济体制的有机结合，是我们党在探索社会主义建设规律进程中的一个伟大创造，是完善和发展中国特色社会主义制度的重要内容，是推进社会主义现代化的必由之路。市场经济能够通过竞争促进经济发展，但"市场不可能真正实现公平，市场只能实现等价交换，只能是等价交换意义上机会均等的平等精神，这有利于促进效率、促进进步。但市场作用必然带来两极分化、贫富悬殊"[②]。

坚持社会主义市场经济方向，要发挥社会主义制度的优势，积极探索社会主义市场经济的特殊规律。"社会主义市场经济不同于资本主义市场经济的特点，是受社会主义制度的本质特征决定的，

---

① 尼克松：《透视新世界》，中国言实出版社 2000 年版，第 162、163、171 页。
② 刘国光：《社会主义市场经济理论问题》，中国社会科学出版社 2013 年版，第 13 页。

特别是它同社会主义基本经济制度是紧密联系在一起的。"① 邓小平同志说过，社会主义市场经济的优越性就在于"四个坚持"。江泽民同志指出："社会主义市场经济是一个完整的概念。简要地说，就是把公有制的优越性与市场经济对资源的优化配置有效地结合起来，二者不能割裂，也不能偏废。""我们搞的市场经济是同社会主义基本制度紧密结合在一起的。如果离开了社会主义基本制度，就会走向资本主义。""我们搞的是社会主义市场经济，'社会主义'这几个字是不能没有的，这并非多余，并非画蛇添足，而恰恰相反，这是画龙点睛。所谓'点睛'，就是点明了我们的市场经济的性质。西方市场经济符合社会化生产、符合市场经济一般规律的东西，毫无疑义，我们要积极学习和借鉴，这是共同点。但西方市场经济是在资本主义制度下搞的，我们的市场经济是在社会主义制度下搞的，这是不同点。而我们的创造性和特色也就体现在这里。"②

要用社会主义制度的优势和共产党的优势克服市场经济的负面作用。防止在市场决定资源配置作用的旗号下，迷信市场，盲目崇拜市场经济的市场原教旨主义泛滥，犯"市场幼稚病"。马克思指出："资产阶级社会的症结正是在于，对生产自始就不存在有意识的社会调节。合理的东西和自然必需的东西都只是作为盲目起作用的平均数而出现。"③ 马克思同时指出："时间经济以及有计划地分配劳动时间于不同的生产部门，仍然是以集体为基础的社会首要的经济规律，甚至可以说这是程度极高的规律。"④ 社会主义使实现有计划成为可能。诚如恩格斯指出的："当人们按照今天的生产力终于被认识了的本性来对待这种生产力的时候，社会的生产无政府状态就让位于按照全社会和每个成员的需要对生产进行的社会的有计

---

① 刘国光：《社会主义市场经济理论问题》，中国社会科学出版社2013年版，第30页。
② 江泽民：《论社会主义市场经济》，人民出版社2006年版，第202、203页。
③ 《马克思恩格斯选集》第4卷，人民出版社1972年版，第369页。
④ 《政治经济学批判大纲》第1分册，人民出版社1975年版，第112页。

划的调节。"① 不要因为过去计划经济体制存在问题，就否认社会主义市场经济实质是有计划的市场经济，反对计划的积极作用，要有效发挥计划对市场的调节引导作用。就像习近平总书记指出的："我国实行的是社会主义市场经济体制，我们仍然要坚持发挥我国社会主义制度的优越性、发挥党和政府的积极作用。市场在资源配置中起决定性作用，并不是起全部作用。"②

坚持引导非公有制经济向社会主义方向发展。非公有制经济是我国社会主义市场经济的重要组成部分。2012 年，非公有制经济已经占国内生产总值的比重超过 60%，占城镇总就业的 80%，占全部税收比重的 73.1%，占全社会固定资产投资比例的 61.3%③。对于非公有制经济，我们应该将私有经济的性质与作用分开来分析。只要是私人占有生产资料，雇用和剥削劳动者，它的性质就不是社会主义的，就不属于社会主义经济的组成部分。对于私有经济的作用，要看具体历史条件。在我国社会主义初级阶段，非公有制经济适合生产力发展，具有积极作用。在看到非公有制经济积极作用的同时，也要看到其挑战公有制经济的消极一面。因此，在鼓励、支持非公有制经济发展的同时，还要正确引导其发展方向，规定其能发展什么，不能发展什么。如果任其发展，"到一定的时候问题就会出来"，"两极分化自然出现"。④ 按照马克思主义观点，所有制决定分配制度，财产关系决定分配关系。财产占有的差别，是收入差别最大的影响因素。西方著名经济学家萨缪尔森也承认，"收入差别最主要的是由拥有财富多寡造成的"⑤。"30 多年来我国贫富差

---

① 《马克思恩格斯选集》第 3 卷，人民出版社 1972 年版，第 319 页。

② 习近平：《关于〈中共中央关于全面深化改革若干重大问题的决定〉的说明》，载《〈中共中央关于全面深化改革若干重大问题的决定〉辅导读本》，人民出版社 2013 年版，第 71 页。

③ 《党的十八届三中全会〈决定〉学习辅导百问》，党建读物出版社、学习出版社 2013 年版，第 28 页。

④ 《邓小平年谱（1975—1997）》，中央文献出版社 2004 年版，第 1364 页。

⑤ ［美］萨缪尔森：《经济学》下卷，高鸿业译，商务印书馆 1979 年版，第 231 页。

距的扩大和两极分化趋势的形成，除了前述原因外，所有制结构上和财产关系中的'公'降'私'升和化公为私，财富积累迅速集中于少数人，才是最根本的原因。"① 如果坐视这种趋势发展下去的话，"如果我们的政策导致两极分化，我们就失败了；如果产生了什么新的资产阶级，那我们就真是走了邪路了"②。

引导非公有制经济沿着社会主义方向发展的一个重要问题就是正确看待私营企业主的阶级属性。关于私营企业主的阶级属性，目前理论界认识不一致。中央将其定位为"中国特色社会主义事业建设者"是现实可行的，但又是不够的。用马克思主义基本原理分析，这个群体是雇用劳动者，属于资产阶级。但在社会主义制度条件下，又具有两重属性，既是剥削者，又具有建设性作用。在社会主义普照的阳光下，其积极作用远大于消极作用。要因势利导，克服其消极性，发挥其积极性。要充分肯定其积极作用，在支持、鼓励、团结的同时，要加以引导、教育，防止这个社会群体发展为挑战社会主义制度的资产阶级。要看到这个群体少数人已经具有强烈的阶级意识，已经不安于被"安排"，具有很强的政治诉求。一些新自由主义分子就是他们的代言人。习近平同志早在 2003 年就提出，"加强教育、引导和管理、监督，促进个私经济健康发展。进一步加强非公有制企业党建工作，强化政治领导和思想教育"③。中央提倡发展混合所有制，积极鼓励非公有制经济建立职工和业主的利益共同体，是引导非公有制经济健康发展的途径。

为了防止资产阶级的出现，就应该像邓小平同志所说的，"基本的生产资料归国家所有，归集体所有，就是说归公有"④，"不会

---

① 刘国光：《社会主义市场经济理论问题》，中国社会科学出版社 2013 年版，第 162 页。

② 《邓小平文选》第 3 卷，人民出版社 1993 年版，第 111 页。

③ 习近平：《干在实处 走在前列 推进浙江新发展的思考与实践》，中共中央党校出版社 2013 年版，第 93 页。

④ 《邓小平文选》第 3 卷，人民出版社 1993 年版，第 91 页。

产生新的资产阶级"①。

坚持人民是改革的主体。改革开放是亿万人民自己的事业，必须坚持以人为本，尊重人民主体地位、尊重人民首创精神，建立社会参与机制，充分发挥人民群众积极性主动性创造性，充分发挥工会、共青团、妇联等人民团体作用，齐心协力依靠人民推进改革。改革开放在认识和实践上的每一次突破和发展，改革开放中每一个新生事物的产生和发展，改革开放每一个方面经验的创造和积累，无不来自亿万人民的实践和智慧。改革发展稳定的任务越繁重，就越要保持党同人民群众的血肉联系，善于通过提出和贯彻正确的路线方针政策带领人民前进，善于从人民的实践创造和发展要求中完善政策主张，使改革发展成果更多更公平地惠及全体人民，不断为深化改革开放夯实群众基础。制定改革开放各项具体政策措施时，要把人民拥护不拥护、赞成不赞成、高兴不高兴、答应不答应作为根本的出发点和落脚点，一切是否有利于发展社会主义社会的生产力、是否有利于增强社会主义国家的综合国力、是否有利于提高人民的生活水平这"三个有利于"作为根本判断标准。

发挥人民主体作用，要围绕坚持党的领导、人民当家做主、依法治国有机统一深化政治体制改革，加快推进社会主义民主政治制度化、规范化、程序化，建设社会主义法治国家，发展更加广泛、更加充分、更加健全的人民民主。畅通民主渠道，健全基层选举、议事、公开、述职、问责等机制。开展形式多样的基层民主协商，推进基层协商制度化，建立健全居民、村民监督机制，促进群众在城乡社区治理、基层公共事务和公益事业中依法自我管理、自我服务、自我教育、自我监督。健全以职工代表大会为基本形式的企事业单位民主管理制度，加强社会组织民主机制建设，保障职工参与管理和监督的民主权利。

---

① 《邓小平文选》第 3 卷，人民出版社 1993 年版，第 123 页。

坚持党对改革的领导。坚持党的领导是保证改革沿着正确政治方向的根本保证。毛泽东同志指出:"共产党是为民族、为人民谋利益的政党,它本身决无私利可图。"① "没有共产党的领导,肯定会天下大乱,四分五裂。"② 江泽民同志指出:"要把十几亿人的思想和力量统一和凝聚起来,共同建设有中国特色的社会主义,没有中国共产党的统一领导是不可设想的。"③ 全面深化改革必须加强和改善党的领导,充分发挥党总揽全局、协调各方的领导核心作用,建设学习型、服务型、创新型的马克思主义执政党,提高党的领导水平和执政能力,确保改革取得成功。

坚持党的领导,必须改善党的领导,要围绕提高科学执政、民主执政、依法执政水平,深化党的建设制度改革,加强民主集中制建设,完善党的领导体制和执政方式,保持党的先进性和纯洁性,为改革开放和社会主义现代化建设提供坚强政治保证。

坚持党的领导,必须加强党的执政能力、先进性和纯洁性建设,保证中国共产党无产阶级先锋队性质不改变,保证共产党全心全意为人民服务的宗旨不变,永葆党的政治本色;要激发党员的活力,增强党员意识,增强党员荣誉感责任感使命感,建立党员发挥先锋模范作用机制。

坚持党的领导,必须有一个好的政治局,特别是政治局常委。要保证中国的核心领导始终属于马克思主义政治家,防止重蹈苏联共产党上层蜕变的覆辙。

坚持党的领导,必须坚持和加强人民民主专政。"没有无产阶级专政,我们就不可能保卫从而也不可能建设社会主义。"④ 在社会主义国家,必须实行"无产阶级的阶级专政,这种专政是达到消灭

---

① 《毛泽东选集》第3卷,人民出版社1991年版,第809页。
② 《邓小平文选》第2卷,人民出版社1994年版,第391页。
③ 《江泽民论有中国特色的社会主义》(专题摘编),中央文献出版社2002年版,第572页。
④ 《邓小平文选》第2卷,人民出版社1994年版,第169页。

一切阶级差别，达到消灭这些差别所由产生的一切生产关系，达到消灭和这些生产关系相适应的一切社会关系，达到改变由这些社会关系产生出来的一切观念的必然的过渡阶段"①。马克思认为，"阶级斗争必然导致无产阶级专政"，"这个专政不过是达到消灭一切阶级和进入无产阶级社会的过渡"，这是他的"新贡献"②。列宁认为："只有承认阶级斗争、同时也承认无产阶级专政的人，才是马克思主义者。"是否承认无产阶级专政，是检验"是否真正理解和承认马克思主义"的试金石，也是检验真假马克思主义的试金石。③毛泽东同志认为，人民民主专政"对于胜利了的人民，这是如同布帛菽粟一样地不可以须臾离开的东西。这是一个很好的东西，是一个护身的法宝，是一个传家的法宝，直到国外的帝国主义和国内的阶级被彻底地干净地消灭之日，这个法宝是万万不可以弃置不用的。越是反动派骂'极权政府'，就越显得是一个宝贝"④。"无产阶级专政，现在非有不可，而且非继续加强不可。否则，不能镇压反革命，不能抵抗帝国主义，不能建设社会主义，建设起来也不能巩固。"列宁关于无产阶级专政的理论，"决没有像有些人说的那样'已经过时'。无产阶级专政不能没有很大的强制性"⑤。邓小平同志指出："运用人民民主专政的力量，巩固人民的政权，是正义的事情，没有什么输理的地方。"⑥"不靠专政就抵制不住资本主义的进攻。坚持社会主义就必须坚持无产阶级专政，我们叫人民民主专政。"⑦"在这个问题上，要理直气壮。我们社会主义政权的专政力量不但不能削弱，还要加强。在这个问题上，切不可书生气

---

① 《马克思恩格斯选集》第1卷，人民出版社1995年版，第462页。
② 《马克思恩格斯选集》第4卷，人民出版社1995年版，第547页。
③ 《列宁选集》第3卷，人民出版社1995年版，第139页。
④ 《毛泽东选集》第4卷，人民出版社1991年版，第1502、1503页。
⑤ 《毛泽东文集》第7卷，人民出版社1999年版，第35、36页。
⑥ 《邓小平文选》第3卷，人民出版社1993年版，第379页。
⑦ 同上书，第365页。

十足。"①

西方国家从来没有放弃专政。美国法典第 18 篇第 2385 条规定："任何蓄意鼓吹、煽动、劝说或讲授推翻或摧毁美国政府的行为，包括因此而印刷、出版、发表、传递、出售、分发或公开展出任何书写或印刷品，都要处 20 年徒刑或 2 万美元罚款，或者两者并罚。"②

坚持改革开放与独立自主、反西方渗透的统一。目前，世界社会主义运动仍然处于低潮，中国仍然处于世界资本主义汪洋大海包围之中。全球仍处于"一球两制"的政治格局。在与资本主义制度共处、向资本主义开放的同时，要坚持中国的独立自主，防止依附于西方，防止西方的渗透、和平演变，警惕西方敌对势力与中国国内资产阶级自由化势力的结合。当前，要特别防止中国香港成为资本主义演变中国的桥头堡，警惕在与中国台湾合作的同时放弃社会主义方向。

坚持四项基本原则同改革开放相结合，反对错误的改革观。邓小平同志多次强调解放思想与坚持四项基本原则的统一性。他指出，要贯彻解放思想、实事求是这条思想路线，"就要反对教条主义，反对修正主义，坚持四项基本原则。离开坚持四项基本原则，就没有根，没有方向，也就谈不上贯彻党的思想路线"③。胡锦涛同志曾经指出："30 年来，我们毫不动摇地坚持党的基本路线，既以四项基本原则保证改革开放的正确方向，又通过改革开放赋予四项基本原则新的时代内涵，坚持把以经济建设为中心同四项基本原则、改革开放这两个基本点统一于发展中国特色社会主义的伟大实践，使中国特色社会主义在当今世界的深刻变革中牢牢站住了、站

---

① 《江泽民文选》第 3 卷，人民出版社 2006 年版，第 223 页。

② 转引自周新城《围绕改革问题马克思主义同反马克思主义的斗争——改革开放 30 年历程的回顾与总结》，中国社会科学出版社 2010 年版，第 163 页。

③ 《邓小平文选》第 2 卷，人民出版社 1994 年版，第 278 页。

稳了，并成为充满生机活力的社会主义。"①

在改革开放过程中，始终存在两种不同改革观的较量。邓小平同志早就指出："有一些人打着拥护改革开放的旗帜，想把中国引导到资本主义，他是要改变我们社会的性质。""某些人所谓的改革，应该换个名字，叫作自由化，即资本主义化。他们'改革'的中心是资本主义化。我们讲的改革与他们不同，这个问题还要继续争论的。"②"不彻底纠正'左'的错误，坚决转移工作重点，就不会有今天的好形势。同样，不认真坚持四项基本原则，就不能保持安定团结的局面，还会把纠'左'变成'纠正'社会主义和马列主义，也不会有今天的好形势。"③江泽民同志指出："许多事实告诉我们，在改革开放问题上，实际上存在两种截然不同的主张。一种是党中央和邓小平同志一贯主张的坚持社会主义道路，坚持人民民主专政，坚持共产党的领导，坚持马列主义、毛泽东思想的改革开放，即作为社会主义制度自我完善的改革开放。另一种是坚持资产阶级自由化立场、要求中国'全盘西化'的人所主张的同四项基本原则相割裂、相背离、相对立的'改革开放'。这种所谓的'改革开放'的实质，就是资本主义化，就是把中国纳入西方资本主义体系。我们必须划清两者的根本界限。"④"要划清两种改革开放观，即坚持四项基本原则的改革开放，同资产阶级自由化主张的实质上是资本主义化的'改革开放'的根本界限。"⑤资产阶级自由化思潮的出现，就像列宁所指出的："机会主义不是偶然现象，不是个别人物的罪孽、过错和叛变，而是整个历史时代的社会产

---

① 胡锦涛：《在纪念党的十一届三中全会召开30周年大会上的讲话》，《人民日报》2008年12月19日。

② 《邓小平文选》第3卷，人民出版社1993年版，第296、297页。

③ 同上书，第141页。

④ 《十三大以来重要文献选编》（中），人民出版社1991年版，第618页。

⑤ 《十三大以来重要文献选编》（下），人民出版社1993年版，第1649页。

物。"① 对于资产阶级自由化思潮，必须防微杜渐，就像邓小平同志说的：苗头出现时不注意，就会出事。"有的现象可能短期内看不出多大坏处。但是如果我们不及时注意和采取坚定的措施加以制止，而任其自由泛滥，就会影响更多的人走上邪路，后果就可能非常严重。从长远来看，这个问题关系到我们的事业将由什么样的一代人来接班，关系到党和国家的命运和前途。"②

目前，全国正在进行全面深化改革。在这个紧要关头，原原本本学习、不折不扣地贯彻落实习近平总书记关于坚持改革的社会主义方向的重要思想，是非常必要和及时的。

---

① 《列宁选集》第 2 卷，人民出版社 1995 年版，第 494 页。
② 《邓小平文选》第 3 卷，人民出版社 1993 年版，第 45 页。

正确认识改革开放前后
两个历史时期的关系

◎ 王宜秋[*]

新中国的历史以 1978 年党的十一届三中全会为标志，分为前后两个时期。前一个历史时期是在毛泽东同志领导下的社会主义革命和建设时期，人们习惯称之为毛泽东时代。后一个历史时期是邓小平同志开启的改革开放和社会主义现代化建设时期。一段时间以来，社会上乃至理论界对改革开放前后两个历史时期的认识和评价，出现了重大分歧。一部分人把改革开放前的历史说成一团漆黑，认为改革开放后的历史和发展是对毛泽东时代的否定和纠正；另一部分人认为毛泽东时代好于改革开放时代，否认毛泽东晚年错误，把当前我国发展中的矛盾和问题归咎于改革开放。这两种看法虽然相互对立，但它们有一个共同特点，就是都把党领导的改革开放前后这两段历史割裂开来、对立起来。

针对上述重大分歧，2013 年 1 月 5 日，习近平总书记在新进中央委员会的委员、候补委员学习贯彻党的十八大精神研讨班上发表的重要讲话中指出，我们党领导人民进行社会主义建设，有改革开放前和改革开放后两个历史时期，这是两个相互联系又有重大区别

* 王宜秋，中国社会科学院马克思主义研究院副研究员。

的时期，但本质上都是我们党领导人民进行社会主义建设的实践探索。不能用改革开放后的历史时期否定改革开放前的历史时期，也不能用改革开放前的历史时期否定改革开放后的历史时期。习近平总书记关于"两个不能否定"的重要论断，集中体现了我们党对于这一重大问题的根本立场和鲜明态度。正确认识改革开放前后两个历史时期的相互关系，对于坚持和发展中国特色社会主义具有重大理论和现实意义。

一 改革开放前，党领导人民进行社会主义革命和建设取得了伟大成就，这段历史不容否定

从 1949 年中华人民共和国成立到 1978 年党的十一届三中全会召开的 29 年，是中国共产党在马克思列宁主义、毛泽东思想指导下，领导中国人民在取得新民主主义革命胜利的基础上，进行社会主义革命和建设并取得重大成就的历史时期。

中华民族自近代以来面临两大历史任务，一个是争取民族独立、人民解放；另一个是实现国家富强、人民富裕。中国共产党自诞生之日起，就以实现中华民族伟大复兴为己任，义无反顾地肩负起这两大历史任务。新民主主义革命的胜利，实现了民族独立、人民解放，为实现国家富强、人民富裕的历史任务提供了必要前提。如何实现国家富强和人民富裕？1949 年以来，毛泽东同志领导中国共产党提出了实现国家的工业化和现代化、实现社会主义革命的两个目标，旨在把中国建设成为社会主义现代化强国。纵观这 29 年的历史，我们取得了具有决定意义的伟大成就，这些成就从根本上改变了中国人民的前途命运，为当代中国的一切发展进步奠定了坚实基础。

从政治建设上看，一是实现和巩固了全国范围（除中国台湾等岛屿外）的国家统一，从根本上改变了旧中国长期存在的四分五裂

状态，国家的法律和政令普遍实施于全国各地区直到各基层单位。这种建立在人民民主基础上的统一局面，是中国历史上从未有过的。二是建立了人民民主专政的国家政权，中国人民掌握了自己的命运。在中国共产党领导下，人民通过各种途径参与管理国家事务，管理经济、文化和社会事务。三是建立了社会主义制度，实现了中国历史上最广泛最深刻的社会变革。党领导人民创造性地实现从新民主主义到社会主义的转变，全面确立了社会主义基本制度，使占世界人口四分之一的东方大国进入社会主义社会。这是中国社会变革和历史进步的巨大飞跃，也极大地支持和推进了世界社会主义事业和一切进步事业。四是实现和巩固了全国各族人民的大团结，极大地增强了中华民族的凝聚力。中华人民共和国彻底结束了旧中国一盘散沙的局面，社会主义祖国成为各民族平等互助、团结友爱、共同进步的大家庭；建立和发展广泛的爱国统一战线，有力推动了祖国统一的进程。

从经济建设上看，初步建立起独立的比较完整的工业体系和国民经济体系，改变了旧中国"一穷二白"的落后面貌。新中国成立头3年，在胜利完成繁重的社会改革任务和进行伟大的抗美援朝、保家卫国战争的同时，新中国迅速恢复了遭到严重破坏的国民经济。曾几何时，美国资产阶级认为中国因人口太多，吃饭问题成为不堪负担而引发革命，断言新中国也必然因此归于失败。国内有些人也认为中国共产党无力解决这一难题，"共产党马上得天下，不能马上治天下"，"共产党在军事上是八十分，经济上是零分"等。然而，在国民经济恢复时期的短短3年时间里，我们就结束了蒋介石国民政府长期恶性通货膨胀和物价飞涨的状况，主要工农业产品产量大多数超过旧中国最高年份（1936年），以铁路运输为主的交通运输业也得到迅速恢复和发展。

从1952年到1978年，我国建立了独立的比较完整的工业体系和国民经济体系，奠定了工业发展的基础。我国铁路、公路、空运、邮电、城市基础设施和能源生产获得空前发展，农村农田水利基础设施得到明显改善。中国比较成功地用世界7%的耕地和6.5%的水资源养活了世界20%以上的人口。这一时期，实现了历史上最高的经济增长。1952年到1978年的经济增长率大大超过1949年以前的任何一个高增长时期。据国家统计局提供数据，按不变价格计算，国民生产总值年平均增长率为6.0%。即便是按照著名英国经济史学家安格斯·麦迪逊的统计，这个数字也在4.4%。我们可以做个比较，1929—1936年被认为是中国经济增长最快的时期，而麦迪逊给出的这一时期GDP年平均增长率也不过只有1.5%[①]。这一时期，基于我国经济发展状况而实行的按劳分配制度和社会福利制度，在保障人民基本生活需要方面发挥了重要作用。

从文化建设上看，不断发展社会主义文化，发展科学教育事业，人民群众的思想道德素质和科学文化素质有了显著提高。党坚持马克思主义的指导地位，用爱国主义、集体主义和社会主义教育人民，发展社会主义文化。新中国结束了旧中国文盲半文盲占人口绝大多数、中国人被称为"东亚病夫"的历史，教育、科学、卫生、体育等各项事业得到很大发展。建立的3000多所科研院所为我国科学研究和设计的全方位发展，打下了坚实的基础。新中国拥有的某些尖端科学技术已经接近或达到世界先进水平，对于保障国家安全和增强综合国力具有重要意义。

从社会建设上看，中国在人类发展指标的主要方面取得了惊人的巨大成就。世界银行在20世纪80年代初对中国的一份考察报告认为，总的来说，中国在毛泽东时代创造了一个极为平等的社会。为数不少但在总人口中只占少数的一部分人的收入极为低微，但这部分人的生活水平比大多数其他发展中国家同阶层的人的生活水平

---

① Angus Maddison, *Monitoring the World Economy*：1820-1992. Paris：OECD, 1995, p. 190.

又高得多。农业集体化防止了赤贫无地的农民阶层的产生。国家保证最低限度的粮食需要；小学入学人数数字很高；绝大多数人都可享受基本医疗卫生服务的计划生育服务。结果是，其他国家中极端贫苦人民所遭受的苦难，如饥饿、疾病、高出生率和高婴儿死亡率、文盲，以及时刻担心沦为赤贫和成为饿殍等，在中国已差不多都消除了。最能说明实际贫困严重程度的一个指标是（人口）预期寿命，因为其长短取决于很多经济和社会变量，而中国作为一个低收入国家，平均预期寿命却突出地高（1980 年为 67 岁）。即使在最贫困的省份，其人口预期寿命也不比中等收入国家低多少。1979年的中国农村基尼系数为 0.26，这意味着中国农村收入不平等的程度要比其他东亚国家低得多（0.30—0.35）。① 1952 年的中国出生率和死亡率分别为 37‰ 和 17‰，自然增长率达到 20‰；到 1978年，出生率和死亡率下降为 18.25‰ 和 6.25‰，自然增长率下降为 12‰。

从军队和国防建设看，建立起巩固的国防，不断推进人民武装力量建设。中华人民共和国结束旧中国屡遭外敌侵略、国防力量与广阔领土极不相称的历史，建立和发展了拥有陆军、海军、空军和其他技术兵种的强大国防力量，人民武装力量体系逐步形成和发展。国防尖端科技事业不断取得突破。

从外交和国际影响力看，中国的国际地位显著提高，为世界和平与进步事业作出了重要贡献。新中国彻底结束近代以来屈辱外交的历史，作为一个独立的、具有完整主权的国家屹立于世界东方。新中国奉行独立自主的外交政策，倡导和坚持和平共处五项原则，有力维护了国家的主权、安全和民族尊严；坚决支持和援助被压迫民族的解放事业、新独立国家的建设事业和各国人民的正义斗争，坚决反对帝国主义、霸权主义、殖民主义和种族主义，努力维护世

---

① 世界银行 1984 年经济考察团：《中国：长期发展的问题和方案》（主报告），中国财政经济出版社 1985 年版，第 42 页。

界和平，赢得国际社会特别是广大发展中国家和人民的尊重和赞誉。新中国同许多国家和地区发展经济、政治和文化往来，在国际事务中发挥着越来越重要的作用。

从执政党的建设看，巩固和加强了中国共产党的领导，发展壮大了党的组织。党教育广大党员干部要在执政条件下保持艰苦奋斗、谦虚谨慎、戒骄戒躁，密切联系群众。党勇于正视党员和干部队伍中存在的问题，努力依靠全体党员和人民群众加以解决。在对中国自己的建设社会主义道路的艰辛探索过程中，党注意总结经验，坚持真理，最终纠正了"以阶级斗争为纲"的"左"倾错误，把工作重心转移到社会主义现代化建设上来。

当然，我们说浓墨重彩地描绘改革开放前党领导人民进行社会主义革命和建设取得的伟大成就，并不是要遮蔽这个时期发生的失误、错误和曲折。在中国这样一个经济文化落后和地区发展很不平衡的大国建设社会主义，是十分艰巨而复杂的任务。由于国际形势复杂多变，国内建设任务艰巨繁重，由于缺乏领导社会主义建设的既有经验，1957年以后我们党发生了把阶级斗争扩大化和在经济上急躁冒进的错误，后来又发生了"文化大革命"这样全局性的、长时间的严重错误。但是，把这一时期放到中国历史发展和世界历史发展的坐标中去看，取得的成就是伟大的、是具有重要意义的。对此，邓小平同志曾指出："社会主义革命已经使我国大大缩短了同发达资本主义国家在经济发展方面的差距。我们尽管犯过一些错误，但我们还是在三十年间取得了旧中国几百年、几千年所没有取得过的进步。"[1] 江泽民同志指出："在党和毛泽东同志领导下，中国社会发生了天翻地覆的变化。中国从一个半殖民地半封建社会，进入到社会主义新时代。"[2] 胡锦涛同志指出："在社会主义革命和建设时期，我们确立了社会主义基本制度，在一穷二白的基础上建

---

[1] 《邓小平文选》第2卷，人民出版社1994年版，第167页。
[2] 《江泽民文选》第1卷，人民出版社2006年版，第343页。

立了比较完整的工业体系和国民经济体系，使古老的中国以崭新的姿态屹立在世界的东方。"① 因此，中国共产党和中国人民会永远铭记以毛泽东同志为核心的党的第一代中央领导集体带领全党全国各族人民为中国社会主义事业所作出的巨大贡献，倍加珍惜新中国成立后 29 年间所取得的历史性进步。

二 改革开放后，党领导人民成功开创和发展了 中国特色社会主义，这段历史也不容否定

1978 年，中国共产党召开十一届三中全会，开启了改革开放历史新时期。以此为转折点，以邓小平同志为核心的党的第二代领导集体顺应时代潮流和人民愿望，倡导解放思想，重新确立实事求是的思想路线，实现了指导思想上的拨乱反正，果断停止"以阶级斗争为纲"，把党和国家的工作中心转移到经济建设上来，实行改革开放，开始了建设社会主义的新探索。邓小平同志在党的十二大上提出"有中国特色的社会主义"这一重大命题，指明了我们党在理论和实践探索上的方向。党的十二大后，邓小平同志提出了一系列独创性观点，深化了我们党对社会主义的认识。1992 年的南方谈话对关系中国特色社会主义发展的一系列重大问题做了理论概括，从根本上解除了束缚人们的思想障碍，有力地促进了改革开放和社会主义现代化事业。以邓小平同志为核心的党的第二代中央领导集体具有开创意义的探索，第一次比较系统地初步回答了什么是社会主义、在中国这样经济文化比较落后的国家如何建设社会主义、如何巩固和发展社会主义等一系列基本问题。党的十四届三中全会以后，以江泽民同志为核心的党的第三代中央领导集体成功地把中国

---

① 胡锦涛：《在庆祝中国共产党成立 85 周年暨总结保持共产党员先进性教育活动大会上的讲话》，新华网 2006 年 6 月 30 日，http://news.xinhuanet.com/politics/2006-06/30/content_4772820.htm。

特色社会主义推向 21 世纪。新世纪新阶段，以胡锦涛同志为总书记的党中央成功地在新的历史起点上坚持和发展了中国特色社会主义。党的十八大以来，以习近平同志为核心的党中央团结带领全国各族人民，实现了夺取中国特色社会主义新胜利的良好开局。30 多年来，我们始终以改革开放为强大动力，在新中国成立以后取得成就的基础上，推动党和国家各项事业取得举世瞩目的新的伟大成就。

第一，成功实现了从高度集中的计划经济体制到充满活力的社会主义市场经济体制的伟大历史转折；成功实现了从封闭半封闭到全方位开放的伟大历史转折。我们建立和完善社会主义市场经济体制，建立以家庭承包经营为基础、统分结合的农村双层经营体制，形成公有制为主体、多种所有制经济共同发展的基本经济制度，形成按劳分配为主体、多种分配方式并存的分配制度，形成在国家宏观调控下市场对资源配置发挥基础性作用的经济管理制度。在不断深化经济体制改革的同时，不断深化政治体制、文化体制、社会体制以及其他各方面体制改革，不断形成和发展符合当代中国国情、充满生机活力的新的体制机制，为我国经济繁荣发展、社会和谐稳定提供了有力制度保障。我们坚持对外开放的基本国策，打开国门搞建设，加快发展开放型经济，进出口总额跃居世界第二位。从建立经济特区到开放沿海、沿江、沿边、内陆地区再到加入世界贸易组织，从大规模"引进来"到大踏步"走出去"，利用国际国内两个市场、两种资源水平显著提高，国际竞争力不断增强。

第二，成功实现了经济发展大跨越，使综合国力和国际竞争力实现了由弱到强的历史性巨变。从 1979 年到 2012 年，我国国内生产总值年均增长 9.8%，而同期世界经济年均增速只有 2.8%。我国高速增长期持续的时间和增长速度都超过了经济起飞时期的日本和亚洲"四小龙"，创造了人类经济发展史上的新奇迹。国内生产总值由 1978 年的 3645 亿元增长到 2013 年的 56.9 万亿元。1978 年我国经济总量位居世界第十，2010年超过日本，成为仅次于美国的世界第二大经济体。世界银行（微博）数据显示，我国人均国民总收入由1978年的190美元上升至2012年的5680美元，成功实现了从低收入国家向上中等收入国家的跨越。我国外汇储备大幅增长，实现了从外汇短缺到世界第一外汇储备大国的巨大转变。我们依靠自己力量稳定解决了13亿人口吃饭问题。我国主要农产品和工业品产量已居世界第一，商品和服务实现了由短缺到丰富充裕的巨大转变。基础设施和基础产业发展取得质的飞跃。

第三，成功实现了从温饱不足到总体小康并向全面小康迈进的历史性跨越，人民生活大为改善。改革开放以来的30多年是我国城乡居民收入增长最快、得到实惠最多的时期，也是社会保障事业从低层次到制度建立、再到全面推进的时期。从1978年到2013年，全国城镇居民人均可支配收入由343元增加到26955元；农民人均纯收入由134元增加到8896元；城市人均住宅建筑面积和农村人均住房面积成倍增加；群众家庭财产普遍增多，吃穿住行用水平明显提高。改革开放前长期困扰我们的短缺经济状况已经从根本上得到改变。目前已基本建成覆盖城乡的社会保障体系。城乡基本养老保险制度全面建立，新型社会救助体系基本形成。全民医保基本实现，城乡基本医疗卫生制度初步建立。扶贫工作取得举世瞩目的成就，农村贫困人口从2.5亿减少到8249万，提前实现了联合国千年发展目标中贫困人口减半的目标，为全球减贫事业作出了重大贡献。

第四，实现由社会事业发展相对滞后向经济社会全面协调发展的重大转变，社会事业大发展大进步。科教文卫等各项社会事业取得长足进步，社会和谐稳定得到巩固和发展，经济社会发展的协调性不断增强。教育普及程度明显提高，城乡免费九年义务教育全面实现，国民受教育程度大幅提升。科技事业取得丰硕成果，近年在载人航天、载人深潜、基因工程、高性能计算机、新材料、量子信息、3D 打印技术等领域取得的重大突破，为成功转型为创新国家奠定了良好基础。公共卫生事业成效明显，居民预期寿命由 1981 年的 67.8 岁提高到 2010 年的 74.8 岁。文化事业得到长足发展，初步形成覆盖全国的公共文化服务体系。体育事业连续跨越，全民健身运动蓬勃发展，国民体质明显增强。2008 年成功举办奥运会，首次名列奥运会金牌榜首位，实现了中国人的百年梦想，极大地扩大和提升了中国的国际影响力。

第五，政治体制改革不断深化，人民当家做主权利得到更好保障。人民代表大会制度、中国共产党领导的多党合作和政治协商制度、民族区域自治制度以及基层群众自治制度日益完善，中国特色社会主义法律体系基本形成，依法治国基本方略有效实施，社会主义法治国家建设取得重要进展，公民有序参与政治不断扩大，人权事业全面发展。爱国统一战线发展壮大，政党关系、民族关系、宗教关系、阶层关系、海内外同胞关系更加和谐。

第六，大力发展社会主义先进文化，人民日益增长的精神文化需求得到更好满足。社会主义核心价值体系建设取得重大进展，马克思主义思想理论建设卓有成效，群众性精神文明创建活动、公民道德建设、青少年思想道德建设全面推进，文化事业生机盎然，文化产业空前繁荣，国家文化软实力不断增强，人们精神世界日益丰富，全民族文明素质明显提高，中华民族的凝聚力和向心力显著增强。

第七，成功实现了香港、澳门回归祖国，和平统一大业迈出重大步伐。"一国两制""港人治港""澳人治澳"高度自治的方针得到全面贯彻执行，香港特别行政区、澳门特别行政区保持繁荣稳定。祖国大陆同台湾的经济文化交流和人员往来不断加强，两岸政党交流成功开启，两岸全面直接双向"三通"迈出历史性步伐，反对"台独"分裂活动斗争取得重要成果，两岸关系和平发展呈现新的前景。

第八，国防和军队建设取得重大成就。军队革命化、现代化、正规化建设全面加强，新时期军事战略方针扎实贯彻，中国特色军事变革加速推进，中国特色精兵之路成功开辟，裁减军队员额任务顺利完成，军队武器装备建设成效显著。人民军队已发展成为诸军兵种合成、具有一定现代化水平并加快向信息化迈进的强大军队，履行新世纪新阶段历史使命能力全面增强，在保卫祖国、建设祖国特别是抗击各种自然灾害中发挥了重要作用。

第九，全方位外交取得重大成就。我们恪守维护世界和平、促进共同发展的外交政策宗旨，同发达国家关系全面发展，同周边国家睦邻友好不断深化，同发展中国家传统友谊更加巩固。我国积极参与多边事务，承担相应国际义务。我国国际地位和国际影响显著上升，在国际事务中发挥了重要建设性作用。

第十，党的领导水平和执政水平、拒腐防变和抵御风险能力明显提高。党的建设新的伟大工程全面推进，执政能力建设和先进性建设深入进行，思想理论建设成效显著，党内民主不断扩大，党内生活准则和制度不断健全，党的各级组织不断加强，干部队伍和人才队伍朝气蓬勃，党的作风建设全面加强，党内法规更加完善，反腐倡廉建设深入推进，党领导改革开放和社会主义现代化建设能力显著提高，党在中国特色社会主义事业中的领导核心作用不断增强。

改革开放30多年以来，国际局势风云变幻，改革任务艰巨繁重，党和人民经历和战胜了前所未有的严峻考验和挑战。我们从容应对一系列关系我国主权和安全的国际突发事件，战胜在政治、经济领域和自然界出现的困难和风险。在决定党和国家前途命运的重大历史关头，党紧紧依靠全国各族人民，坚持党的十一届三中全会以来的路线不动摇，排除各种干扰，坚定不移地捍卫中国特色社会主义伟大事业，保证了改革开放和社会主义现代化建设航船始终沿着正确方向破浪前进。我们在实践中取得的上述巨大成就充分证明，党的十一届三中全会以来我们党团结带领人民开辟的中国特色社会主义道路、形成的理论和路线方针政策是完全正确的，是不容否定的。

三 改革开放前后两个时期虽然有重大区别,但本质上都是我们党领导人民进行社会主义建设的实践探索,绝不是彼此割裂的,更不是根本对立的

改革开放前后两个历史时期有着重大区别，这是历史的客观存在，是我们必须正视的。

所谓重大区别，主要是指进行社会主义建设的思想指导、方针政策、实际工作上有着很大差别，也包括进行社会主义实践探索的内外条件、实践基础等方面存在很大差别。有的学者把它们概括为三个方面：第一，在思想理论上，我们党深刻揭示了社会主义的本质是解放生产力，发展生产力，消灭剥削，消除两极分化，最终达到共同富裕，把对社会主义的认识从以前不完全清楚提高到新的科学水平；准确把握我国的基本国情，确立社会主义初级阶段理论，指出我国已经进入社会主义社会，我们必须坚持而不能离开社会主义，我国的社会主义社会正处于并将长期处于初级阶段，我们必须正视而不能超越这个初级阶段。第二，在方针政策上，我们党果断地停止使用"以阶级斗争为纲"这个不适用于社会主义社会的口号，把党和国家的工作重心转移到社会主义现代化建设上来；从盲目追求所有制"一大二公""纯而又纯"中解放出来，确立并实行以公有制为主体、多种所有制经济共同发展的基本经济制度；坚持党的领导、人民当家做主与依法治国的有机统一，积极稳妥地推进政治体制改革，加强社会主义民主法制，建设社会主义政治文明。第三，在实际工作中，不断深化改革，全方位扩大对外开放，逐步形成建设社会主义市场经济、社会主义民主政治、社会主义先进文化、社会主义和谐社会和社会主义

生态文明的建设中国特色社会主义"五位一体"总布局。① 在上述这些差别中，有些是具有重大转折意义的。例如，把党和国家的工作中心从"以阶级斗争为纲"转移到"以经济建设为中心"，经济体制从高度集中的计划经济体制转变为社会主义市场经济体制，经济社会发展从封闭半封闭状态转变为全方位的对外开放，等等。

改革开放前后两个历史时期又是相互联系的，有着共同的本质特征。这也是历史的客观存在，是我们必须加以强调的。

改革开放前后两个历史时期都贯穿着一条"探索"的主线，它们都是我们党领导人民进行社会主义建设的实践探索，都是对适合中国国情的社会主义道路的实践探索，也都是为了实现中华民族伟大复兴的实践探索。新中国成立后，毛泽东同志带领全党全国各族人民，在迅速医治战争创伤、恢复国民经济的基础上，不失时机地提出了过渡时期总路线，经过社会主义改造，建立起社会主义基本制度。但是，如何建设社会主义，对于我们党来说是一个崭新的课题。毛泽东同志及时提出了要实现马克思列宁主义基本原理同我国具体实际的"第二次结合"。他的《论十大关系》和《关于正确处理人民内部矛盾的问题》等著作，以及党的八大文献，集中反映了探索中的初步思考和认识，提出了许多关于中国社会主义建设的重要观点，涉及政治、经济、文化、国防、外交等各个方面，标志着我们党开始独立自主地探索适合我国国情的社会主义建设道路。毛泽东同志在探索中提出的关于处理好社会主义建设的各种关系，关于正确认识和把握社会主义社会基本矛盾，严格区分两类不同性质的矛盾，正确处理人民内部矛盾，关于社会主义社会还有商品生产和商品交换，要遵守价值规律和做好综合平衡，关于在文化领域实行"百花齐放、百家争鸣"的方针等许多重要思想，是中国特色社会主义理论体系的重要理论来源；毛泽东时代确立的社会主义基本

---

① 宋月红：《论改革开放前后两个历史时期的辩证统一关系》，《求知》2013 年第 9 期。

制度，为当代中国一切发展进步奠定了根本政治前提和制度基础；毛泽东时代开展大规模的社会主义经济建设，为社会主义现代化建设奠定了重要物质技术基础，积累了重要经验。即便是毛泽东同志的晚年错误，也是我们党在探索社会主义道路过程中的失误和曲折，其深刻教训成为党的一笔特殊财富。从一定意义上说，没有这些教训也就没有改革开放的战略决策。改革开放后，我们党开始了社会主义发展道路的新探索。邓小平同志在改革开放初期就指出："从许多方面来说，现在我们还是把毛泽东同志已经提出、但是没有做的事情做起来，把他反对错了的改正过来，把他没有做好的事情做好。今后相当长的时期，还是做这件事。当然，我们也有发展，而且还要继续发展。"[①]

改革开放前后两个时期的实践探索，虽然面临的世情、国情和党情大不相同，虽然在进行社会主义建设的思想指导、方针政策、实际工作上有着很大差别，有的是具有转折意义的重大区别，但是，不论是在毛泽东时代还是在改革开放新时期，我们党对社会主义本质的坚持和追求始终没有动摇。我们始终坚持社会主义的根本制度，始终坚持中国共产党的领导，始终坚持马克思主义的指导地位，始终坚持共产主义的理想信念，始终坚持全心全意为人民服务的根本宗旨；毛泽东思想和中国特色社会主义理论体系具有一脉相承的基本立场、观点和方法，实事求是、独立自主和群众路线始终是马克思主义中国化理论成果的活的灵魂。

总之，改革开放前后两个历史时期之间决不是彼此割裂的，更不是根本对立的；改革开放前的社会主义实践探索为后来的实践探索积累了条件，改革开放后的社会主义实践探索是对前一个时期的坚持、改革和发展。看不到它们的变化，就不可能看清楚中国特色社会主义道路究竟"特"在哪里；而看不到它们的统一性，就不可能弄明白中国特色社会主义道路为什么是社会主义而不是别的什么

---

① 《邓小平文选》第 2 卷，人民出版社 1994 年版，第 300 页。

主义。它们的变化把两个历史时期鲜明地区别开来，而它们的统一性又把两个历史时期有机地联系在一起，使它们共同成为新中国光辉历史的组成部分。①

四 "两个不能否定"是坚持和发展中国特色社会主义的必然要求；正确认识改革开放前后两个历史时期的关系，落脚点是坚定不移走中国特色社会主义道路

一个时期以来，以改革开放后的历史时期否定改革开放前的历史时期的错误思潮比较盛行，一些政治上别有用心的人竭力把毛泽东时代妖魔化，全盘否定这一时期取得的历史性成就，无限放大这一时期发生的失误和错误，其核心是否定毛泽东同志。因此，正确认识改革开放前后两个时期的关系，就要正确评价毛泽东同志和毛泽东思想的历史地位。对此，1981 年党的十一届六中全会通过的《关于建国以来党的若干历史问题的决议》早已作出了科学回答："因为毛泽东同志晚年犯了错误，就企图否认毛泽东思想的科学价值，否认毛泽东思想对我国革命和建设的指导作用，这种态度是完全错误的。对毛泽东同志的言论采取教条主义态度，以为凡是毛泽东同志说过的话都是不可移易的真理，只能照抄照搬，甚至不愿实事求是地承认毛泽东同志晚年犯了错误，并且还企图在新的实践中坚持这些错误，这种态度也是完全错误的。这两种态度都是没有把经过长期历史考验形成为科学理论的毛泽东思想，同毛泽东同志晚年所犯的错误区别开来。"习近平总书记以《决议》精神为基本遵循，针对党内外、国内外"非毛化"的错误思潮，更进一步阐明了我们党对待历史问题和历史人物的科学态度和主张。他提出："不

---

① 朱佳木：《以国史研究深化对中国特色社会主义的认识》，《当代中国史研究》2013年第 1 期。

能离开对历史条件、历史过程的全面认识和对历史规律的科学把握，不能忽略历史必然性和历史偶然性的关系。不能把历史顺境中的成功简单归功于个人，也不能把历史逆境中的挫折简单归咎于个人。不能用今天的时代条件、发展水平、认识水平去衡量和要求前人，不能苛求前人干出只有后人才能干出的业绩来。""尽管革命领袖拥有很高的理论水平、丰富的斗争经验、卓越的领导才能，但并不意味着他们的认识和行动可以不受时代条件限制。不能因为他们伟大就把他们像神那样顶礼膜拜，不容许提出并纠正他们的失误和错误；也不能因为他们有失误和错误就全盘否定，抹杀他们的历史功绩，陷入虚无主义的泥潭。"

用改革开放后的历史时期否定改革开放前的历史时期的错误思潮，否定毛泽东同志和毛泽东时代的历史性成就，其要害是抽掉中国特色社会主义探索的基础，目的是否定中国特色社会主义，否定中国共产党的领导。因为，作为中国特色社会主义根本保证的社会主义制度，主要是在这一时期建立的，是这一时期党领导人民取得的根本成果。如果否定了这一时期，就如同推倒一张多米诺骨牌，必然导致对社会主义制度的否定，就会得出中国本不该搞社会主义，甚至不应该搞革命的结论。倘若如此，那就完全谈不上还有中国特色社会主义的开创和发展。习近平总书记关于"两个不能否定"的重要论断给予我们政治上的警醒。有些人虽然肯定改革开放给中国人民带来的福祉，但却竭力把改革开放的性质说成是搞资本主义或者民主社会主义，想把改革开放和现代化建设纳入西方"普世价值"、西方政治制度的框架和轨道，迎合西方敌对势力对我国"西化""分化"的图谋。对此，邓小平同志早在改革开放之初就指出："我们实行改革开放，这是怎样搞社会主义的问题。作为制度来说，没有社会主义这个前提，改革开放就会走向资本主义。"[1]

---

[1] 《邓小平年谱（1975—1997）》（下），中央文献出版社2004年版，第1317页。

中国特色社会主义既是改革开放最主要的成果，也是改革开放取得巨大成功的制度保障和根本原因。只承认中国改革开放的成就，却有意回避成就背后的制度原因，既不符合逻辑，也不符合事实。当代中国的改革开放是有方向、有原则、有立场的，这就是始终坚持中国特色社会主义。

以改革开放前的历史时期否定改革开放后的历史时期的错误观点，是从另一个方向上否定改革开放，否定中国特色社会主义。有些人质疑改革开放以来党的理论和路线方针政策，认为改革开放背离了马克思主义和科学社会主义，把它说成是"资本社会主义""国家资本主义"或者"新官僚资本主义"；有的人提出要彻底回归毛泽东时代，再搞一次"文化大革命"，等等。

"不能用改革开放前的历史否定改革开放后的历史"，就要从理论上说明中国特色社会主义理论体系就是当代中国的马克思主义，而不是别的什么主义，就要确立对待马克思主义的科学态度。马克思主义是我们立党立国的根本指导思想。坚持和巩固马克思主义的指导地位，是党和人民团结一致、始终沿着正确方向前进的根本思想保证。同时，马克思主义只有同本国国情和时代特征紧密结合，在实践中不断丰富和发展，才能更好发挥指导实践的作用。改革开放以来，我们党坚持解放思想和实事求是的统一，大力发扬求真务实精神，不断深化对共产党执政规律、社会主义建设规律、人类社会发展规律的认识，自觉把思想认识从那些不合时宜的观念、做法和体制的束缚中解放出来，从对马克思主义的错误的和教条式的理解中解放出来，从主观主义和形而上学的桎梏中解放出来，以实践基础上的理论创新回答了一系列重大理论和实际问题，开辟了马克思主义新境界。中国特色社会主义理论体系是马克思主义中国化最新成果，是党最可宝贵的政治和精神财富，是全国各族人民团结奋斗的共同思想基础，是扎根于当代中国的科学社会主义。

"不能用改革开放前的历史否定改革开放后的历史"，就要引导人们正确看待改革开放进程中出现的困难和问题。改革开放是中国历史上前无古人的全新事业，没有可供参考的现成答案，要靠我们大胆地探索和试验，不可能一帆风顺，也不可能一蹴而就，出现矛盾和问题在所难免。中国的改革开放之路，正是在不断解决矛盾、克服障碍、化解风险、战胜困难的艰辛探索和实践中闯出来的。但改革开放进程中出现的矛盾和问题，常常成为敌对势力和错误思潮借以攻击党的重要方面。我们党历来不回避这些矛盾和问题。邓小平同志在 20 世纪 90 年代初就说过，"发展起来以后的问题不比不发展时少"。从当前情况看，改革开放的发展成就同人民群众对美好生活的期待相比仍有明显差距，党和国家工作中还有不少人民群众不满意的地方。对此，党的十八大报告作出了全面分析，指出当前我国发展中不平衡、不协调、不可持续问题依然突出，科技创新能力不强，产业结构不合理，农业基础依然薄弱，资源环境约束加剧，制约科学发展的体制机制障碍较多，深化改革开放和转变经济发展方式任务艰巨；城乡区域发展差距和居民收入分配差距依然较大；社会矛盾明显增多，教育、就业、社会保障、医疗、住房、生态环境、食品药品安全、安全生产、社会治安、执法司法等关系群众切身利益的问题较多，部分群众生活比较困难；一些领域存在道德失范、诚信缺失现象；一些干部领导科学发展能力不强，一些基层党组织软弱涣散，少数党员干部理想信念动摇、宗旨意识淡薄，形式主义、官僚主义问题突出，奢侈浪费现象严重；一些领域的消极腐败现象易发多发，反腐败斗争形势依然严峻。出现这些矛盾和问题的原因是多方面的、复杂的。有的是改革开放过程中出现的，有的是旧体制下积累和潜伏的，有的是新旧体制交替和摩擦产生的，有的则可能是人们认识上的局限性带来的工作失误造成的。它们是在解决我国社会主要矛盾过程中出现的，是支流而不是主流；它们是属于体制内的，是可以依靠社会主义制度来获得解决的；它们是在前进中、发展中产生的，只有坚持全面改革开放才能得到解决。从更宽广的视角分析，这些矛盾和问题与我国工业化、现代化所处的发展阶段也有着直接联系。我国这样一个13亿人口的大国用几十年时间实现西方国家二三百年时间内的发展目标，西方国家在二三百年发展中渐次出现的矛盾和问题，就可能在我国几十年的时间里集中出现。这也是矛盾和问题较多的一个重要原因。但比较而言，我国并没有出现一些西方国家在工业化时期矛盾、问题那么突出和尖锐的情况，也远比一些新兴工业化国家矛盾和问题解决得好。这些都说明，我们党作为社会最先进的力量，是能够领导并不断推进中国工业化、现代化发展的；我国的制度体制从总体上是与我国的工业化、现代化的发展水平相适应的。绝不能因为这些矛盾和问题的存在而无视改革开放取得的巨大成就，一叶障目、以偏概全；绝不能以出现矛盾和问题为由否定改革开放、回到封闭僵化的老路上去，甚至否定改革开放的社会主义方向。

党的十八大报告指出，回首近代以来中国波澜壮阔的历史，展望中华民族充满希望的未来，我们得出一个坚定的结论：全面建成小康社会，加快推进社会主义现代化，实现中华民族伟大复兴中国梦，必须坚定不移走中国特色社会主义道路。道路关乎党的命脉，关乎国家前途、民族命运、人民幸福。在中国这样一个经济文化十分落后的国家探索中华民族复兴道路，是极为艰巨的任务。90多年来，我们党紧紧依靠人民，把马克思主义基本原理同中国实际和时代特征结合起来，独立自主地走自己的路，历经千辛万苦，付出各种代价，取得革命建设改革伟大胜利，开创和发展了中国特色社会主义，从根本上改变了中国人民和中华民族的前途命运。全党要倍加珍惜、始终坚持、不断发展中国特色社会主义。而否定了改革开放前后两个历史时期中的任何一个时期，就没有中国特色社会主义，就否定了中国特色社会主义。因此，"两个不能否定"，是我们绝不能含糊和动摇的。

科学有效地防治腐败的路径探微

◎ 吕薇洲*

2013 年 1 月 22 日，习近平总书记在十八届中央纪委二次全会上强调："要更加科学有效地防治腐败，坚定不移地把党风廉政建设和反腐败斗争引向深入。"① 如何更加科学有效地防治腐败？这是以习近平同志为核心的党中央着力思考和解决的一个重大问题。围绕这一问题，习近平总书记提出了一系列新论断、新思想，采取了一系列新举措、新步骤，在理论和实践两个层面，将中国特色社会主义反腐倡廉建设进一步推向纵深。

一 更加科学有效地防治腐败的根本前提：将反腐倡廉提升至事关党和国家生死存亡的战略高度

反对腐败、建设廉洁政治，始终是我们党一贯坚持的鲜明政治立场，也是广大人民群众密切关注的重大政治问题。苏东剧变后，面对新世纪新阶段复杂多变的国际国内环境，我们党积极探索了在

＊ 吕薇洲，中国社会科学院马克思主义研究院研究员。
① 习近平：《更加科学有效地防治腐败，坚定不移把反腐倡廉建设引向深入》，《党建》2013 年第 2 期。

改革开放和发展社会主义市场经济条件下反腐倡廉工作的基本规律，切实采取了一系列预防和惩处腐败的有效措施，取得了比较明显的成效。但是，腐败现象滋生的各种土壤和条件仍未从根本上消除，特别是在深化改革、扩大开放和完善社会主义市场经济体制的过程中，市场经济和文化多样性带来的负面影响以及一些领域中制度、体制、机制存在的各种漏洞，给形形色色的腐败分子和行为提供了可乘之机，致使腐败现象仍然比较严重。

针对这一形势，党的十八大以来，习近平总书记在多个重要会议、多种重要场合，反复强调防治腐败的重要性、紧迫性和长期性，鲜明地传递了惩治腐败的坚强决心和坚定信心。

早在 2012 年 11 月 15 日十八届中央政治局常委与中外记者见面会上，习近平总书记就明确指出："新形势下，我们党面临着许多严峻挑战，党内存在着许多亟待解决的问题。尤其是一些党员干部中发生的贪污腐败、脱离群众、形式主义、官僚主义等问题，必须下大气力解决。全党必须警醒起来。"[①] "必须下大力气解决" "必须警醒起来"，这两个 "必须"，充分展示了新一届中央领导集体防治腐败的坚强决心。

在中共中央政治局第一次集体学习时，习近平总书记结合一些国家因贪污腐败等问题而导致的社会动荡、政权垮台的事实，明确告诫全党同志："近年来我们党内发生的严重违纪违法案件性质非常恶劣，政治影响极坏，令人触目惊心。" "大量事实告诉我们，腐败问题越演越烈，最终必然亡党亡国！我们要警惕啊！"[②] 在这里，习近平总书记运用 "非常" "极" 等程度副词，表达党中央对于反腐倡廉形势的严峻性的深刻认识，对防治腐败的极端重要性和紧迫

---

① 《习近平在常委见面会上的讲话》，http://news.china.com/18da/news/11127551/20121115/17530532.html。

② 习近平：《紧紧围绕坚持和发展中国特色社会主义　学习宣传贯彻党的十八大精神》，《人民日报》2012 年 11 月 19 日。

性的准确把握，这些话语如金石之音，振聋发聩，再次彰显了我们党防治腐败的坚强决心和鲜明态度。

2013 年 1 月 22 日召开的十八届中央纪委二次全会，习近平总书记从实现党的十八大确定的目标任务、实现"两个一百年"奋斗目标以及实现中华民族伟大复兴中国梦的高度，再度强调了党风廉政建设和反腐败斗争的必要性和紧迫性。他指出："当前一些领域消极腐败现象仍然易发多发，一些重大违纪违法案件影响恶劣，反腐败斗争形势依然严峻，人民群众还有许多不满意的地方。党风廉政建设和反腐败斗争是一项长期的、复杂的、艰巨的任务。反腐倡廉必须常抓不懈，拒腐防变必须警钟长鸣，关键就在'常''长'二字，一个是要经常抓，一个是要长期抓。"①

上述论断和思想观点，充分彰显了以习近平同志为总书记的新一届中央领导集体对党风廉政建设和反腐败斗争的清醒认识和高度重视。可以说，新一届中央领导层对反腐认识达到前所未有的高度，习近平总书记反复告诫全党："新形势下加强和改进党的建设面临'四大考验'、'四种危险'，落实党要管党、从严治党的任务比以往任何时候都更为繁重更为紧迫。全党要增强紧迫感和责任感"，"要旗帜鲜明地反对腐败，更加科学有效地防治腐败"②，并以"有腐必反、有贪必肃，不断铲除腐败现象滋生蔓延的土壤，以实际成效取信于民"③ 来表达反腐的坚定决心。这对于增强全党全社会对反腐倡廉建设的决心和信心，对于在新形势下深入探讨更加科学有效地防治腐败的思路和举措，提供了必要的前提和基础。

---

① 习近平：《更加科学有效地防治腐败，坚定不移把反腐倡廉建设引向深入》，《党建》2013 年第 2 期。
② 习近平：《紧紧围绕坚持和发展中国特色社会主义　学习宣传贯彻党的十八大精神》，《人民日报》2012 年 11 月 19 日。
③ 习近平：《更加科学有效地防治腐败，坚定不移把反腐倡廉建设引向深入》，《党建》2013 年第 2 期。

二 更加科学有效地防治腐败的切入点：狠抓党的自身建设尤其是党的作风建设

　　党的作风建设在党的建设中占有极其重要的位置，它直接关系着党的形象，关系人心向背乃至党和国家的生死存亡。"历览前贤家与国，成由勤俭败由奢"，在古今中外的历史中，由于执政者生活堕落腐化而导致丧失政权的例子俯拾皆是。基于此，习近平总书记履新伊始就强调"打铁还需自身硬"，明确表示中央领导集体要与全党同志一起，"切实解决自身存在的突出问题，切实改进工作作风"①。随后于 2012 年 12 月召开的中央政治局会议，审议并通过了中央政治局关于改进工作作风、密切联系群众的八项规定。这一举措，赢得了广大人民群众的积极支持和拥护。八项规定出台后，新一届中央领导集体轻车简从，不安排群众迎送、不铺设迎宾地毯，为端正党风政风身体力行、率先垂范。

　　在十八届中央纪委二次全会上，改进党的作风尤其是工作作风问题，被摆在了更加突出的位置。习近平总书记不仅强调了改进工作作风的极端重要性和紧迫性，而且还针对当前国际国内环境发生深刻变化，领导干部滋生不正之风的现实危险性增大的现实，专门论及了当前形势下改进工作作风的侧重点。习近平总书记指出："工作作风上的问题绝对不是小事，如果不坚决纠正不良风气，任其发展下去，就会像一座无形的墙把我们党和人民群众隔开，我们党就会失去根基、失去血脉、失去力量。""改进工作作风的任务非常繁重，八项规定是一个切入口和动员令。八项规定既不是最高标准，更不是最终目的，只是我们改进作风的第一步，是我们作为共产党人应该做到的基本要求。……要以踏石留印、抓铁有痕的劲头抓下去，善始善终、善

---

　　① 《习近平在常委见面会上的讲话》，http://news.china.com/18da/news/11127551/20121115/17530532.html。

作善成，防止虎头蛇尾，让全党全体人民来监督，让人民群众不断看到实实在在的成效和变化。"①

在2013年6月22—25日召开的中共中央政治局会议上，习近平总书记更加形象而深刻地揭示了腐败产生的根源，明确提出了"作风问题是腐败的温床"这一科学论断，并在此基础上进一步阐明了改进作风与防治腐败的密切关系。习近平总书记强调：面对世情、国情和党情的深刻变化，精神懈怠危险、能力不足危险、脱离群众危险、消极腐败危险更加尖锐地摆在全党面前，集中表现在形式主义、官僚主义、享乐主义和奢靡之风。"这'四风'是违背我们党的性质和宗旨的，是当前群众深恶痛绝、反映最强烈的问题，也是损害党群干群关系的重要根源。'四风'问题解决好了，党内其他一些问题解决起来也就有了更好条件。"② 习近平总书记还明确要求把进一步落实中央八项规定精神、解决"四风"问题与反腐倡廉建设紧密结合起来，提出要从思想教育入手，深刻剖析产生"四风"的思想根源，解决好世界观、人生观、价值观这个"总开关"问题。要结合实际，找准"四风"的具体表现，突出重点加紧整改，尽快取得实效。

在习近平总书记关于改进作风的一系列措词严厉、指向鲜明的精神要求（"浪费之风务必狠刹""坚决杜绝公款浪费现象""坚决反对讲排场比阔气，坚决抵制享乐主义和奢靡之风"）指导下，中央大力整治各种作风之弊和行为之垢、持续治理"四风"特别是特权思想、霸道作风等突出问题，不断加大反腐纠风力度，取得了明显成效。截至2013年12月31日，全国共查处违反中央八项规定精神的问题24521起。中央纪委先后4次对32起违反中央八项规

---

① 习近平：《更加科学有效地防治腐败，坚定不移把反腐倡廉建设引向深入》，《党建》2013年第2期。

② 《深入扎实开展党的群众路线教育实践活动　为实现党的十八大目标任务提供坚强保证》，参见 http：//news. xinhuanet. com/politics/2013－06/18/c_ 116194026. htm。

定精神典型问题进行了通报，并向社会公开。30 个省（区、市）纪委监察厅（局）74 次下发专门通报，共对 372 起违反中央八项规定精神的典型问题予以曝光。①

三 更加科学有效地防治腐败的着力点：严厉惩治腐败，"老虎"和"苍蝇"一起打

严厉惩治腐败是铲除腐败分子和遏制腐败现象的直接手段，是构建惩治腐败体系的重要措施，也是保障防治腐败各项措施落到实处的有效途径。作为一个用马克思主义武装起来的先进政党，与贪腐行为水火不容，对贪腐分子绝不姑息是我们党一贯秉持的政治立场。我们党历来强调要"始终保持惩治腐败的高压态势""绝不让腐败分子逃脱党纪国法的惩处"。纵观改革开放以来的反腐情况，我们党的反腐力度可谓越来越大，落马的贪官无论从人数上看还是从级别上看，都"屡创新高"。

在当前腐败现象依然易发多发的情况下，惩治腐败的力度绝不可有丝毫削弱。必须坚持把查办案件、惩治腐败摆在十分突出的位置，继续加大惩治腐败的工作力度，形成查办腐败案件的高压态势，充分发挥惩治在反腐倡廉建设中所具有的惩处和威慑两大功能。只有这样才能遏制腐败现象进一步滋生蔓延的趋势，才能增强人民群众对于我们党反腐败政治决心的信任。正如习近平总书记强调的："坚定不移惩治腐败，是我们党有力量的表现，也是全党同志和广大群众的共同愿望。我们党严肃查处一些党员干部包括高级干部严重违纪问题的坚强决心和鲜明态度，向全党全社会表明，我们所说的不论什么人，不论其职务多高，只要触犯了党纪国法，都

---

① 《2013 年查处 24521 起违反八项规定精神的问题》，参见 http://news.sina.com.cn/c/2014 – 01 – 07/023029173141. shtml。

要受到严肃追究和严厉惩处，决不是一句空话。"①

党的十八大后，我们党进一步加大了惩治腐败的力度，严肃查处了一些党员干部特别是一些高级领导干部的违法违纪问题。从2012年11月到2013年1月，短短三个月内，就先后有27名厅级以上官员落马，重庆市北碚区原区委书记雷政富、广东省国土资源厅原副厅长吕英明、四川省委原副书记李春城等"老虎"先后落马，山西省公安厅原副厅长李亚力、湖北省人大常委会原副主任吴永文等都成为新一轮反腐浪潮的"战果"。人们普遍强烈地感受到，中央打"老虎"的决心增强了，力度加大了，频率加快了。

毋庸置疑，惩治腐败必须要先打那些动辄贪污受贿数百上千万元甚至过亿元的"大官高官"，因为他们往往位高权重，贪腐数额巨大，是侵蚀党和国家利益的巨蠹，动摇着人民群众对党的信任。只有对这些有恃无恐的"老虎"一查到底，决不姑息，才能让广大人民群众看到我们党真心反腐、敢于碰硬的决心和态度。

但是，反腐败同样不能放过那些直接危害群众利益、直接关系老百姓"痛痒"，涉及面广、涉案量多的小官小吏的腐败问题，因为发生在群众身边的那些包括公款吃喝、公车私用、索拿卡要等以权谋私、以权枉法的行为，社会影响同样恶劣，同样令群众深恶痛绝，它直接关系到群众对党的认同感和拥护度。只有发现一起，查处一起，才能切实解决发生在群众身边的不正之风和腐败问题，才能让群众实实在在感受到反腐的成果。

有鉴于此，习近平总书记强调惩治腐败绝不能"抓大放小"，要求在打"老虎"的同时，也要打"苍蝇"。他明确指出："从严治党，惩治这一手决不能放松。要坚持'老虎''苍蝇'一起打，既坚决查处领导干部违纪违法案件，又切实解决发生在群众身边的不正之风和腐败问题。要坚持党纪国法面前没有例外，不管涉及到

---

① 习近平：《更加科学有效地防治腐败，坚定不移把反腐倡廉建设引向深入》，《党建》2013年第2期。

谁，都要一查到底，决不姑息。"① 习近平总书记这一论述，充分表明我们党对腐败现象"零容忍"的坚决态度，彰显了我们党"有腐必反、有贪必肃"的坚定决心，道出了全党同志和广大群众的共同愿望。

自习近平总书记发出"老虎"和"苍蝇"一起打的号令以来，我们党对贪污受贿、渎职犯罪一直保持着高压态势，坚持有案必查、有腐必惩，特别是深入查办损害群众利益的职务犯罪专项工作，加大对外逃职务犯罪嫌疑人的追捕追赃力度，严厉打击了危害国计民生的腐败现象，狠刹了腐败分子的气焰。2013 年度，检察机关查办厅局级贪官 253 人、省部级贪官 8 人；人民法院审结包括薄熙来案、刘志军案在内的国家工作人员贪污贿赂、渎职侵权犯罪案件 2.9 万件，判处罪犯 3.1 万人；最高检对 387 起重大职务犯罪案件挂牌督办。② 这份由最高人民检察院和最高人民法院提交的"打虎拍蝇"成绩单，充分显示出我们党坚持"老虎""苍蝇"一起打，把反腐斗争举措落到了实处，真正做到了"雷声大雨点也大"，有效地把反腐倡廉工作推向了高潮，大大增强了反腐败的信心和决心，增强了广大人民群众对党的认同感和期望值。

四 更加科学有效地防治腐败的关键点：加强制度建设，把权力关进制度的笼子里

"在所有使人类腐化堕落和道德败坏的因素中，权力是出现频率最多和最活跃的因素。"③ 权力不受监督和制约，必然导致权力的滥用和腐败的产生。正如 18 世纪法国启蒙思想家孟德斯鸠所言：

① 习近平：《更加科学有效地防治腐败，坚定不移把反腐倡廉建设引向深入》，《党建》2013 年第 2 期。
② 《两高向人大报告工作 列"打虎拍蝇"成绩单》，http：//news.china.com.cn/2014lianghui/2014－03/11/content_ 31742557.htm。
③ ［英］阿克顿：《自由与权力》，商务印书馆 2001 年版，第 342 页。

"一切有权力的人都容易滥用权力，这是万古不易的一条经验"，"要防止滥用权力，就必须以权力约束权力"①。

扬汤止沸，不如釜底抽薪。反腐败斗争的长期性、复杂性和艰巨性，决定了反腐倡廉建设需要持续不断地加强，更需要扎实细密的制度保障，还需要完善的权力监督与制约机制。"牛栏里关猫，进出自由"，原江西省副省长胡长清在剖析自己走上犯罪道路根源时所说的这句话，警醒我们必须切实加强对党员领导干部特别是高中级干部的管理监督。也就是说，全面推进惩治和预防腐败体系建设，既需要通过法律等手段严打一切业已发生的腐败行为，警示和震慑那些潜在的意欲腐败者，更需要从源头抓好预防，通过制度建设，通过建立健全权力运行的制约和监督体系，最大限度地减少体制障碍和制度漏洞，让领导干部不敢腐、不能腐、不易腐。

有鉴于此，习近平总书记提出了"把权力关进制度的笼子里"的著名论断和思想："要加强对权力运行的制约和监督，把权力关进制度的笼子里，形成不敢腐的惩戒机制、不能腐的防范机制、不易腐的保障机制。各级领导干部都要牢记，任何人都没有法律之外的绝对权力，任何人行使权力都必须为人民服务、对人民负责并自觉接受人民监督。要加强对一把手的监督，认真执行民主集中制，健全施政行为公开制度，保证领导干部做到位高不擅权、权重不谋私。"②

"把权力关进制度的笼子里"的说法，生动形象地表明我们党将进一步强化制度在防治腐败中的作用，意欲通过各种制度制约和权力监督，消除腐败滋生蔓延的条件和机会。其实早在改革开放之初，邓小平同志就深刻提出："我们过去发生的各种错误，固然与某些领导人的思想、作风有关，但是组织制度、工作制度方面的问

---

① ［法］孟德斯鸠：《论法的精神》，商务印书馆 1978 年版，第 136 页。
② 习近平：《更加科学有效地防治腐败，坚定不移把反腐倡廉建设引向深入》，《党建》2013 年第 2 期。

题更重要。……领导制度、组织制度问题更带有根本性、全面性、稳定性和长期性"，"制度好可以使坏人无法任意横行，制度不好可以使好人无法充分做好事，甚至会走向反面"①。进入新世纪新阶段以来，伴随着党和国家事业的发展，我们党不断探索反腐倡廉建设的新思路、新方法、新举措，明确提出："在坚决惩治腐败的同时，更加注重治本，更加注重预防，更加注重制度建设，拓展从源头上防治腐败工作领域。"反复强调"反腐败的成绩不仅在于发现和查处了多少腐败分子，还表现在挽救了多少干部上"。"坚决惩治腐败是我们党执政能力的重要体现，有效预防腐败更是我们党执政能力的重要标志"。

　　当前，通过制度建设防治腐败已被确认为我国防治腐败的根本途径，各单位各部门也明确提出要加强反腐制度建设和制度创新，坚持用制度管权、管事、管人，最大限度减少体制障碍和制度漏洞。同时，在"提高制度执行力，维护制度权威性"方面做了很多工作，逐步建立健全了一套反腐规章制度。

　　通过制度预防腐败这一思路的确立，标志着我们党对腐败滋生蔓延的原因和反腐败方式的认识提高到了一个新的高度。但在现实中，制度不完善与制度执行乏力现象依然存在，突出表现在有的制度缺乏配套和细化措施，不便于执行和操作；有的制度内容落后于实践，需及时进行清理、废止和修订；有的制度执行不力、落实不好，没有发挥应有的作用；一些容易滋生腐败的重要领域和关键环节还存在制度漏洞。为此，必须着力健全完善反腐倡廉的制度体系，如习近平总书记明确要求的："要继续全面加强惩治和预防腐败体系建设，加强反腐倡廉教育和廉政文化建设，健全权力运行制约和监督体系，加强反腐败国家立法，加强反腐倡廉党内法规制度建设，深化腐败问题多发领域和环节的改革，确保国家机关按照法

---

① 《邓小平文选》第 2 卷，人民出版社 1994 年版，第 333 页。

定权限和程序行使权力。"①

在中共中央政治局第五次集体学习时习近平总书记再次强调："制度问题更带有根本性、全局性、稳定性、长期性。关键是要健全权力运行制约和监督体系，让人民监督权力，让权力在阳光下运行，把权力关进制度的笼子里。要更加科学有效地防治腐败，全面推进惩治和预防腐败体系建设，提高反腐败法律制度执行力，让法律制度刚性运行。"② 这其实是对为何将权力关进制度笼子的详尽阐释，也是对如何将权力关进制度笼子的具体说明。

"把权力关进制度的笼子里"，首先要求加快建立一套体系更完善、管理更有效的制度，切实把完善体制机制作为治本之策，编织好关权力的制度笼子。党的十八大以来，反腐倡廉制度建设持续推进，各种法规政令条例密集出台。2013 年 5 月，《中国共产党党内法规制定条例》及《中国共产党党内法规和规范性文件备案规定》对外公布，迈出了用制度约束权力的重要一步；8 月，中央政治局会议审议通过了《建立健全惩治和预防腐败体系 2013—2017 年工作规划》，提出在坚决惩治腐败的同时更加科学有效地防治腐败；11 月，《党政机关厉行节约反对浪费条例》发布实施。一套从根本层面上监管权力、遏制腐败的制度"笼子"正在逐步建立。

"把权力关进制度的笼子里"，还要求加大制度的执行力，坚持制度的刚性约束，不折不扣地落实制度。因为再好再完备的制度，如果得不到切实的贯彻执行，也形同一纸空文。正如习近平总书记在党的群众路线教育实践活动工作会议上指出的："制度一经形成，就要严格遵守，坚持制度面前人人平等、执行制度没有例外，坚决维护制度的严肃性和权威性，坚决纠正有令不行、有禁不止的各种

---

① 习近平：《更加科学有效地防治腐败，坚定不移把反腐倡廉建设引向深入》，《党建》2013 年第 2 期。

② 《积极借鉴我国历史上优秀廉政文化　不断提高拒腐防变和抵御风险能力》，参见 ht-tp：//news. xinhuanet. com/mrdx/2013 - 04/21/c_ 132326977. htm。

行为，使制度真正成为党员、干部联系和服务群众的硬约束，使贯彻党的群众路线真正成为党员、干部的自觉行动。"① 为此，既要不断完善将权力关进制度笼子里的制度安排和设计，又须努力抓好规范权力运行的各项制度的执行。

五　更加科学有效防治腐败的重要举措：广泛借鉴古今中外特别是历史上优秀的廉政文化

习近平总书记在十八届中共中央政治局第五次集体学习时强调指出："深入推进党风廉政建设和反腐败斗争，需要坚持发扬我们党在反腐倡廉建设长期实践中积累的成功经验，需要积极借鉴世界各国反腐倡廉的有益做法，也需要积极借鉴我国历史上反腐倡廉的宝贵遗产。研究我国反腐倡廉历史，了解我国古代廉政文化，考察我国历史上反腐倡廉的成败得失，可以给人以深刻启迪，有利于我们运用历史智慧推进反腐倡廉建设。"②

这段论述深刻阐明了新形势下深入推进党风廉政建设和反腐败斗争，更加科学有效地防治腐败的重要举措，即广泛借鉴古今中外反腐倡廉建设的成功经验和有益做法特别是要借鉴历史上优秀的廉政文化。

一要积极借鉴世界各国反腐倡廉的有益做法。腐败问题是世界各国共同面对的历史难题，无论是发达国家还是发展中国家，都在积极探索遏制腐败的方式，并在反腐策略、制度建设以及具体执行操作等方面积累了丰富的经验。积极借鉴一些国家和地区在反腐倡廉建设方面的成功经验和重要教训，对于我们正在开展的党风廉政建设和反腐

---

① 《习近平在党的群众路线教育实践活动工作会议上的讲话》，参见 http：//bt. xinhua-net. com/2013 −08/05/c_ 116811873_ 2. htm。

② 《积极借鉴我国历史上优秀廉政文化　不断提高拒腐防变和抵御风险能力》，参见 ht-tp：//news. xinhuanet. com/mrdx/2013 −04/21/c_ 132326977. htm。

败斗争具有非常重要的价值。尤其是在腐败犯罪越来越呈现出组织化、跨国化趋势的当今时代，积极借鉴国外反腐倡廉的成功经验，不断加强国际反腐倡廉的交流合作，既成为当今世界反腐败斗争的明显趋势，也成为当前我国反腐败斗争的迫切需要和进一步推动我国反腐败斗争向纵深发展的重要举措。正如《联合国反腐败公约》中所指出的："腐败已经不再是局部问题，而是一种影响所有社会和经济的跨国现象，因此，加强国际合作预防和控制腐败是至关重要的。"[①]

二要大力继承和弘扬我国历史上反腐倡廉的宝贵遗产特别是历史上优秀的廉政文化。古人云：以铜为鉴，可以正衣冠；以人为鉴，可以明得失；以史为鉴，可以知兴替。这句话道出了历史对于当前反腐倡廉建设的重要作用。习近平总书记特别注重对历史的总结运用，将之喻为"必修课"。在2013年6月25日中央政治局第七次集体学习时指出："历史是最好的教科书。……要继续加强对党史、国史的学习，在对历史的深入思考中做好现实工作、更好走向未来，不断交出坚持和发展中国特色社会主义的合格答卷。"[②] 我国历史上反腐倡廉的政治智慧和优秀文化可谓丰富多彩：在个人的道德操守上，提倡"先天下之忧而忧，后天下之乐而乐"的高尚志节，提倡简朴生活与远大理想相结合的人生追求；在为政风格上，提倡鞠躬尽瘁、死而后已、公私分明的工作作风；在用人上，提倡尚贤用能、求贤若渴、德才并重、以德为先的用人原则。在官吏管理上，提倡从实践中、从基层中选人用人；提倡听取民众的舆论，监督官吏的选拔与为政行为；提倡防微杜渐，健全制度，以法制手段反腐倡廉。[③] 这些优秀的制度文化、思想文化和社会文化，在反腐倡廉形势依然严峻复杂的今天，都必须大力继承和弘扬。

---

① 《联合国反腐败公约暨相关重要文献资料》，中国公安大学出版社2006年版，第1页。

② 习近平：《在对历史的深入思考中更好走向未来　交出发展中国特色社会主义合格答卷》，《党建》2013年第5期。

③ 卜宪群：《继承弘扬我国历史上的优秀廉政文化》，《光明日报》2013年5月23日。

三要积极发扬我们党在反腐倡廉建设长期实践中积累的成功经验。我们党一贯高度重视党风廉政建设和反腐败斗争，建党 90 多年尤其是新中国成立 60 多年来，在长期的革命和执政实践中，我们党坚持把防治腐败贯穿于党的自身建设之中，对如何防治腐败进行了不懈的探索，形成了一系列符合我国国情的科学有效的防治腐败理论与制度，积累了许多成功的经验。譬如，我们党非常注重从思想上建设党，在实践中探讨了通过思想教育打造过硬思想的工作方法；又如，我们党很早就认识到了民主和监督在防治腐败中的作用，在 1927 年就成立了专门的党内监督机构——中央监察委员会，新中国成立前的 1945 年毛主席在同著名民主人士黄炎培谈论能否以及如何跳出"执政—腐败—垮台"的周期率时，明确指出摆脱腐败的新路就是民主；再如，我们党注重结合反腐败的形势及时调整反腐思路和方针，确立了从运动反腐到制度反腐的反腐思路，反腐方针经历了从最初的"侧重遏制"到"标本兼治、综合治理"，再到"标本兼治、综合治理、惩防并举、注重预防"。所有这些都应当成为新时期进一步推进反腐倡廉工作的思想源泉和理论宝库。

六　更加科学有效地防治腐败的出发点和落脚点：以实际成效取信于民

"得民心者得天下，失民心者失天下，人民拥护和支持是党执政的最牢固根基。人心向背关系党的生死存亡。党只有始终与人民心连心、同呼吸、共命运，始终依靠人民推动历史前进，才能做到哪怕'黑云压城城欲摧'，'我自岿然不动'，安如泰山、坚如磐石。开展党的群众路线教育实践活动，就是要把为民务实清廉的价值追求深深植根于全党同志的思想和行动中，夯实党的执政基础，巩固党的执政地位，增强党的创造力凝聚力战斗力，使保持党的先进性和纯洁性、巩固党的执政基础和执政地位具有广泛、深厚、可靠的群众基础。"① 习近平总书记的这段论述，深刻阐明了人民群众在防治腐败中的地位和作用，一言以蔽之，人民群众是更加科学有效地防治腐败的出发点和落脚点。在任何时候任何情况下，都必须坚持党的群众路线，坚持全心全意为人民服务的宗旨，把实现人民群众的利益作为一切工作的出发点和归宿。这一思想主要包括以下几个方面的内容：

其一，防治腐败的出发点和目的是为了人民群众。作为马克思主义政党，我们党的根基在人民、血脉在人民、力量在人民。保持党同人民群众的血肉联系，是我们党无往而不胜、始终保持先进性的法宝。我们党的全部工作只有顺民意、谋民利、得民心，才能得到人民群众的支持和拥护，才能永远立于不败之地。党风廉政建设和反腐败工作亦是如此，密切关注人民群众的利益诉求，积极维护人民群众的切身利益，大力解决人民群众反映强烈的突出问题，是我们加强党风廉政建设和反腐败工作的出发点和立足点。正如习近平总书记强调指出的："我们党来自人民、植根人民、服务人民，党的根基在人民、血脉在人民、力量在人民。失去了人民拥护和支持，党的事业和工作就无从谈起。党要继续经受住执政考验、改革开放考验、市场经济考验、外部环境考验，就必须始终密切联系群众。在任何时候任何情况下，与人民同呼吸共命运的立场不能变，全心全意为人民服务的宗旨不能忘，群众是真正英雄的历史唯物主义观点不能丢，始终坚持立党为公、执政为民。"② 在中共中央政治局第五次集体学习时，习近平总书记再度阐明了这一思想："我们党把党风廉政建设和反腐败斗争提到关系党和国家生死存亡的高度来认识，是深刻总结了古今中外的历史教训的。核心的问题是党要始终紧紧依靠人民，始终保持同人民群众的血肉联系，一刻也不脱

---

① 《习近平在党的群众路线教育实践活动工作会议上的讲话》，参见 http://bt. xinhua-net. com/2013 - 08/05/c_ 116811873_ 2. htm。

② 同上。

离群众。要做到这一点，就必须下最大气力解决好消极腐败问题，确保党始终同人民心连心、同呼吸、共命运。"① 深入反腐，才能取信于民，这也是我们党反复强调"切实解决发生在群众身边的不正之风和腐败问题"，"以保持党同人民群众的血肉联系为重点加强作风建设"的重要原因。

其二，防治腐败必须依靠群众。把党的群众路线运用到党风廉政建设和反腐败斗争中，依靠群众力量防治腐败是我们党的一大政治优势。防治腐败单纯凭借职能部门的努力是远远不够的，必须依靠人民群众的支持和参与，这既是对我国反腐倡廉建设历史的经验总结，也是当前反腐倡廉建设现实的根本要求。回顾历史，我们党始终强调"人民群众对领导机关的监督"；放眼世界，大凡清廉国家，人民群众对各种腐败现象都保持着高度警惕。历史和现实充分表明：防治腐败不仅仅是政府和执政党的责任，更是广大人民群众的共同任务，因为人民的眼睛是雪亮的，他们对领导干部的一言一行、功过是非看得最清楚，最有发言权；他们反对腐败的决心最坚定、态度最明确。只有充分调动人民群众，充分保障人民群众对腐败现象的监督权，才能使腐败现象无处藏身。正如习近平总书记深刻指出的："群众的眼睛是雪亮的。党员、干部身上的问题，群众看得最清楚、最有发言权。"②

其三，防治腐败必须健全人民群众参与防治腐败的体制机制。防治腐败要取得明显成效，必须充分发挥广大人民群众的力量，破除那种认为"防治腐败只要领导重视，专门机关努力就足够了"的思想认识，积极建立健全人民群众支持和参与防治腐败的机制。如何在不搞群众运动的情况下，切实发挥人民群众防治腐败的主体作用，是更

---

① 《积极借鉴我国历史上优秀廉政文化　不断提高拒腐防变和抵御风险能力》，参见 ht-tp：//news. xinhuanet. com/mrdx/2013 – 04/21/c_ 132326977. htm。

② 《习近平在党的群众路线教育实践活动工作会议上的讲话》，参见 http：//bt. xinhua-net. com/2013 – 08/05/c_ 116811873_ 2. htm。

加科学有效地防治腐败必须破解的一大理论问题。为此，一方面，要进行广泛深入的宣传发动，通过教育使领导干部从思想上牢固树立"只有深入贯彻党的群众路线，充分发扬人民民主，才能取得防治腐败斗争胜利"的思想；使广大群众从思想上深刻认识到自己在预防腐败工作中的责任感、使命感，自觉地从各自的实际出发，积极参加到预防腐败的斗争中，形成一种对于腐败现象"人人得而诛之"、人民群众积极主动参与的社会氛围。另一方面，要积极畅通群众在法律规定范围内有序参与预防腐败的渠道，不仅要让广大人民群众知晓反腐倡廉制度体系建立的战略任务，而且要使人民群众能够通过简洁、便利、高效的机制，积极主动地参与到防治腐败的过程中。

其四，防治腐败的效果要以人民群众的满意度、信任度为评判标准。"检验我们一切工作的成效，最终都要看人民是否真正得到了实惠，人民生活是否真正得到了改善，这是坚持立党为公、执政为民的本质要求，是党和人民事业不断发展的重要保证。"① 党的作风有无好转？防治腐败的效果是否显著？要以人民群众是否真正满意为评判和检验标准，这是坚持党的群众路线、群众观点的题中应有之义。习近平总书记在多个场合反复强调了这一思想。"作风是否确实好转，要以人民满意为标准"，"让全党全体人民来监督，让人民群众不断看到实实在在的成效和变化"，"为政清廉才能取信于民。秉公用权才能赢得人心"，"不断铲除腐败现象滋生蔓延的土壤，以实际成效取信于民"，"对损害群众权益的失职渎职和违纪违法行为，要坚决查处，决不姑息"，所有这些都充分彰显了党中央对党执政使命的坚定担当，对人民群众热切期盼的果断回应，充分体现了党中央关注民生、体察民意的亲民执政风格。

从习近平总书记关于如何更加科学有效地防治腐败的一系列新思想、新观点、新论断中可以看出，新一届党中央防治腐败的决心

---

① 习近平：《全面贯彻落实党的十八大精神要突出抓好六个方面工作》，《求是》2013年第1期。

更加坚定、目标更加明确、思路更加清晰、举措更加具体、重点更加突出。习近平总书记在对如何更加科学有效地防治腐败思想的论述中，科学分析了当前反腐倡廉的形势，深刻阐述了加强党风廉政建设和反腐败斗争的重要性、紧迫性，明确提出了2013年党风廉政建设和反腐败工作的主要任务、总体要求、工作重点。这充分体现了党中央对共产党执政规律和反腐倡廉规律的深刻洞察，对国家和民族命运的强烈忧患，对共产党执政使命的坚定担当，对广大人民群众热切期盼的果断回应，具有很强的现实针对性和指导性，是新时期做好反腐倡廉工作的宣言书和动员令。在习近平总书记更加科学有效地防治腐败思想的指导下，2013年党和国家既重拳治标，继续保持惩治腐败的高压态势，以"零容忍"的态度坚持"老虎""苍蝇"一起打；又着力治本，密集出台了从中央八项规定到"公务接待管理规定"等各种法规政令，编织"制度笼子"对权力运行进行监督制约。党的十八大以来一个个案件的查处、一条条政令的出台、一组组数字的公布，既展示了我们党防治腐败的鲜明态度和坚强决心，又体现了在习近平总书记更加科学有效防治腐败思想指导下我国反腐倡廉建设取得的显著成效。

坚持党性和人民性的统一

◎ 戴立兴[*]

党的十八大以来，习近平总书记发表了一系列重要讲话，涉及改革发展稳定、内政外交国防、治党治国治军各个方面，立意高远，博大精深，贯穿着马克思主义世界观和方法论，体现出高度的政治责任、鲜明的人民立场、严谨的求实精神，是我们武装头脑、指导实践、推动工作的强大武器和科学指南。其中，习近平总书记在 2013 年 8 月 19 日全国宣传思想工作会议上对党性和人民性作出明确阐释，并强调指出："党性和人民性从来都是一致的、统一的。"这一重要论述，澄清了人们在党性和人民性关系上的模糊认识，为宣传思想工作在新的历史时期、新的舆论格局中更好地体现党的主张、更好地反映人民心声指明了方向；对于凝聚全党全国各族人民的意志和力量，推进党和人民的事业，同心共筑中华民族伟大复兴中国梦，具有重要意义。

一　何谓党性和人民性，为何要重提党性和人民性问题

党性和人民性从来都是一致的、统一的，这个重大论断有充分

---

* 戴立兴，中国社会科学院马克思主义研究院研究员。

的历史和事实依据。

　　党性概念是马克思和恩格斯首先提出来的。1847 年，马克思和恩格斯指导第一个无产阶级政党——共产主义者同盟的非正式机关报《德意志—布鲁塞尔报》，在给读者的公开信中明确表示，它是一份彻头彻尾的党派性报纸，如果有人认为它应该是无党派性的，那是对它最大的侮辱。这里用的"党派性"，实质上指的就是该报应有的党性。最早明确界定党性概念的是列宁。1905 年，列宁在《党的组织和党的出版物》一文中把"党性"概念具体化，鲜明地提出，党的报刊是党的事业的一部分；党的报刊一分钟也不能站在党的队伍之外，不同党保持组织上的关系的党的报刊一律不得存在。

　　人民性概念最早出现在俄罗斯文学领域之中，第一个使用这一概念的人叫维严捷姆斯基，他在 1819 年给著名作家屠格涅夫的信中提出了"人民性"问题。沙皇俄国和苏联时代的文学界曾广泛讨论和争执过"人民性"问题。马克思曾经把"人民性"概念移植到无产阶级新闻学领域，他在 1842 年发表的《第六届莱茵省议会的辩论》一文说过："自由出版物的人民性，……它的历史个性以及那种赋予它以独特性质并使它表现一定的人民精神的东西，——这一切对诸侯等级的辩论人说来都是不合心意的。"马克思认为，报刊应该生活在人民当中，它真诚地和人民共患难、同甘苦、齐爱憎。不过，据胡乔木同志考证：此处的"人民性"，按德文原意，还可译为"民族性""大众化"，且唯独此次，以后再未使用过上述"人民性"概念。毛泽东同志在 20 世纪 50 年代曾使用过"人民性"概念，他在修改一篇文章中指出："中国教育史有人民性的一面。"经典作家所指的新闻事业的党性和人民性是一致的。无产阶级政党主办的报刊在新闻活动中要贯彻和体现无产阶级及其先锋队共产党的意志。这种贯彻和体现，理所当然地包括用新闻手段反映人民精神，报道人民创造历史的伟大实践，表达人民的意见、要求和愿望。

党性和人民性的关系，本来是一个有着明确答案的问题。早在20世纪40年代，我们党就提出了报刊的党性问题。毛泽东同志曾撰写《增强报刊宣传的党性》等重要文献，阐述和强调新闻工作的党性原则。1942年4月《解放日报》改版，在《致读者》中总结党报工作的四项原则，提出把党性放在第一位。1947年，针对国民党挑起的内战，在重庆出版的党中央机关报《新华日报》就以宣示其人民性来彰显代表中国最广大人民利益的政治立场。当年1月11日，《新华日报》发表《检讨与勉励》一文指出："新华日报是一张党报，也就是一张人民的报，新华日报的党性，也就是它的人民性。"这也是党的新闻史上第一次公开申明党性和人民性是一致的。新中国成立后，我们党一直强调党性和人民性的统一。1956年7月1日，《人民日报》改版，党中央明确批示：《人民日报》应该强调它是党中央的机关报又是人民的报纸。

然而，改革开放以来，有关错误观点及其争论不时出现，甚至在一些人那里，变得"复杂而敏感"。1979年春，在拨乱反正中召开的全国新闻工作者座谈会上，有人提出了"党报的党性和人民性的问题"，引起了一场激烈争论。有人提出"人民性高于党性"等观点，当时在国内新闻界产生了很大的不良影响。对此，中央高度重视，党和国家领导同志先后对此类错误观点进行了严厉批评。1982年3月11日，主管宣传工作的胡乔木同志亲自撰写《关于新闻工作的党性和"人民性"问题》一文指出："共产党的党性，只能来源于无产阶级的阶级性，来源于科学社会主义思想。""党性来源于人民性又高于人民性的说法难以成立。"1983年10月12日，邓小平同志在党的十二届二中全会上明确指出，"思想战线不能搞精神污染"，"在党性和人民性的问题上提出违反马克思主义的说法"，不是使"马克思主义向前发展，而是向后倒退"。1989年11月28日，江泽民同志在新闻工作研讨班上强调："提出'人民性'

高于党性，实质就是要否定和摆脱党对新闻事业的领导。""事实上，被坚持搞资产阶级自由化的人所把持的新闻单位，根本不是代表人民利益、传播人民的声音的喉舌，而成了违背人民意志，制造反对党、反对社会主义制度的舆论的工具。"2011 年 7 月 1 日，胡锦涛同志在庆祝中国共产党成立 90 周年大会上提出："以人为本、执政为民是我们党的性质和全心全意为人民服务根本宗旨的集中体现，是指引、评价、检验我们党一切执政活动的最高标准。"这一党执政的最高标准，彰显了党性和人民性的高度统一。

当前，我国已进入全面建成小康社会的决定性阶段，正处于发展关键期、改革攻坚期、矛盾凸显期，短期矛盾和长期矛盾叠加，结构性因素和周期性因素并存，国际问题和国内问题相互影响，各种潜在的风险和困难此起彼伏，党性和人民性再次成为敏感话题。前不久，有人问"你是替党讲话，还是替老百姓讲话"；"你是站在党的一边，还是站在群众的一边"？在这些人看来，党性和人民性是对立的，讲党性是对党的领导机关负责，讲人民性才是对人民群众负责。此外，还有人振振有词地说人民群众人数超过党员人数，所以人民性大于党性。在这些人看来，人民性高于党性，应当把人民性置于党性之上。这类似是而非、混淆视听的说法还有不少。对此，习近平总书记在全国宣传思想工作会议上严肃指出，这"都是不正确的、错误的，必须加以廓清和纠正"。同时，他对党性和人民性的关系问题作出深刻阐述，"从本质上说，坚持党性就是坚持人民性，坚持人民性就是坚持党性，党性寓于人民性之中，没有脱离人民性的党性，也没有脱离党性的人民性"，并强调"把党性和人民性割裂开来、对立起来、搞碎片化，在理论上是错误的，在实践上也是有害的"。

回顾我们党关于党性和人民性的表述，可以得出两点结论：第一，我们党坚持党性和人民性一致的立场是一贯的，不论是在战争年代、建设时期，还是在改革开放时期，坚持这种统一观始终如一；第二，尽管在一段时期内，人民性的概念被一些人注入了模糊的、错误的解释，与党性割裂开来，但这不是人民性概念本身的过错。我们要正本清源，还人民性以本来面目，进一步坚定在党性和人民性问题上的统一观。

二　坚持党性就要坚持正确政治方向，站稳政治立场，遵守政治纪律

党性，是指一个政党固有的本质特性。共产党的党性是无产阶级利益的最高而集中的表现。中国共产党以实现共产主义的最终目的和中华民族伟大复兴的中国梦为奋斗目标，以全心全意为人民服务为根本宗旨。这是中国共产党党性原则的集中表现和基本核心，也是党性和人民性相统一的内在根据。习近平总书记在全国宣传思想工作会议上对党性概念作了与时俱进的阐释，他说："坚持党性，核心就是坚持正确政治方向，站稳政治立场，坚定宣传党的理论和路线方针政策，坚定宣传中央重大工作部署，坚定宣传中央关于形势的重大分析判断，坚决同党中央保持高度一致，坚决维护中央权威。所有宣传思想部门和单位，所有宣传思想战线上的党员、干部都要旗帜鲜明坚持党性原则。"

首先，坚持党性，是由党的性质和宣传思想工作本质决定的，其核心就是坚持正确政治方向，站稳政治立场，坚定宣传党的理论和路线方针政策，坚定宣传中央重大工作部署，坚定宣传中央关于形势的重大分析判断，坚决同党中央保持高度一致，坚决维护中央权威。这就要求我们必须努力站稳正确的政治立场，强化政治意识，自觉履职尽责，兢兢业业地为党和人民的伟大事业工作，始终坚定地站在党性和党的原则的立场上想问题、办事情、抓落实。

其次，坚持党性，就是要站稳正确的政治立场，站在党性和人民性的立场上，紧密团结在以习近平同志为核心的党中央周围，维

护党和人民的利益，维护党和全国各族人民的团结，时刻把立足点放在绝大多数人民群众一边，敢于同一些错误观点、煽动言论、虚假谣言做斗争，去伪存真、正本清源，正确引导社会舆论，讲政治、顾大局。在任何时候、任何情况下都旗帜鲜明、立场坚定，始终对党绝对忠诚、与党同心同德。

最后，坚持党性，就是要强化政治意识，以坚定果敢的政治信念、顾全大局的政治态度、思维超前的政治眼光，守住意识形态的一方阵地。这就要不断强化政治意识，努力增强政治鉴别力和政治敏锐性。

需要强调的是，讲党性，必须要遵守政治纪律，同党中央在政治上保持高度一致。习近平总书记在第十八届中央纪委第二次全会上的讲话中强调，要"严明政治纪律，自觉维护党的团结统一"。政治纪律是党的各级组织和全体党员在政治方向、政治立场、政治言论、政治行为方面必须遵守的规矩，是维护党的团结统一的根本保证，是党的组织、宣传、群众、财经、外事、保密等各方面纪律的政治基础，是我们党最重要、最根本、最关键的纪律。政治纪律严明，全党才能在政治上高度统一、行动上步调一致，才能团结带领全国各族人民全面建成小康社会、夺取中国特色社会主义新胜利。习近平总书记的这一论述，抓住了党的纪律建设的要害，揭示了党的纪律建设的规律，完全符合实际。

现代政党就是为了共同的政治目标而组成的政治组织，必须有政治上的规矩来维护本党目标的实现。一个政党如果没有政治纪律约束，就是一群乌合之众，就会很快分崩离析。如果我们党的政治纪律成为摆设，就会形成"破窗效应"，使党的章程、原则、制度、部署丧失严肃性和权威性，党就会沦为各取所需、自行其是的"私人俱乐部"，就会失去战斗力，党的政治理想和政治目标也就无从谈起。目前，我们党的绝大多数党组织和党员干部都按照中央的要求，严格遵守政治纪律，总的情况是好的。同时也必须看到，在新的环境和条件下，有些党员、干部包括有的领导干部的政治纪律意识有所放松，有的无视民主集中制原则，在领导班子内部专横霸道，搞"一言堂"；有的对中央有关规定和指示置若罔闻，我行我素；有的公然歪曲党的历史、否定党的政治原则、诋毁党的领袖和党的优良传统；有的哗众取宠，口无遮拦当"大嘴巴"，利用网络等现代信息技术散布违反马克思主义的错误观点，等等。这些违反政治纪律的言论和行为，尽管发生在少数党员、干部身上，但在党内和社会上的影响是恶劣的，给党的事业造成的损害是严重的，必须引起高度重视，切实予以纠正和解决。

第一，每一个共产党员特别是领导干部必须自觉遵守和维护党章，按党的规矩办事。习近平总书记强调："没有规矩，不成方圆。党章就是党的根本大法，是全党必须遵循的总规矩。在各级党组织的全部活动中，都要坚持引导广大党员、干部特别是领导干部自觉学习党章、遵守党章、贯彻党章、维护党章，自觉加强党性修养，增强党的意识、宗旨意识、执政意识、大局意识、责任意识，切实做到为党分忧、为国尽责、为民奉献。"不论担任何种职务、从事何种工作，首先要明白自己是一名在党旗下宣过誓的共产党员，要服从党的组织和党的原则，自觉接受党纪的规范和监督，用入党誓言约束自己。党内绝不允许有不受党纪国法约束，甚至凌驾于党章和党组织之上的特殊党员。

第二，各级党组织和广大党员必须同党中央保持高度一致，自觉维护中央权威。各级党组织和领导干部都要牢固树立大局观念和全局意识，正确处理保证中央政令畅通与立足实际创造性开展工作的关系。针对这种情况，习近平总书记强调，各级党组织和领导干部要牢固树立大局观念和全局意识，正确处理保证中央政令畅通和立足实际创造性开展工作的关系，任何具有地方特点的工作部署必须以贯彻中央精神为前提，绝不允许在贯彻中央决策部署上打折扣、做选择、搞变通。党员干部要牢固树立责任意识，时刻绷紧政治纪律这根弦，不碰高压线、不越雷池一步。要坚决反对政治上的自由主义，令行禁止，不信谣、不传谣、不散布小道消息。要严守党和国家机密，不跑风漏气，做到不该说的话坚决不说。

第三，严守政治纪律要弘扬正气。习近平总书记在广东考察工作时曾指出："工作作风上的问题绝对不是小事，如果不坚决纠正不良风气，任其发展下去，就会像一座无形的墙把我们党和人民群众隔开，我们党就会失去根基、失去血脉、失去力量。改进工作作风，就是要净化政治生态，营造廉洁从政的良好环境。"要有同歪风邪气作斗争的勇气，对违背党的政治纪律的言行，坚决抵制、勇于斗争，决不能视而不见、装聋作哑。党的政治纪律建立在广大党员高度自觉的基础之上。要自觉遵守党内政治生活准则和党的组织原则，有不同意见，可在党内进行讨论，通过正常渠道向党组织反映，决不能随意在党外扩散。

第四，党的各级组织要自觉担负起执行和维护政治纪律的责任，全面了解把握本地区本部门维护党的政治纪律情况，加强对党员遵守政治纪律的教育，促使广大党员干部坚定中国特色社会主义道路自信、理论自信、制度自信。对大是大非问题要有坚定立场，对背离党性的言行要有鲜明态度，不能听之任之、置身事外。发现触犯政治纪律的苗头性倾向性问题要及时提醒和纠正，对违反政治纪律的行为要坚决制止。

第五，党的各级纪律检查机关要把坚决维护党的政治纪律放在首位，加强对政治纪律执行情况的监督检查，对违反政治纪律的行为，要抓住典型，严肃处理，以儆效尤，确保全党纪律严明，为实现全面建成小康社会奋斗目标提供坚强保证。

总之，遵守党的政治纪律，最核心的就是坚持党的领导，坚持党的基本理论、基本路线、基本纲领、基本经验、基本要求，在思想上政治上行动上同以习近平同志为核心的党中央保持高度一致。自觉维护以习近平同志为核心的党中央的权威，自觉维护党的集中统一,是党的事业发展的客观需要,是全党全国各族人民最高利益之所在。实践反复证明,一个政党,不严明纪律,必然分崩离析。苏共在 20 万人时建国、200 万人时卫国、2000 万人时却亡国,为什么?一个重要原因就是,政治纪律被动摇了,党员离心离德,党组织各行其是。殷鉴不远,面对前所未有的现代化道路,面对世所罕见的困难和风险,我们尤须严明政治纪律,才能摆脱历史周期律,形成全党上下步调一致、奋发进取的强大力量。

三 坚持人民性,要真正代表群众、依靠群众、服务群众,做到为民务实清廉

人民性,则是不同阶级、阶层公众的共同的根本利益的体现,也就是反映人民大众的思想、感情、愿望和利益的一种特性。在我们党 90 多年历史征程中,镌刻在党的旗帜上始终不变的是"人民"二字,我们党成长壮大的根本是人民,从胜利走向胜利的法宝也是人民。坚持人民性,是党的宗旨性质的本质要求。因此,从本质上说,坚持党性就是坚持人民性,坚持人民性就是坚持党性,党性寓于人民性之中,二者有机统一,密不可分。它们统一于党的根本任务和根本目标上,统一于党所倡导、主张的思想和实践活动中。当前,就是统一于实现"两个一百年"奋斗目标中,统一于实现中华民族伟大复兴的中国梦的生动实践之中。

在习近平总书记系列重要讲话中,讲得最多的是人民,讲得最深的是党同人民的关系。习近平总书记在全国宣传思想工作会议上对人民性概念作了更加具体的阐释,他说:"坚持人民性,就是要把实现好、维护好、发展好最广大人民根本利益作为出发点和落脚点,坚持以民为本、以人为本。要树立以人民为中心的工作导向,把服务群众同教育引导群众结合起来,把满足需求同提高素养结合起来,多宣传报道人民群众的伟大奋斗和火热生活,多宣传报道人

民群众中涌现出来的先进典型和感人事迹，丰富人民精神世界，增强人民精神力量，满足人民精神需求。"这些论述，为我们坚持党的群众路线，保持党同人民的血肉联系，坚持人民利益至上，实现好、维护好、发展好人民群众的根本利益，切实解决好"为了谁、依靠谁、我是谁"的根本问题指明了方向，提出了要求。

第一，坚持人民性，要真正代表群众。习近平总书记指出，我们党是全心全意为人民服务、代表中国最广大人民根本利益、来自人民为了人民的马克思主义政党。代表群众是我们党作为无产阶级政党的性质和宗旨所决定的，是坚持党性和人民性统一的重要前提。

从我们党的历史来看，代表群众是我们党一脉相承、一以贯之的基本观点。毛泽东同志早在革命战争时期就提出，我们的党员只有反映大多数人的意见，并为他们的利益而工作时，党和人民的关系才是健康的。改革开放以后，邓小平同志强调，群众是我们力量的源泉，群众路线和群众观点是我们的传家宝。以江泽民同志为核心的党中央第三代领导集体提出"三个代表"重要思想，其中最核心、最本质的要求，就是党要始终代表中国最广大人民的根本利益。以胡锦涛同志为总书记的党中央强调，始终站在人民立场上而不是站在个人、少数人立场上说话办事，始终代表最广大人民根本利益而不是代表某个人、某一部分人利益，是决定人心向背、事业成败的关键。

从我们党的性质看，代表群众是我们的执政基础，也是执政合法性的根源。党的十六大修订党章时提出"中国共产党是中国工人阶级的先锋队，同时是中国人民和中华民族的先锋队"，突出强调党要代表广大人民群众。政党是资本主义社会的产物，西方资本主义国家实行多党制，每个政党都是特定群体的代言人，但代表的都是少数人，而非绝大多数人。我国实行社会主义制度，采用的也是政党政治，但与西方国家截然不同的是，中国共产党是唯一合法的执政党，代表中国最广大的人民群众的利益，否则党就失去了存在的前提。苏东剧变前夕，有一家苏联媒体作过调研，结果85%的人认为苏共代表的是官僚阶层。这从反面说明，如果一个党不代表人民，就离消亡之日不远了。因此，只有代表最广大的人民群众，了解和反映群众的心声，我们党才有执政的合法性，才能得到广大人民的支持。

第二，坚持人民性，要真正依靠群众。习近平总书记指出，"人民群众是我们力量的源泉。我们深深知道，每个人的力量是有限的，但只要我们万众一心、众志成城，就没有克服不了的困难；每个人的工作时间是有限的，但全心全意为人民服务是无限的。责任重于泰山，事业任重道远。我们一定要始终与人民心心相印、与人民同甘共苦、与人民团结奋斗，夙夜在公，勤勉工作，努力向历史、向人民交出一份合格的答卷"。坚持人民性，就是要把实现好、维护好、发展好最广大人民根本利益作为出发点和落脚点，必须解决好"为了谁、依靠谁、我是谁"这个根本问题。依靠群众是我们党做好各项工作的根本，是坚持党性和人民性统一的关键所在。

无论是革命、建设还是改革时期，始终依靠群众都是我们党领导各项事业成功的重要经验。毛泽东同志在阐释马克思主义的认识论时谈到，在党的一切实际工作中，凡属正确的领导，必须是从群众中来，到群众中去。整个过程都离不开人民群众，都要紧紧依靠人民群众。新中国成立后，我们党坚持群众路线，强调党的领导的好坏关键在于能否依靠群众。改革开放新时期，面临着社会主义现代化建设极其艰巨复杂的任务，我们党提出，只有紧紧依靠群众，密切联系群众，随时听取群众的呼声，了解群众的情绪，代表群众的利益，才能形成强大的力量，顺利地完成自己的各项任务。

在早期我们党比较弱小的时候，依靠群众是一个无须讨论的事情，因为脱离了群众，党的生存就会成问题；我们能够取得革命战争的胜利，也是因为我们紧紧依靠群众的力量。进入到建设和改革时期后，党的队伍不断壮大，建立了完整的组织体系和各级政府，我们党更要深刻认识到，这些组织体系的权力根源是人民群众，根本的依靠力量也是人民群众。因此，我们党必须问政于民、问需于民、问计于民，从人民群众伟大实践中汲取智慧和力量。

第三，坚持人民性，要真正服务群众。习近平总书记指出，要树立以人民为中心的工作导向，把服务群众同教育引导群众结合起来。全心全意为人民服务是我们党的宗旨，也是坚持党性和人民性统一的目的和宗旨。

在革命战争时期，我们党就强调，一切工作干部，不论职位高低，都是人民的勤务员，我们所做的一切，都是为人民服务。这些是我们的出发点，也是我们赢得革命战争胜利的重要法宝。新中国成立后，党成为执政党，"因为革命胜利了，有一部分同志，革命意志有些衰退，革命热情有些不足，全心全意为人民服务的精神少了"。我们党清醒地认识这些现象，通过制度来保证群众路线的贯彻落实。改革开放以来，我们强调，党之所以有力量，就是我们始终紧紧依靠人民群众，始终诚心诚意为人民谋利益，这个根本问题任何时候都不能忘记。我们党作为执政党，如何更好地服务群众，特别是把握好当前和长远的群众利益诉求之间的关系，是摆在我们面前的重要课题。正如习近平总书记所说："我们要坚持党的群众路线，坚持人民主体地位，时刻把群众安危冷暖放在心上，及时准确了解群众所思、所盼、所忧、所急，把群众工作做实、做深、做细、做透。要正确处理最广大人民根本利益、现阶段群众共同利益、不同群体特殊利益的关系，切实把人民利益维护好、实现好、发展好。要认真贯彻落实中央各项惠民政策，把好事办好、实事办实，让群众时刻感受到党和政府的关怀。"首先要清晰认识到党和群众是服务和被服务的关系，我们所有的政策都要服务于人民群众最根本的利益，同时还要最广泛地集中群众的智慧，领导国家和社会向前发展，这是群众利益的更大体现。因此，我们必须坚持党性和人民性相统一，把体现党的主张和反映人民心声统一起来，不断提高全心全意为人民服务的质量和水平。

党的十八大要求全党"把握时代发展要求，顺应人民共同愿望"，实现"两个一百年"奋斗目标。习近平总书记指出："人民对美好生活的向往，就是我们的奋斗目标。"这充分表明，党和人民有着一致追求和共同目标。

第四，坚持人民性，要真正做到为民务实清廉。群众路线是我们党的生命线和根本工作路线，作风建设的核心是密切党同人民群众的血肉联系。习近平总书记深刻阐述了开展党的群众路线教育实践活动的重大意义，明确提出这次活动以集中解决"四风"问题为主要任务，以"照镜子、正衣冠、洗洗澡、治治病"为总要求，把以整风精神开展批评和自我批评贯穿活动始终。为此，习近平总书记向全党提出："我们要牢记全心全意为人民服务的根本宗旨，认真组织开展以为民务实清廉为主要内容的党的群众路线教育实践活动，始终保持同人民群众的血肉联系，牢固树立正确政绩观，多做打基础、利长远的事，不搞脱离实际的盲目攀比，不搞劳民伤财的'形象工程'、'政绩工程'，坚决反对形式主义、官僚主义。要坚持真理，坚持原则，真抓实干，勇于担当，言必信、行必果，真正做到对历史和人民负责。要自觉遵守廉政准则，严于律己，廉洁自律，正确行使人民赋予的权力，自觉接受监督，乐于接受监督。要严格管好自己的亲属和身边工作人员，坚决反对一切消极腐败现象，坚决不搞特权，始终保持共产党人清正廉洁的政治本色。要深入抓好反腐倡廉工作，坚持有案必查、有腐必惩，任何人触犯了党纪国法都要依纪依法严肃查处，决不姑息，党内决不允许腐败分子有藏身之地。"这样的要求切中了要害、抓住了关键，是践行人民性的生动体现。

四　坚持党性和人民性相统一

党性和人民性是一致的、统一的，根本原因就在于党和人民的关系是一致的、统一的。

一方面，党性和人民性相统一的客观基础源于党和人民在利益上的高度一致。中国共产党是全心全意为人民服务、代表中国最广大人民根本利益、来自人民为了人民的马克思主义政党。90 多年来，在党带领人民实现民族解放、建设社会主义、开辟中国特色社会主义道路、迎来中华民族伟大复兴的进程中，党和人民始终是休戚与共的命运共同体，这是党性和人民性高度统一的根本前提。始终和人民群众在一起，同呼吸、共命运、心连心，是中国共产党人的政治品格、政治优势，是党的群众观点、群众路线，是党安身立命的基石。正如习近平总书记指出的："从本质上说，坚持党性就是坚持人民性，坚持人民性就是坚持党性，党性寓于人民性之中，没有脱离人民性的党性，也没有脱离党性的人民性。"

另一方面，党性和人民性相统一的客观基础源于党和人民在目标上的高度一致。在现阶段，就是坚持和发展中国特色社会主义。党的十八大报告强调，全党要"把握时代发展要求，顺应人民共同愿望"，实现"两个一百年"奋斗目标。习近平总书记说："人民对美好生活的向往，就是我们的奋斗目标。"这充分表明，党和人民群众有着一致的追求和共同的目标。党与人民群众奋斗目标的一致性，是我们党宝贵的政治优势和政治财富。

在党性和人民性的问题上，一些错误认识的根源在于不了解或否认党性和人民性在利益、目标方面的高度一致性，以部分代替整体、个别代替一般。正如习近平总书记指出的："不能简单从某一级党组织、某一部分党员、某一个党员来理解党性，也不能简单从某一个阶层、某部分群众、某一个具体人来理解人民性。"否定党性和人民性的整体性并以此将两者分割和对立，在理论上不仅站不住脚，在实践中也是极其有害的。

比如，以党在历史上的某些挫折、失误或错误为理由，把党性和人民性割裂和对立起来。党在为实现人民群众根本利益而奋斗的历史进程中，在特定时期或阶段的确走过弯路，出现过失误和错误，甚至有的还比较严重。但这些失误和错误，不能成为贬损党性、割裂对立党性与人民性的理由。党在领导人民群众、为人民利益奋斗的历史过程中出现的失误、错误，毫无疑问不符合人民的利益和人民性；但同样毫无疑问的是，这些失误、错误也背离了党的从实际出发、实事求是的思想路线，背离了党性。更重要的在于，为了人民的利益，勇敢面对和彻底纠正了失误和错误，坚持真理，修正错误，这恰恰体现中国共产党人的坚强党性，恰恰是党性和人民性相一致、相统一的反映。

又如，以党内存在的某些消极腐败现象和形式主义、官僚主义、享乐主义以及奢靡之风等问题为理由，把党性和人民性割裂和对立起来。党内存在的以权谋私的消极腐败现象，显然是和党的性质宗旨背道而驰的，和党性格格不入的；同样也是和人民的根本利益背道而驰的，和人民性格格不入的。但无限夸大党内消极腐败现象的倾向，看不到我们党反腐倡廉的坚强决心、有力措施和显著成绩，抹黑我们党，贬损党性，把党性和人民性割裂对立起来，从而否定党的领导，这样的态度也是错误的。

针对以上问题，坚持党性与人民性相一致、相统一的根本原则，必然要求在各个领域、各项工作中始终坚持对党负责与对人民负责的一致性。具体来讲，要正确认识和处理好以下几个关系：

一是必须把围绕中心、服务大局与贴近实际、贴近生活、贴近群众统一起来。新形势下，坚持和发展中国特色社会主义、实现中华民族伟大复兴的中国梦，是全党全国各族人民的共同理想，是当代中国发展进步的鲜明主题。宣传思想工作必须牢牢把握这个主题、聚焦这个主题，把加强中国特色社会主义和中国梦的宣传教育，作为巩固壮大主流思想舆论的核心内容。要围绕经济建设这个中心，加强研判和谋划，加强舆论宣传力度，为改革发展稳定大局营造良好的思想舆论环境。要紧紧围绕全面建成小康社会、夺取中国特色社会主义新胜利这一奋斗目标，胸怀大局、把握大势、着眼大事，找准工作切入点和着力点，做到因势而谋、应势而动、顺势而为。同时，也要克服宣传报道脱离生活、不接地气、同群众贴得不够紧的问题，在贴近实际、贴近生活、贴近群众中开创宣传思想工作新局面。

　　二是必须把坚持党的舆论导向与树立以人民为中心的工作导向统一起来。党的舆论导向代表正确的政治方向和政治立场，体现的是党性的核心，要求我们坚持团结稳定鼓劲、正面宣传为主的方针，巩固壮大主流思想舆论，弘扬主旋律，传播正能量，激发全社会团结奋进的强大力量。弘扬主旋律，人民的思想就有了主心骨；传播正能量，人民的事业就有了动力源。要大力弘扬共产党好、社会主义好、改革开放好、伟大祖国好、各族人民好的时代主旋律，传播有利于振奋人民精神、凝聚民族力量、推动社会进步的正能量，为民族复兴大业鼓劲扬帆。要自觉摒弃以自我为中心的导向，摒弃片面迎合部分受众、迎合市场需要的舆论偏向，摒弃在简单化、庸俗化、低俗化的潮流中随波逐流的倾向，坚持以民为本、以人为本，把服务群众同教育引导群众结合起来，把满足需求同提高素养结合起来，多宣传报道人民群众的伟大奋斗和火热生活，多宣传报道人民群众中涌现出来的先进典型和感人事迹，丰富人民精神世界，增强人民精神力量，满足人民精神需求。

　　三是必须把服务群众与教育引导群众统一起来。习近平总书记提出："实现中华民族伟大复兴，就是中华民族近代以来最伟大的梦想。这个梦想，凝聚了几代中国人的夙愿，体现了中华民族和中国人民的整体利益，是每一个中华儿女的共同期盼。"为了实现美好梦想，在党的各项工作中，必须坚持党的性质宗旨，坚持党性。但也要教育引导群众看到，我国处于并将长期处于社会主义初级阶段的国情没有变，解决发展问题，解决民生问题，既要尽力而为，又要量力而行。更重要的是，随着改革和发展的深入，利益关系不断调整，各种社会矛盾会越来越多。这就要求我们在做好服务群众工作的同时，积极宣传倡导社会主义核心价值观，用集体主义、社会主义、爱国主义思想教育引导群众正确认识和处理国家、集体与个人的关系，个人与社会、与他人的关系；正确认识和处理局部利益与全局利益、长远利益与眼前利益、根本利益与暂时利益的关系，坚持对党负责与对人民负责的一致性，把党性和人民性统一起来，营造一个人民群众共谋发展、共享和谐的良好社会环境。

四是必须把正面宣传为主与加强舆论监督结合起来。坚持团结稳定鼓劲、正面宣传为主，是宣传思想工作的重要遵循，也是坚持党性和人民性相统一的基本要求。坚持正面宣传为主，就是要旗帜鲜明地宣传科学理论，广泛深入宣传党的正确领导和中国特色社会主义事业建设取得的伟大成就，多宣传报道人民群众的生动实践和火热生活，多宣传报道人民群众中涌现出来的先进典型和感人事迹，充分展示广大人民群众的精神面貌，启迪和激励人们为实现国家富强、民族振兴、人民幸福的中国梦而不懈奋斗，充分发挥正面宣传鼓舞人、激励人的作用。坚持正面宣传为主并非不要舆论监督，而是要加强和改进舆论监督。坚持正面宣传为主和加强舆论监督是一致的、统一的，搞好舆论监督也是一种正面宣传。因此，要深入实际、深入群众，接地气、聚民意，广泛收集来自四面八方的信息，站在党和人民群众利益的立场上及时发现不足，提出问题。要积极运用信息化手段拓展舆论监督的广度和深度，不断创新和改进舆论监督方式，着力完善舆论监督机制，有效防止权力失控、决策失误、行为失范。

说到底，党性和人民性的一致性原则，是指导宣传思想工作、做好意识形态工作的世界观和方法论，只有始终以党性和人民性的统一原则来指导宣传思想工作，只有坚持宣传思想工作的具体化，才能真正为党和人民的事业带来无限正能量，保证中国特色社会主义伟大事业沿着正确的方向前进。

社会主义市场经济条件下政府和市场关系的新认识与新发展

◎ 杨　静*

党的十八大以来，习近平总书记发表了一系列有关经济体制改革方面的重要讲话，不断提出新思想新论断新要求，尤其是对经济体制改革的核心问题即处理好政府与市场关系给出了明确的定位，他在党的十八届三中全会通过的《中共中央关于全面深化改革若干重大问题的决定》（以下简称《决定》）中指出"使市场在资源配置中起决定性作用和更好发挥政府作用"。该如何深入学习、理解习近平总书记有关正确处理社会主义市场经济条件下政府和市场关系的新思想新论断新要求，把握其讲话的精神实质，及其具有的理论意义和实践意义，成为摆在我们理论研究者、社会实践者面前的一个重要课题。

一　理解政府与市场关系新定位的五个维度

处理好政府与市场关系是经济体制改革的核心问题，对此，十八届三中全会《决定》中明确给出了政府和市场关系的定位，即

* 杨静，中国社会科学院马克思主义研究院研究员。

"使市场在资源配置中起决定性作用和更好发挥政府作用",习近平总书记在《关于〈决定〉的说明》中进一步阐释了两者的关系。深入学习习近平总书记有关政府和市场关系新定位的新思想新论断新要求,把握其精神实质,可以着重从以下五个维度进行理解:

一是从历史、现实与理论相结合的维度来看,政府和市场关系的这种定位是以社会主义市场经济建设中市场调节与政府调控存在的问题为导向,由问题"倒逼"改革,由"倒逼"走向主动,实现社会主义市场经济条件下政府和市场关系理论的创新、发展和完善,具有鲜明的时代特征。习近平总书记在中共中央政治局第七次集体学习时强调,要在对历史的深入思考中做好现实工作、更好地走向未来,不断交出坚持和发展中国特色社会主义的合格答卷。同样,对于社会主义市场经济条件下政府和市场关系的这种新定位也是如此,是习近平总书记立足于社会主义市场经济条件下政府和市场关系调整的历史经验和现实问题,以社会主义市场经济建设中市场调节与政府调控存在的问题为导向,"倒逼"出改革的思路,从被动接受走向主动应对,实现社会主义市场经济条件下政府和市场关系理论的创新发展。

对此,习近平总书记在《关于〈决定〉的说明》中首先强调对于重大问题应持有的"问题意识",即"要有强烈的问题意识,以重大问题为导向,抓住关键问题进一步研究思考,着力推动解决我国发展面临的一系列突出矛盾和问题"。而当前我国社会主义市场经济建设中,市场调节与政府调控存在的问题主要在于"市场秩序不规范,以不正当手段谋取经济利益的现象广泛存在;生产要素市场发展滞后,要素闲置和大量有效需求得不到满足并存;市场规则不统一,部门保护主义和地方保护主义大量存在;市场竞争不充分,阻碍优胜劣汰和结构调整,等等。这些问题不解决好,完善的社会主义市场经济体制是难以形成的"。对于现实问题的解决,习近平总书记提出要以"问题倒逼改革","我们中国共产党人干革命、搞建设、抓改革，从来都是为了解决中国的现实问题。可以说，改革是由问题倒逼而产生，又在不断解决问题中得以深化"。不仅如此，还要从"倒逼"走向主动，提出应对之策，"面对'倒逼'的客观现实，唯有变压力为动力，深刻认识，尽早觉悟，抓紧行动，才能从'倒逼'走向主动，形成可持续的发展机制"①。对社会主义市场经济条件下政府和市场关系进行新的定位，习近平总书记认为不仅要有问题意识，还要借鉴相关的历史经验与梳理已有的理论，对此他强调："从党的十四大以来的 20 多年间，对政府和市场关系，我们一直在根据实践拓展和认识深化寻找新的科学定位。党的十五大提出'使市场在国家宏观调控下对资源配置起基础性作用'，党的十六大提出'在更大程度上发挥市场在资源配置中的基础性作用'，党的十七大提出'从制度上更好发挥市场在资源配置中的基础性作用'，党的十八大提出'更大程度更广范围发挥市场在资源配置中的基础性作用'。可以看出，我们对政府和市场关系的认识也在不断深化"。那么当前，以"现实问题"为导向，以史为鉴，将历史、现实与理论结合起来，对社会主义市场经济条件下的政府与市场关系"从理论上作出新的表述条件已经成熟"，"使市场在资源配置中起决定性作用和更好发挥政府作用"成为习近平总书记对政府和市场关系作出新定位，"从理论上对政府和市场关系进一步作出定位，这对全面深化改革具有十分重大的作用"。

二是从改革方向的维度来看，政府和市场关系的这种定位是以政府和市场的相关改革必须坚持社会主义市场经济改革方向为基本前提的，改革方向必须是社会主义的，而绝非新自由主义的。习近平总书记在《决定》中明确指出，"全面深化改革必须高举中国特色社会主义伟大旗帜，坚持社会主义市场经济改革方向，总目标是要完善和发展中国特色社会主义制度，推进国家治理体系和治理能

---

① 习近平：《从"倒逼"走向主动》，《之江新语》，浙江人民出版社 2007 年版，第 133 页。

力现代化"。这表明，作为全面深化改革重点的经济体制改革的核心问题，即处理好政府与市场关系也必须牢牢把握住改革的正确方向，守住改革的根本底线——那就是坚持社会主义方向，将市场在资源配置中的"基础性作用"修改为"决定性作用"，绝非意味着通过推行市场化、私有化、自由化实施新自由主义改革，而是从中国现实国情和中国特色社会主义市场经济理论发展完善的内在要求出发作出的修订。

方向决定道路，道路决定命运。不仅邓小平同志曾经一再告诫全党"在改革中坚持社会主义方向，这是一个很重要的问题"①，习近平总书记更是语重心长地告诫全党"在方向问题上，我们头脑必须十分清醒"，不管改什么、怎么改，都要明确"中国特色社会主义是社会主义而不是其他什么主义，科学社会主义基本原则不能丢，丢了就不是社会主义"。作为"牛鼻子"的经济体制改革更是如此，从坚持社会主义市场经济改革方向出发习近平总书记对处于"鼻尖"上的政府与市场关系进行的新定位，充分表明坚持社会主义方向必须是推进政府与市场改革所应遵循的基本前提。习近平总书记有关政府和市场关系的新定位，是要发展完善社会主义市场经济条件下的政府和市场关系，这就要求政府和市场的相关改革举措、过程必须坚守社会主义方向。政府和市场改革的实质是社会主义市场经济体制的自我完善、自我革新和自我发展，重在市场经济运行机制的顺畅运转及政府宏观调控的科学性和有效性，是为了更好地发挥社会主义制度的优越性，绝不是对社会主义制度的削弱和终结。一旦政府与市场改革的方向与社会主义发生偏离，滑向新自由主义，将"市场在资源配置中起决定性作用，并不是起全部作用"无限放大为"市场起决定性作用"，将会导致出现无法弥补的错误甚至颠覆性错误，在这一点上必须保持充分的清醒认识。可以

---

① 《邓小平文选》第3卷，人民出版社2008年版，第138页。

说坚持社会主义方向既是改革的根本底线，也是更好地发挥市场经济作用、彰显社会主义制度优越性的根本保障。

三是从定位内容的维度来看，政府与市场关系的这种定位表明政府和市场应各司其职，扬长避短，通过"优优"组合更好地发挥社会主义制度的优越性。习近平总书记在《关于〈决定〉的说明》中指出："发展社会主义市场经济，既要发挥市场作用，也要发挥政府作用，但市场作用和政府作用的职能是不同的。""健全社会主义市场经济体制"必须遵循"使市场在资源配置中起决定性作用"这条规律，同时强调"政府的职责和作用主要是保持宏观经济稳定，加强和优化公共服务，保障公平竞争，加强市场监管，维护市场秩序，推动可持续发展，促进共同富裕，弥补市场失灵"。这表明发展社会主义市场经济应是在政府宏观调控与市场机制相结合的条件下发展的，只不过在社会主义市场经济条件下政府和市场各有其职，所发挥的作用各有不同而已。发挥市场作用，不否定政府的作用；同样，发挥政府作用，也并不否定市场的作用，两者要共同发挥作用，不可互相替代。

在社会主义市场经济条件下发挥市场的作用，使其在资源配置中起决定性作用，在提高资源配置效率、激发市场主体创造力、拓展市场主体发展空间的同时，也要克服市场的自发性、盲目性等带来的发展弊端及导致的市场失灵。在社会主义市场经济条件下发挥政府的作用，主要是通过政府职责把社会主义制度的优越性与市场经济的活力、优势充分结合起来，同时纠正政府的宏观调控在市场经济中存在的缺位、越位以及错位问题，从"无限管理"到"有限管理"、从"有限管理"到"无限服务"，成为真正意义上的责任型政府、服务型政府，进而推动可持续发展，促进共同富裕，弥补市场失灵。因此，在社会主义市场经济条件下"使市场在资源配置中起决定性作用和更好发挥政府作用"，使市场这只"看不见的手"和政府这只"看得见的手"实现有机结合、扬长避短，使两者的优势都能够得到充分有效的发挥。只有实现"优优"组合的政府和市场，才能不断地促进社会主义市场经济体制的完善，更好地发挥社会主义制度的优越性。

四是从根本原则的维度来看，政府与市场关系的这种定位的最终目的是为了维护最广大人民群众的根本利益，实现共同富裕，而不是进一步加剧贫富两极分化。邓小平同志曾深刻地指出"社会主义的目的就是要全国人民共同富裕，不是两极分化。如果我们的政策导致两极分化，我们就失败了；如果产生了什么新的资产阶级，那我们就真是走了邪路了。总之，一个公有制占主体，一个共同富裕，这是我们所必须坚持的社会主义的根本原则。"① 共同富裕是社会主义一以贯之的根本原则。对此，习近平总书记在全面贯彻落实党的十八大精神的讲话中指出，"共同富裕是中国特色社会主义的根本原则，所以必须使发展成果更多更公平惠及全体人民，朝着共同富裕方向稳步前进"。在《决定》中他又进一步指出"坚持社会主义市场经济改革方向，以促进社会公平正义、增进人民福祉为出发点和落脚点"。"促进社会公平正义、增进人民福祉"是社会主义市场经济体制改革的出发点和最终落脚点，同样也是政府与市场关系新定位的出发点和最终落脚点。政府与市场关系的新定位必须以相关改革成果全民共享，维护最广大人民群众的根本利益，实现共同富裕为根本目的，使全体人民都能从政府与市场的相关改革发展中受益。而要想实现共同富裕，光靠市场是无法实现的。在通过市场竞争实现优胜劣汰、促进创新、提高社会创造财富效率的同时，也容易出现经济发展成果由私人资本垄断、贫富分化不断拉大等问题。这不仅需要更好地发挥政府作用，改革一些不公平、不平等的制度，让改革发展成果更多地惠及全体人民，还必须坚持公有制经济的主体地位。以公有制为主体地位的社会主义市场经济，有

---

① 中共中央文献研究室编：《邓小平年谱（1975—1997）》（下），中央文献出版社2004年版，第1032页。

助于纠正市场经济自身的盲目性、自发性和滞后性，增强市场经济运行的稳定性和协调性，维护全体人民的根本利益。对此，习近平总书记在《关于〈决定〉的说明》中强调，"我国实行的是社会主义市场经济体制，我们仍然要坚持发挥我国社会主义制度的优越性、发挥党和政府的积极作用。市场在资源配置中起决定性作用，并不是起全部作用"。

因此，遵循中国特色社会主义的根本原则，以实现共同富裕为根本目的，就内在地要求从政府和市场关系新定位出发进行的政府和市场改革绝不能弱化、瓦解公有制的主体地位，不能削弱、终结社会主义制度，更不能以"使市场在资源配置中起决定性作用"之名行私有化之实来加剧贫富的两极分化。诚如习近平总书记所说，"我们的责任，就是要团结带领全党全国各族人民，继续解放思想，坚持改革开放，不断解放和发展社会生产力，努力解决群众的生产生活困难，坚定不移走共同富裕的道路"。"我们要随时随刻倾听人民呼声、回应人民期待，保证人民平等参与、平等发展权利，维护社会公平正义，在学有所教、劳有所得、病有所医、老有所养、住有所居上持续取得新进展，不断实现好、维护好、发展好最广大人民根本利益，使发展成果更多更公平惠及全体人民，在经济社会不断发展的基础上，朝着共同富裕方向稳步前进。"

五是从方法论的维度来看，市场与政府关系的这种定位表明政府和市场的关系是辩证统一的，是一个系统的、协同的有机整体，而绝不能割裂两者关系，断章取义地理解和推进改革。习近平总书记在《决定》中定位政府和市场两者关系时，用的是"和"字而非其他字来连接、表述两者关系，即"使市场在资源配置中起决定性作用和更好发挥政府作用"，与此同时他强调了"大幅度减少政府对资源的直接配置"。一方面，以"和"字连接并表述的政府和市场作用，表明在社会主义市场经济体制改革中两者的作用要共同发挥，两者的地位同等重要。政府和市场的关系是辩证统一的，是相辅相成的一个系统，是协同的有机整体，而绝不能将两者的关系割裂开来。在社会主义市场经济条件下推进的政府和市场的相关改革，也要如同习近平总书记指出的那样，"必须更加注重改革的系统性、整体性、协同性"，"既不能以局部代替整体、又不能以整体代替局部，既不能以灵活性损害原则性、又不能以原则性束缚灵活性"①。

另一方面，市场在资源配置中起决定性作用，并不意味着政府不能在资源配置中起作用，只是要大幅度减少政府对资源的"直接"配置，政府应更多地以间接调控的手段来发挥其在资源配置中应有的作用，比如关乎民生共富的资源配置。不仅如此，习近平总书记还在《关于〈决定〉的说明》中突出强调了，"我国实行的是社会主义市场经济体制，我们仍然要坚持发挥我国社会主义制度的优越性，发挥党和政府的积极作用，市场在资源配置中发挥决定性作用，并不是全部作用"。因此，要像习近平总书记强调的那样来理解政府和市场关系的新定位，即"要防止一知半解、断章取义、生搬硬套。要防止徒陈空文、等待观望、急功近利。要注意避免合意则取、不合意则舍的倾向，破除妨碍改革发展的那些思维定势"②。那种将习近平总书记有关"使市场在资源配置中起决定性作用和更好发挥政府作用"新定位的思想片面地、断章取义地解读为"在市场对资源配置起决定性作用的基础上更好发挥政府作用"③ 的观点和行为，都是错误的，都是值得警惕和应该引起注意的。

同样需要注意的是，从全局来看，以处理好政府和市场关系为核心的经济体制改革，势必会影响到政治、文化、社会等各个领域

---

① 习近平总书记在省部级主要领导干部学习十八届三中全会精神全面深化改革专题研讨班开幕式上的讲话，2014 年 2 月 17 日，http://politics.people.com.cn/GB/n/2014/0221/c1001-24432113.html。

② 同上。

③ 高尚全：《从"基础性"到"决定性"——社会主义市场经济完善的新进程》，《北京日报》2013 年 11 月 25 日。

的改革，为其他领域的改革提供方向性的指导和依据。对此，习近平总书记指出："使市场在资源配置中发挥决定性作用，主要涉及经济体制改革，但必然会影响到政治、文化、社会、生态文明和党的建设等各个领域。要使各方面体制改革朝着建立完善的社会主义市场经济体制这一方向协同推进，同时也是使各方面自身相关环节更好适应社会主义市场经济发展提出的新要求。"可以说，对政府和市场关系新定位认识得深不深、把握得准不准、关系处理得对不对，都事关中国特色社会主义建设的成败。因此，这就要求我们必须深入地、系统地、全面地学习习近平总书记有关政府和市场关系的新思想，才能真正在落实上做到不跑偏、不片面、不变色、不变味。

二 市场在资源配置中发挥决定性作用的层次、领域

习近平总书记在《关于〈决定〉的说明》中指出："理论和实践都证明，市场配置资源是最有效率的形式。市场决定资源配置是市场经济的一般规律，市场经济本质上就是市场决定资源配置的经济。健全社会主义市场经济体制必须遵循这条规律，着力解决市场体系不完善、政府干预过多和监管不到位问题。作出'使市场在资源配置中起决定性作用'的定位，有利于在全党全社会树立关于政府和市场关系的正确观念，有利于转变经济发展方式，有利于转变政府职能，有利于抑制消极腐败现象。"从习近平总书记的讲话中可以看出，使市场在资源配置中发挥决定性作用，有利于促进资源的优化配置；有利于激发市场主体的创造力、创新力，释放其活力；有利于提高经济运行效率，从而推动社会生产向新的更高层次的领域发展。但是与此同时，市场自身的盲目性、自发性、滞后性会导致市场失灵普遍发生，对此，习近平总书记明确指出："市场

在资源配置中起决定性作用，并不是起全部作用"，"政府的职责和
作用主要是保持宏观经济稳定，加强和优化公共服务，保障公平竞
争，加强市场监管，维护市场秩序，推动可持续发展，促进共同富
裕，弥补市场失灵"。这就需要明确市场在资源配置中发挥决定性
作用的层次、领域以及方式等，不能自由放任、无限放大市场在资
源配置中发挥的决定性作用，弱化政府应有的职能，而简单模仿、
照搬西方发达国家的所谓"小政府、大社会"的经验和做法。社会
主义市场经济是社会主义制度与市场经济的有机结合，在这种条件下
"使市场在资源配置中起决定性作用"必须是在坚持社会主义方向、
以公有制经济为主体的基本前提下使其发挥决定性作用，市场资源优
化配置的最终结果要落实到解放生产力和发展生产力上来，最终目的
是为了实现共同富裕。

（一）市场在资源配置中发挥决定性作用的层次划分

一般来说，资源配置可以分为微观、宏观两个层次。从微观层
次的资源配置来看，多种资源在各个市场主体之间的配置，主要遵
循市场价值规律，通过供求机制、价格机制、竞争机制，"让一切
劳动、知识、技术、管理、资本的活力竞相迸发，让一切创造社会
财富的源泉充分涌流"①，实现资源配置最优化、效益最大化和效率
最优化，从而发挥市场的"决定性作用"。具体而言，凡是能由市
场形成价格、能由市场调节的商品供求都要让市场来决定，形成健
全的市场价格机制、供求机制。优胜劣汰的市场竞争机制，重在通
过市场竞争决定哪些企业该出局、哪些企业能胜出，在企业破产和兼
并重组的问题上坚持企业自主原则，允许跨区域、跨所有者的企业进
行兼并重组，从市场主体、市场客体、市场运行机制等多方面完善市
场在资源配置中发挥的决定性作用，从而加快现代市场体系的形成。

---

① 韩保江：《市场起"决定性作用"离不开政府改革》，《文汇报》2013 年 11 月 19
日。

同时，要让国有企业享有充分的经营决策权，让国企同民企在市场上公平参与竞争，这也是让市场在资源配置中发挥决定性作用的一种体现。

从宏观层次的资源配置来看，如供需总量的综合平衡、部门分配的比例结构、自然资源和环境的保护、社会资源的分配公平等方面，以及涉及国家社会安全、民生福利（住房、教育、医疗）等领域的资源配置，都不能完全依靠市场来调节，更不用说"决定"了。① 从把资源配置划分为微观和宏观两个层次来看，市场在资源配置中发挥决定性作用的层次主要在微观，在微观层次的资源配置要减少政府对市场主体的干预和管理，政府应简政放权、减少行政事务审批等，使市场机制在微观经济活动中对市场主体的行为能够起到有效的调节作用，当然政府也不能削弱为市场提供服务、对市场进行监管的职能。对于宏观层次的资源配置，可以引入市场机制，但是政府要发挥更大的作用，要加强政府的宏观调控和管理。从微观、宏观两个层次来看市场在资源配置中发挥的决定性作用，可以更好地理解习近平总书记提出的有关"市场在资源配置中起决定性作用，并不是起全部作用"的思想。

（二）市场在资源配置中发挥决定性作用的重点领域

使市场在资源配置中发挥决定性作用是中国特色社会主义市场经济的"市场决定论"，而非新自由主义的"市场决定论"，因此需要对市场在资源配置中的重点领域有一个清晰的界定，才能更好地贯彻落实"市场在资源配置中起决定性作用，并不是起全部作用"的指导思想。那么在哪些重点领域市场要发挥决定性作用而在哪些领域则不能呢？市场并非在全部资源配置领域发挥决定性作用，市场在资源配置中发挥"决定性"作用的领域是有重点的、有

---

① 刘国光：《关于政府和市场在资源配置中的作用》，《当代经济研究》2014 年第 3 期。

限制的，这主要取决于市场在某个领域发挥"决定性"作用能否坚持社会主义市场经济的改革方向，能否坚持以公有制为主体的社会主义基本经济制度，能否符合社会主义经济建设的长远利益，能否维护最广大人民的根本利益、让改革成果由人民共享、实现共同富裕的目标。一般说来，市场起决定性作用的领域"限于一般资源的短期配置，而非地下资源等特殊资源和一般资源的长期配置"；"文化、教育等某些非物质资源配置，只是引进适合本领域的市场机制，而非市场决定"；"在财富和收入分配领域由市场和政府各自发挥应有的调节作用，国民收入初次分配中市场作用大些，再分配中政府作用大些"①。

由此可见，市场对资源配置起决定性作用只是作为一种市场调节手段发挥作用，而非社会主义生产的最终目的。通过市场对资源配置发挥决定性作用，可以提高资源配置效率、激发市场经济主体的活力、实现利润的最大化，进一步解放和发展生产力发展水平。但是同时，市场失灵的存在，市场竞争产生的经济垄断、环境污染、收入差距扩大等问题是无法通过市场自身得到解决的，而这些是与我们促进社会公平正义、增进人民福祉的出发点和落脚点，实现共同富裕的根本目的相背离的，因此，在市场对资源配置起决定性作用的同时，我们必须要建立一个强而优的责任型政府、服务型政府。

三　更好发挥政府作用的六大职能

习近平总书记在《决定》中将政府和市场的关系定位为"使市场在资源配置中发挥决定性作用和更好发挥政府作用"，已经表明在社会主义市场经济建设中政府的作用同样必不可少，而且要更好

---

① 程恩富：《要分清两种市场决定论》，《环球时报》2013 年 12 月 10 日，http://opin-ion. huanqiu. com/opinion_ china/2013 - 12/4645519. html。

地发挥作用。在市场的微观领域，政府要做好服务和监管工作，在市场的宏观领域，如保持国民经济的正确发展方向、完善社会主义市场经济制度等，政府应发挥主导作用，而非让市场简单"决定"。

习近平总书记进一步在《决定》中指出："政府的职责和作用主要是保持宏观经济稳定，加强和优化公共服务，保障公平竞争，加强市场监管，维护市场秩序，推动可持续发展，促进共同富裕，弥补市场失灵。"习近平总书记的讲话已经很好地概括出政府在社会主义市场经济中所应发挥的职能，以此为指导，在妥善处理政府和市场关系时，可以有效避免政府在市场经济中出现的越位、错位及缺位等问题，能够更好地发挥政府作用。具体来看，以习近平总书记有关政府职能的思想为指导，可以对更好发挥政府作用的六大职能做如下的阐释：

1. 宏观经济调控职能。政府应从经济、社会发展的全局及长远利益出发，统筹兼顾各个方面，在全社会范围内对经济运行进行自觉的、有计划的调节；为了实现社会供求在总量和结构上保持基本平衡，为经济运行创造稳定的宏观环境，政府应对宏观经济运行中社会供求的矛盾进行调控；政府对生产结构进行调整、建立完善的社会生产体系、税收体系，政府应运用财政政策、货币政策对经济进行调节和管理。同等对待国外市场和国内市场，建立健全国内外市场体系，为我国企业在国外市场的发展创造一个有利的、稳定的环境。

2. 公共服务职能。政府应在教育、文化、医疗、卫生、就业、社会保障等关系国计民生和社会福利的行业发挥主导作用，这些领域可以引入市场机制，但非"决定性"作用，政府要加大对基本公共产品和服务的投入，满足社会基本需求，弥补市场失灵，促进公共服务均等化。要深化教育体制改革，变人口压力为人力资源优势；在文化领域，要加强意识形态的引领作用；在卫生领域，政府要提高公共卫生服务水平，在就业领域，完善就业服务体系，帮助困难群体就业，为普通劳动者创造良好的就业环境，等等。

3. 市场监管职能。为创造一个统一、开放、竞争、有序的市场环境，打破部门保护、行业垄断、地区封锁，防范市场风险，政府需要着力解决管理职能分割和监管力度不够的问题，政府要完善相应的市场监管法律法规，依法对市场主体及其行为进行监督和管理，加大有违规违法行为企业的生产和社会成本，使其成本远远大于其所获的收益。此外，政府还要完善监管体制，使监管手段多样化，平等保护每一位市场主体的合法权益。

4. 政府定价职能。中华人民共和国价格法对政府的定价行为作出过明确规定，如规定政府定价或政府指导价格的主要范围是：与国民经济发展和人民生活关系重大的极少数商品价格；资源稀缺的少数商品价格；自然垄断经营的商品价格；重要的公用事业价格；重要的公益性服务价格。《决定》指出："政府定价范围主要限定在重要公用事业、公益服务、网络型自然垄断环节，提高透明度，接受社会监督。"[①] 这就表明要进一步缩小、限制政府定价的范围，减少具体品种；对可以交由地方政府部门和通过市场形成价格的商品或服务可以将价格决定权下放给地方政府或者交给市场；进一步改进政府定价方法，规范政府定价行为，使得政府定价范围的缩小或被限制具有科学性、公正性和透明性。

5. 收入分配调节职能。我国实行社会主义市场经济的最终目标是为了实现共同富裕，这就需要政府通过宏观调控手段来矫正、约束、解决由市场调节收入分配带来的问题。因此，政府应综合考虑、统筹设计，以公平、公正、公开为目标着手解决收入分配差距过大及收入分配不公问题：制定收入分配改革规划，规范、调整分配秩序，增加居民收入；完善工资制度，规范初次分配秩序；完善税收体系，加强税收调节；遏制灰色收入，加强廉政建设；健全社

---

① 侯惠勤、范希春：《十八届三中全会精神十八讲》，人民出版社 2013 年版。

会保障体系，提高保障水平，等等。

6. 环境保护职能。政府为推动可持续发展，以建设美丽中国、推进生态文明为目标，必须建立合理的、有效的环境保护制度体系，以公共权益和环境保护为利益导向，把生态环境纳入政府作为责任型、服务型政府的考核评价性体系中，通过设定生态文明的目标体系、考核办法、激励机制，将环境保护、生态文明建设放在政府职能的突出位置上，并在实践中落实。

当然，为了实现上述职能的转变、更好地发挥作用，政府需要围绕政府和市场关系的新定位，一方面从理念上和体制机制上明确政府的职能取向，减少和规范政府的行政审批制度，减少政府对微观经济活动的直接干预，进一步简政放权、深化行政审批制度改革；另一方面政府应以建立责任型政府、服务型政府为目标，依法行使职权，重新规划政府职能，把原来越位的职能归位、缺位的职能补位、错位的职能调位，把政府该管的事情管好、管到位，将更多的时间、精力放到提供优质公共服务、创造良好发展环境、维护社会公平正义上来，增强政府的公信力和执行力。

四　政府和市场关系新定位的理论意义与实践意义

习近平总书记提出的社会主义市场经济条件下政府和市场关系的新定位，确立了社会主义市场经济建设中政府和市场的全新关系，为妥善处理政府和市场关系提供了一个清晰的坐标，昭示着我们党对新形势、新条件下的政府和市场关系的认识达到了一个全新的高度，实现了理论上的重大突破和实践上的重大创新，这将带来我们党治国方略的重大调整和社会主义市场经济建设的不断完善，对于坚持和发展中国特色社会主义制度，推进国家治理体系和治理能力现代化具有重要的理论意义和实践意义。

　　从理论意义来看，习近平总书记有关政府和市场关系新定位的思想是对社会主义市场经济规律认识的又一次升华，标志着我们党对政府和市场关系的认识步入了一个新阶段，我们党将以更大的政治勇气和智慧进一步推进社会主义市场经济理论的创新发展。自十一届三中全会以来，伴随改革开放的深入，我们党逐步认识到，"市场经济是与计划经济相对应的一种资源配置方式"①。通过对政府和市场作用的理论探讨，我们党逐步开始了以市场取向为主的改革探索，从以计划经济为主、市场调节为辅，到实行有计划的商品经济体制，再到计划经济与市场调节相结合，最终突破市场经济姓"资"姓"社"的理论争论，在党的十四大明确提出建立社会主义市场经济体制作为我国经济体制改革的目标，可以说，这是改革开放以来，我们党对社会主义市场经济理论认识的一个重大理论突破。党的十五大、十六大、十七大、十八大对社会主义市场经济条件下的政府和市场关系的认识不断深入，都突出强调了市场在资源配置中的"基础性作用"。党的十八届三中全会，着眼于全面深化体制改革，以习近平总书记为首的新一代领导人则以更大的政治勇气和智慧提出了"使市场在资源配置中发挥决定性作用"，将市场在资源配置中的"基础性作用"修订为"决定性作用"，实现了对社会主义市场经济规律认识的又一次升华和再一次重大理论突破，标志着我们党对政府和市场关系的认识进入了一个崭新的阶段。

　　习近平总书记有关政府和市场关系新定位的思想，为妥善处理政府和市场关系提供了一个清晰的坐标，勾勒出一幅清晰的改革路线图，政府和市场分别该做什么、不该做什么，该在哪些领域发挥作用以及如何发挥作用，可以说对政府和市场的分工要明确、职责要清晰，要通过共同发挥两者作用来推动社会主义市场经济建设。习近平总书记的这些思想，有助于各级政府更加尊重市场经济发展

---

　　①　卫兴华：《坚持社会主义市场经济的改革方向》，《光明日报》2013年11月7日。

的基本规律，发挥市场机制的正效应，促进生产效率的提升，同时有助于各级政府推动可持续发展，促进共同富裕，弥补市场失灵。

不仅如此，习近平总书记有关政府和市场关系新定位的思想还为我们科学地认识政府和市场的关系提供了理论指导，要运用历史的、辩证的、逻辑的方法去研究政府和市场关系，要注重政府和市场改革的系统性、整体性、协调性，既不能只重视发挥市场机制的调节作用，一味地要求、无限地放大市场在资源配置中全部发挥决定性作用，又不能只要政府不要市场，不放权于市场，而是要将市场的调节作用和政府的调控作用共同统一于社会主义市场经济建设中。只有科学地认识政府和市场的关系，才能不断推动社会主义市场经济理论的完善，只有完善的社会主义市场经济理论才能更好地指导我们国家的社会主义市场经济实践，才能更具有说服力、吸引力和执行力。

从实践意义来看，习近平总书记有关政府和市场关系新定位的思想，既是对改革开放前后 60 多年来政府和市场关系的实践总结，又将承前启后，为今后中国特色社会主义市场经济建设的实践作出指导。改革开放前 30 年，我国实行高度集中的计划经济体制，虽然建立了完整的工业体系，但是政府对经济管得过死、过严，经济发展缺乏活力，各类生产要素资源未能得到优化配置；改革开放以来，我们党逐步调整了政府和市场的关系，逐渐使市场在资源配置中发挥了基础性作用，激发了各种市场主体的积极性和创造力，为我们国家经济的发展释放了巨大的活力，30 多年的改革发展成果已经证明这一切。但是，同样不能忽视的是伴随改革发展成果的取得、社会财富的涌入，出现了财富分配的明显不均，收入、贫富差距的不断扩大，产能严重过剩，环境污染、生态破坏严重，市场体系仍不健全，政府职能的缺位、错位与越位等问题。这就不得不以实践中存在的问题为导向，重新思考社会主义市场经济中的政府和市场关系，只有厘清两者在社会主义市场经济中的关系，并加以准确定位，才能进一步指导社会主义市场经济的实践。

处理好政府和市场的关系，必须从社会主义初级阶段的国情出发，"社会主义初级阶段是当代中国的最大国情、最大实际"，"推进任何方面的改革发展都要牢牢立足这个最大的实际"，这既是我们建设中国特色社会主义的总依据，也是调整政府和市场关系的总依据。立足于过去、现在，展望未来，我国仍处于并将长期处于社会主义初级阶段，总体上我们国家的生产力发展还比较落后，市场经济体系还不健全，国际竞争还处于劣势，国外资本在不断地向国有资本、私人资本渗透，人民的生活并不富足。在这种内忧外患的情况下，要发展社会主义市场经济，决定了市场在资源配置中发挥决定性作用的同时，不能让市场发挥全部作用，还必须更好地发挥政府的宏观调控作用，不光要有一个"强"市场，还同时需要建立一个"强"政府，实现政府作用和市场作用的"优优"组合。这样的政府和市场关系，才能把最广大人民群众的根本利益放在第一位、发展成果由人民共享，实现居民收入增长和经济发展同步，缓解各种社会矛盾，从而形成一个可持续的发展模式，体现出社会主义市场经济制度的优越性。

总而言之，社会主义市场经济条件下的政府和市场关系，是两者优势互补、有机结合、相辅相成、相得益彰的关系，我们不能按照西方主要发达资本主义国家所鼓吹的"小政府、大社会"的模式发展，政府和市场两者的职能各有不同，作用不可互相替代。只有以这样的思想来指导政府和市场的改革实践，我们才能在发展社会生产力、提高经济发展水平的同时，维护好、发展好、实现好最广大人民的根本利益，实现社会公平正义，使我们的国家沿着更加有效率、更加公平、更可持续的发展道路前进。

党的转变经济发展方式，
促进科学发展的思想研究

◎ 谭晓军[*]

实行改革开放以后，为了探索一条适合中国经济健康、可持续发展之路，中国共产党始终坚持在实践中总结、以改革促发展，成就了中国经济的快速发展，而寻求经济发展方式的转变也是这一探索中的重要一环。

一　党的转变经济发展方式，促进科学发展思想的形成与发展

党探寻推进经济方式转变的历程最早可以追溯到 20 世纪 80 年代。1982 年 9 月，党的十二大就提出要"把全部经济工作转到以提高经济效益为中心的轨道上来"。这可以看作是谋求纠正新中国成立以来注重投资规模和速度、轻视投资质量的增长方式的开始。1987 年 10 月，党的十三大报告中又提出：为了实现到 20 世纪末国民生产总值翻一番，人民生活达到小康的目标，就"要从粗放经营为主逐步转向集约经营为主的轨道"，"使经济建设转到依靠技术进

* 谭晓军，中国社会科学院马克思主义研究院研究员、《马克思主义研究》杂志副主编。

步和提高劳动者素质的轨道上来"①。可以看出，党从 20 世纪 80 年代开始就已经意识到需要转变我国传统的经济发展方式了，所提及的转变方式虽然还比较笼统、模糊，但已经有了初步的方向。

到了 1995 年 9 月党的十四届五中全会时，党在通过的《中共中央关于制定国民经济和社会发展"九五"计划和二〇一〇年远景目标的建议》中提出："实行两个具有全局意义的根本性转变，一是经济体制从传统的计划经济体制向社会主义市场经济体制转变；二是经济增长方式从粗放型向集约型转变，促进国民经济持续、快速、健康发展和社会全面进步。"② 这是党第一次从全局的角度，包括体制和方式两个方面明确提出转变"经济增长方式"。1997 年 9 月，党的十五大进一步提出："转变经济增长方式，改变高投入、低产出、高消耗、低效益的状况。"可见，20 世纪 90 年代党对经济发展方式的转变已经有了较为明确的认识，从全局的角度明确提出，向社会主义市场经济体制的转变以及向集约型经济增长方式转变的总体规划。

2005 年 10 月召开的党的十六届五中全会通过的《中共中央关于制定国民经济和社会发展第十一个五年规划的建议》中，进一步明确提出"必须加快转变经济增长方式"，"把节约资源作为基本国策，发展循环经济，保护生态环境，加快建设资源节约型、环境友好型社会，促进经济发展与人口、资源、环境相协调。推进国民经济和社会信息化，切实走新型工业化道路，坚持节约发展、清洁发展、安全发展，实现可持续发展"③。这次提出的"加快经济增长方式的转变"以及建设"两型社会"等更为具体的转变措施，体现出当时我国经济发展方式转变的紧迫性以及党在转变方向上的明

---

① 中央文献研究室编：《十三大以来重要文献选编》（上），中央文献出版社 2011 年版，第 15 页。

② 中央文献研究室编：《十四大以来重要文献选编》（中），中央文献出版社 2011 年版，第 467—468 页。

③ 中央文献研究室编：《十六大以来重要文献选编》（中），中央文献出版社 2011 年版，第 1064 页。

确性，表明党的转变经济发展方式的思想得到发展。

在 2007 年 10 月党的十七大报告中将一直以来的"转变经济增长方式"的提法改为"转变经济发展方式"，提出要"加快转变经济发展方式，推动产业结构升级。这是关系国民经济全局紧迫而重大的战略任务"。同时具体提出，转变主要体现在三个方面：一是由主要依靠投资、出口拉动向依靠消费、投资、出口协调拉动转变；二是由主要依靠第二产业带动向依靠第一、第二、第三产业协同带动转变；三是由主要依靠增加物质资源消耗向主要依靠科技进步、劳动者素质提高、管理创新转变。[①] 2012 年 11 月，党的十八大报告中更体现出转变经济发展方式的新思路，提出一个"立足点"、四个"着力"、五个"更多"和四个"同步"完成，即"把推动发展的立足点转到提高质量和效益上来，着力激发各类市场主体发展新活力，着力增强创新驱动发展新动力，着力构建现代产业发展新体系，着力培育开放型经济发展新优势，使经济发展更多依靠内需特别是消费需求拉动，更多依靠现代服务业和战略性新兴产业带动，更多依靠科技进步、劳动者素质提高、管理创新驱动，更多依靠节约资源和循环经济推动，更多依靠城乡区域发展协调互动"，"促进工业化、信息化、城镇化、农业现代化同步发展"[②]。可以看出，提出"转变经济发展方式"之后，党对于转变的方向更加明确、促进转变的方法更加多样，不再仅仅追求经济的增长，而是更加强调各产业、各行业的协调发展，积极推进由传统的发展模式向现代的发展方式的转变，说明党的转变经济发展方式的思想得到深化。

总之，随着中国经济的不断发展，党对于推进经济发展方式转变的思想经历了一个探索、发展和深化的历程，这一思想从模糊到

[①] 中央文献研究室编：《十七大以来重要文献选编》（上），中央文献出版社 2009 年版，第 17—18 页。

[②] 中央文献研究室编：《十八大以来重要文献选编》（上），中央文献出版社 2014 年版，第 16 页。

清晰，正逐步走向成熟。

习近平总书记的转变经济发展方式、促进科学发展的思想不仅是党的这一思想的沿承，更是党的这一思想日臻成熟的反映。习近平总书记在 2010 年的博鳌亚洲论坛开幕式上讲话时，对于转变经济发展方式、促进科学发展作出了总体阐释，从中我们不难看出这一特点。

习近平总书记谈道："从上个世纪 90 年代中期、特别是进入新世纪新阶段以来，我们提出，要坚持以人为本、全面协调可持续发展的科学发展观；要以极其认真负责的历史责任感对待环境与发展问题，坚持走可持续发展道路；要实施科教兴国战略，实行经济结构战略性调整，积极推动创新发展；要把经济发展建立在主要依靠国内市场的基础上，高度重视以内需特别是消费需求拉动发展；要努力开创生产发展、生活富裕、生态良好的文明发展道路；要走出一条科技含量高、经济效益好、资源消耗低、环境污染少、人力资源优势得到充分发挥的中国特色新型工业化道路；要把节约资源作为基本国策，发展循环经济，保护生态环境，加快建设资源节约型、环境友好型社会，促进经济发展与人口资源环境相协调；要呵护人类赖以生存的地球家园，建设生态文明，形成节约能源资源和保护生态环境的产业结构、增长方式、消费模式，把建设资源节约型、环境友好型社会落实到每个单位、每个家庭；要以对中华民族和全人类长远发展高度负责的精神，全面加强应对气候变化能力建设，为中国和全球可持续发展作出不懈努力；要更加自觉地认识到，加快经济发展方式转变刻不容缓，必须在发展中促转变、在转变中谋发展，等等。这些理念同国际社会倡导的绿色发展和可持续发展高度契合，其核心就是科学发展。科学发展，就是把握发展规律、创新发展理念、转变发展方式、破解发展难题，提高发展质量和效益，实现又好又快发展；就是实现以人为本、全面协调可持续发展；就是实现各方面事业有机统 、社会成员团结和睦的和谐发展；就是实现既通过维护世界和平发展自己、又通过自身发展维护世界和平的和平发展。我们坚持科学发展，就是适应经济全球化发展的新形势，用科学的理念、开放的战略、统筹的方法、共赢的途径去实现生产发展、生活富裕、生态良好的发展目标。"[①]

习近平总书记的上述阐释不仅是对党的这一思想形成过程的回顾，而且就我国今后的发展方式、发展目标等作出了更为全面、系统、明确的回答，同时以"刻不容缓"再次强调了加快经济发展方式转变的急迫性。这说明党清醒地认识到中国经济在持续了30多年的高速发展之后，已经遇到了不改变将无法持续发展的瓶颈，也表明党对于如何改变、怎样才能实现真正的转变已经有了十分明确的方案。

二 我国新时期转变经济发展方式的困难与紧迫

党开始关注并提出转变经济发展方式已经30多年，其间随着认识的不断深入，提出的对策也越来越多且具体，而且在实际转变方面也取得了不小的成果，但至今却仍未能实现根本上的转变。总结导致中国经济发展方式难以根本转变的主要原因，可以从以下几个方面来看：

首先，从经济发展阶段方面看，我国自改革开放以来，总体上处于工业化中期，主要发展目标是解决温饱问题、基本实现小康，主要特点是拥有充足、价廉的劳动力，虽然通过对外引进，技术有了较大提高，某些领域的技术已经接近、甚至达到世界最先进水平，但总体水平仍然不高，因此仍然处于以劳动密集型的制造业为主导的、产业结构层次比较低的经济发展阶段。我们知道，处于不同的经济发展阶段，经济发展的目标和任务是不同的，拥有的发展

---

① 习近平：《携手推进亚洲绿色发展和可持续发展——在博鳌亚洲论坛2010年年会开幕式上的演讲》，《人民日报》2010年4月11日。

条件也不一样,产业结构也会具有不同的特点,这些不同的发展阶段性所具有的特征都会导致经济发展方式的不同。这些阶段性特征也是导致我国经济发展方式难以实现根本转变的重要原因。

其次,从经济体制方面看,由于经济发展方式属于人们的行为方式,而制度直接制约人们的行为或决定人们的利益,进而影响人们的经济行为,从而制约发展方式的选择和转换。制度上的缺陷将成为经济发展方式不合理和转变不顺的深层次根源。改革开放以来,我国着力推行市场取向的改革和对外开放,推进传统计划经济体制向社会主义市场经济体制转变、国有国营的企业制度向现代企业制度变革等一系列改革,这些都使得中国的经济发展方式发生了重大变化。然而,由于改革的任务尚未完成,社会主义市场经济体制还不健全、更不完善,这种制度缺陷必然造成经济发展方式转变的困难,也成为尚未根本转变的深层原因。

再次,从经济发展条件方面看,我们知道,要想使经济发展方式从粗放型向集约型转变,就必须要拥有先进的技术、科学的管理和高素质的劳动力,否则将很难实现转变。而我国至今在技术、劳动力素质、管理水平等经济发展条件方面距离所要达到的要求还有很大的差距,这也成为我国经济发展方式难以根本转变的瓶颈。

最后,从人们的经济发展观念方面看,通常传统的发展观念一旦形成,往往会产生惯性,短期内很难改变,而这种传统观念必然维护的是传统的发展方式。新中国成立以后,我国在实行工业化的初期,受当时各种环境、条件的影响,形成了追求数量扩张、高速增长、不重视资源节约、忽视环境保护等传统经济发展方式,从而形成了与之相适应的传统经济发展观念。如今,一方面是传统的经济发展观念还没有根本转变;另一方面科学发展的观念还在树立和落实过程之中,这种过渡时期的观念转变也对经济发展方式的根本转变造成较大的影响。

可以看出,无论是我国所处的经济发展阶段,还是我国现有的经济体制，以及经济发展条件，抑或是人们的经济发展观念，我国都还处于或不成熟，或不完善，或尚落后的阶段，这些现实情况都说明我国转变经济发展方式需要一个艰难的过程。

对此，习近平总书记有着充分的认识："当前，国内外环境都在发生极为广泛而深刻的变化，我国发展面临一系列突出矛盾和挑战，前进道路上还有不少困难和问题。比如，发展中不平衡、不协调、不可持续问题依然突出，科技创新能力不强，产业结构不合理，发展方式依然粗放，城乡区域发展差距和居民收入分配差距依然较大，社会矛盾明显增多，教育、就业、社会保障、医疗、住房、生态环境、食品药品安全、安全生产、社会治安、执法司法等关系群众切身利益的问题较多，部分群众生活困难，形式主义、官僚主义、享乐主义和奢靡之风问题突出，一些领域消极腐败现象易发多发，反腐败斗争形势依然严峻，等等。""经过 20 多年实践，我国社会主义市场经济体制已经初步建立，但仍存在不少问题，主要是市场秩序不规范，以不正当手段谋取经济利益的现象广泛存在；生产要素市场发展滞后，要素闲置和大量有效需求得不到满足并存；市场规则不统一，部门保护主义和地方保护主义大量存在；市场竞争不充分，阻碍优胜劣汰和结构调整，等等。这些问题不解决好，完善的社会主义市场经济体制是难以形成的。""冲破思想观念的障碍、突破利益固化的藩篱，解放思想是首要的。在深化改革问题上，一些思想观念障碍往往不是来自体制外而是来自体制内。思想不解放，我们就很难看清各种利益固化的症结所在，很难找准突破的方向和着力点，很难拿出创造性的改革举措。"① 这些论述较为详细地揭示了我国所处的较低的发展阶段、不完善的经济体制以及传统的发展观念上出现的诸多问题，凸显了我国转变经济发展方式所面临的重重困难。

---

① 习近平：《关于〈中共中央关于全面深化改革若干重大问题的决定〉的说明》，新华网 2013 年 11 月 15 日。

而对于我国今后需要怎样的经济发展方式，习近平总书记也作出过深入、细致的阐释："我们这么大的国家、这么多人口，仍然要牢牢坚持以经济建设为中心。同时，要全面认识持续健康发展和生产总值增长的关系，防止把发展简单化为增加生产总值，一味以生产总值排名比高低、论英雄。转方式、调结构是我们发展历程必须迈过的坎，要转要调就要把速度控制在合理范围内，否则资源、资金、市场等各种关系都绷得很紧，就转不过来、调不过来。各级都要追求实实在在、没有水分的生产总值，追求有效益、有质量、可持续的经济发展。"① "面对错综复杂、快速变化的形势，我们要保持清醒头脑，既要充分肯定今年我国经济社会发展取得的成绩，看到我国经济社会发展基本面长期趋好的态势，也要看到国际国内各种不利因素的长期性、复杂性、曲折性，不回避矛盾，不掩盖问题，从坏处准备，争取最好的结果，牢牢把握主动权。"② 这些讲话是习近平总书记告诫各级领导干部，传统的经济发展方式已经难以为继，转变成为唯一的出路，克服困难、打硬仗是今后经济工作中面临的首要任务。但他同时也鼓励基层领导干部："坚定信心、扎实工作，坚持稳中求进的工作总基调，坚持稳增长、调结构、促改革、保民生，加快转变经济发展方式，加快实施创新驱动发展战略，充分利用有利条件，努力克服不利因素，推动经济继续保持良好发展势头，实现全年经济社会发展预期目标。"③

虽然困难重重、转变任务异常艰巨，但是习近平总书记也强调了新形势下转变经济发展方式的急迫性："加快推进经济结构战略性调整是大势所趋，刻不容缓。国际竞争历来就是时间和速度的竞

① 习近平：《加快转变经济发展方式　加快实施创新驱动发展战略》，《中国青年报》2013 年 11 月 6 日第 1 版。

② 2012 年 12 月 9 日，习近平总书记在广州主持召开经济工作座谈会上的讲话，新华网 2012 年 12 月 10 日。

③ 习近平：《加快转变经济发展方式　加快实施创新驱动发展战略》，《中国青年报》2013 年 11 月 6 日第 1 版。

争，谁动作快，谁就能抢占先机，掌控制高点和主动权；谁动作慢，谁就会丢失机会，被别人甩在后边。我们要继续大胆探索、扎实工作，坚定不移推进体制创新、科技创新，落实创新驱动发展战略，推动经济发展方式转变，推进经济结构战略性调整，为推动科学发展增添新动力。"① 对于国内、国际复杂环境给我国的转变带来的诸多不利影响，习近平总书记提醒我们要做好充分的思想准备，同时也明确提示我们的改变面临着主动与被动的双重考验，主动改变会为我们抢占先机、争取优势；被迫改变、行动迟缓将使我们面临困境、陷入被动，我们已经别无选择。

三 习近平总书记转变经济发展方式，促进科学发展思想的新亮点

习近平总书记近年来特别是在 2013 年的多次讲话中，不仅反复强调转变经济发展方式、实现科学发展的重要性，而且为党的这一思想增加了许多新的亮点。

在阐述科学发展与转变经济发展方式的关系时，习近平总书记反复强调，提高经济发展质量和效益要以推进经济结构战略性调整和经济发展方式的转变为主线："在前进道路上，我们一定要坚持以科学发展为主题、以加快转变经济发展方式为主线，切实把推动发展的立足点转到提高质量和效益上来，促进工业化、信息化、城镇化、农业现代化同步发展，全面深化经济体制改革，推进经济结构战略性调整，全面提高开放型经济水平，推动经济持续健康发展。"② 实现有质量、有效益、可持续的发展，"根本途径是加快转变经济发展方

---

① 2012 年 12 月 9 日，习近平总书记在广州主持召开经济工作座谈会上的讲话，新华网 2012 年 12 月 10 日。
② 习近平：《全面贯彻落实党的十八大精神要突出抓好六个方面工作》，《求是》2013 年第 1 期。

式，关键是深化经济结构战略性调整"①。习近平总书记的这一个"根本"、一个"关键"的阐释，突出强调了实现我国追求的高质量、高效益的发展必须依靠转变经济发展方式和调整经济结构，没有这两个切实的改变，科学发展将无从谈起，更无法实现。这是习近平总书记对于转变经济发展方式、促进科学发展思想的更为深入的理解。

习近平总书记针对我国转变经济发展方式中的推进产业结构调整，特别是化解产能过剩，推动产业转型升级工作极为重视，多次明确指示要做好化解产能过剩工作。在 2012 年 12 月的中央经济工作会议上，习近平总书记指出，要充分利用国际金融危机形成的倒逼机制，把化解产能过剩矛盾作为工作重点，总的原则是尊重规律、分业施策、多管齐下、标本兼治。此后，在 2013 年 4 月、7 月和 9 月，习近平总书记又多次强调要做好产业结构调整，化解产能过剩。指出，要把使市场在资源配置中起决定性作用和更好发挥政府作用有机结合起来，坚持通过市场竞争实现优胜劣汰。同时，要推动战略性新兴产业发展，支持服务业新型业态和新型产业发展，加快传统产业优化升级，扎实推进产业结构转型。化解产能过剩是我国当前面临的主要难题，如果不能够加大力度、下决心淘汰一些能源消耗高、污染严重、效率低下的企业，将无法实现节约能源、改善环境、提高效益的科学发展，这也是实现经济发展方式发生根本转变的关键。

在谈及转变经济发展方式过程中，如何妥善处理好经济发展同生态环境保护的关系时，习近平总书记指出："我们既要绿水青山，也要金山银山。宁要绿水青山，不要金山银山，而且绿水青山就是金山银山。我们绝不能以牺牲生态环境为代价换取经济的一时发展。我们提出了建设生态文明、建设美丽中国的战略任务，给子孙

---

① 王东明：《奋力推进四川科学发展、加快发展——深入学习贯彻习近平同志在川考察重要讲话精神》，《人民日报》2013 年 8 月 23 日。

留下天蓝、地绿、水净的美好家园。"① 关于建立科学发展中的生态文明理念的问题，习近平总书记提出："要正确处理好经济发展同生态环境保护的关系，牢固树立保护生态环境就是保护生产力、改善生态环境就是发展生产力的理念，更加自觉地推动绿色发展、循环发展、低碳发展，决不以牺牲环境为代价去换取一时的经济增长。"② 我国多年来的快速发展正是以牺牲环境为代价换取来的，破坏容易、恢复难，日趋严重的环境问题已经成为人们的心头之痛，以健康为代价换取的生活水平的提高，绝不是真正"以人为本"的发展，更不是我国所追求的科学发展。因此，习近平总书记的这些重要论述再次强调了我国的经济发展是要建立在生态文明建设基础上的发展，它是我国转变经济发展方式的方向和目标，而转变经济发展方式又是我国建设资源节约型、环境友好型社会的必然要求和必由之路。

言及转变经济发展方式需要依靠并强化创新驱动时，习近平总书记指出："从全球范围看，科学技术越来越成为推动经济社会发展的主要力量，创新驱动是大势所趋。"③ 他强调，一个国家只是经济体量大，还不能代表强。我们是一个大国，在科技创新上要有自己的东西。我们这么大的国家，不能做其他国家的技术附庸。在开放的情况下，我们引进技术，进行消化、吸收和创新，但不是什么东西都可以引进，关键技术要靠自己。④ 事实上，从国内情况看，如果粗放型的发展方式得不到根本改变，我们的人口、资源、环境压力也会越来越大，我国经济发展要突破瓶颈、解决深层次矛盾和

---

① 2013 年 9 月 7 日，习近平总书记在哈萨克斯坦纳扎尔巴耶夫大学发表题为《弘扬人民友谊 共创美好未来》的重要演讲，演讲结束后回答学生的提问时说的话。

② 习近平：《坚持节约资源和保护环境基本国策　努力走向社会主义生态文明新时代》，新华网 2013 年 5 月 24 日。

③ 2013 年 9 月 30 日，中共中央政治局在北京中关村以"实施创新驱动发展战略"为题举行第九次集体学习时习近平总书记的讲话，新华网 2013 年 10 月 2 日。

④ 2013 年 7 月 21 日，习近平总书记在湖北调研时的讲话，新华网 2013 年 7 月 24 日。

问题,根本出路在于创新,关键是要靠科技力量,"创新驱动是形势所迫"。从全球范围看,即将出现的新一轮科技革命和产业变革与我国加快转变经济发展方式形成历史性交汇,为我们实施创新驱动发展战略提供了难得的重大机遇。机会稍纵即逝,抓住了就是机遇,抓不住就是挑战。为此,习近平总书记强调:"实施创新驱动发展战略决定着中华民族前途命运。"① 这些论述不仅深刻地阐释了自主创新对于我国转变经济发展方式的重要性,同时也颇具远见地指出国内、国际环境既逼迫我们转变,又为我们的转变提供了可能的机会,需要我们抓住机遇、顺势而为。此外,实施创新发展战略又是一个复杂的系统工程,不仅需要完善的环境、健全的机制,而且需要优秀的人才队伍,尽快落实这一重要的发展战略也是推动我国经济发展方式切实转变的重要途径。

习近平总书记还特别重视转变经济发展方式、促进科学发展过程中各级党组织发挥的作用,强调组织保障在经济工作中的重要性。他指出,深入贯彻落实科学发展观、加快经济发展方式转变,必须加强和改进党对经济工作的领导,充分发挥党委的领导核心作用、基层党组织的战斗堡垒作用和共产党员的先锋模范作用。要以深入学习实践科学发展观活动取得的成果为新起点,不断推进理论武装工作,建立健全贯彻落实科学发展观的长效机制,从思想政治上和精神动力上为加快经济发展方式转变提供有力保证;要围绕科学发展选准干部、配强班子、聚集人才、建设队伍,真正把贯彻落实科学发展观态度坚决而又有能力的干部选拔上来,从干部和人才上为加快经济发展方式转变提供有力保证;要切实加强和改进新形势下党的基层组织建设和党员队伍建设,不断增强基层党组织的覆盖面和影响力,从夯实组织基础上为加快经济发展方式转变提供有力保证;要以求真务实、狠抓落实为切入点加强党的作风建设,加

① 2013 年 9 月 30 日,中共中央政治局在北京中关村以"实施创新驱动发展战略"为题举行第九次集体学习时习近平总书记的讲话,新华网 2013 年 10 月 2 日。

强对中央关于推动科学发展重大决策部署执行情况的监督检查，从营造风清气正的发展环境上为加快经济发展方式转变提供有力保证。习近平总书记还强调，深入贯彻落实科学发展观、加快经济发展方式转变，要求各级领导干部努力掌握和善于运用贯穿于科学发展观之中的马克思主义立场观点方法，不断提高战略思维、创新思维、辩证思维能力，增强工作的原则性、系统性、预见性、创造性，正确指导加快经济发展方式转变的各项工作。① 中国共产党2011 年已拥有 8700 多万名党员，是世界第一大政党，又身处执政地位，面对已经成为世界第二大经济体且正处于艰难转型中的复杂国内环境，以及遭受经济危机重创、复苏步履维艰且越来越动荡的国际大环境，如何稳定民心、顶住压力、作出改变、推动发展，是党面临的严峻考验。党要引领全国人民攻坚克难，就必须依赖各级党员领导干部以身作则、身先士卒。管理好党员、领导干部，发挥好他们的示范带头作用，是我国经济发展能否顺利进行的关键所在，特别是在转变经济发展方式的关键时期，这个方面的工作显得尤为重要。

综上所述，习近平总书记对于党提出的转变经济发展方式、促进科学发展思想中的几个主要方面都有进一步发展，为新时期实现经济发展方式的转变提供了重要依据。

四 习近平总书记落实转变经济发展方式，促进科学发展思想的新举措

为了落实党的转变经济发展方式、促进科学发展思想，以习近平同志为核心的党的新一届领导集体提出了一系列新举措。

第一，在理论上提出了新的表述，即将党的十五大提出、一直沿

---

① 习近平：《转变经济发展方式须改进党对经济工作的领导》，新闻网 2010 年 2 月 7日。

用的"使市场在资源配置中起基础性作用"的表述改为"使市场在资源配置中起决定性作用"。对此,习近平总书记作出这样的解释:"作出'使市场在资源配置中起决定性作用'的定位,有利于在全党全社会树立关于政府和市场关系的正确观念,有利于转变经济发展方式,有利于转变政府职能,有利于抑制消极腐败现象。"[①] 而深化财税体制改革也要"有利于转变经济发展方式"。这一表述虽然看似强化了市场在经济发展中的地位,但实则依然强调的是在转变经济发展方式的过程中,充分发挥政府与市场两个方面作用的重要性。

第二,为了改变长期以来"保增长"的发展理念,为保证实现高质量、有效益的发展,习近平总书记明确提出:"2012年中国的经济增长是7.2%,这比前几年有所降低了,这里面降低的因素就有我们主动控制速度,加快转变发展方式这个因素。就是速度再快一点,非不能也,而不为也。中国将把推动发展的着力点转到提高质量和效益上来。特别是我们现在提出的是五位一体的建设,十八大的报告在四位一体的建设专门把生态文明建设加进去。我们要建设美丽中国,按照这个要求就要加大生态文明建设的力度,下大气力推进绿色发展、循环发展、低碳发展,形成资源节约、保护环境这样的空间格局。"[②] 他进一步解释道:"我们认识到,为了从根本上解决经济的长远发展问题,必须坚定推动结构改革,宁可将增长速度降下来一些。任何一项事业,都需要远近兼顾、深谋远虑,杀鸡取卵、竭泽而渔式的发展是不会长久的。"[③] 这一举措是我国30多年的经济发展中不曾提出过的,体现了党不惜主动降低经济发展速度也要切实推进经济发展方式转变的决心和勇气。

---

① 习近平:《关于〈中共中央关于全面深化改革若干重大问题的决定〉的说明》,新华网2013年11月15日。

② 习近平总书记于2013年4月8日在博鳌论坛与出席的32位中外的企业家举行座谈时的讲话,人民网2013年4月9日。

③ 习近平:《共同维护和发展开放型世界经济——在二十国集团领导人峰会第一阶段会议上关于世界经济形势的发言》,人民网2013年9月6日。

第三，对于提高经济发展质量和效益，党还提出要推进新型城镇化的发展。城镇化是我国内需的最大潜力，是经济发展的重要引擎，是促进产业升级的重要抓手，因而是在转变经济发展方式过程中，促进经济发展质量和效益提高的重要举措。党的十八大以来，以习近平同志为核心的党中央提出了"新型城镇化"的理念，强调要走中国特色新型城镇化道路。中国特色新型城镇化道路的核心是以人为本，关键是提升质量。这是坚持"四化同步"（即工业化、信息化、城镇化、农业现代化同步）的城镇化，是以城市群为主体形态的城镇化，也是体现生态文明理念和凸显文化传承的城镇化。新型城镇化规划的实施，将助推经济结构调整和发展方式转变，进一步推动经济发展质量和效益的提高。

第四，对于落实创新驱动战略，习近平总书记提出五个方面的措施："一是着力推动科技创新与经济社会发展紧密结合。关键是要处理好政府和市场的关系，通过深化改革，进一步打通科技和经济社会发展之间的通道，让市场真正成为配置创新资源的力量，让企业真正成为技术创新的主体。政府在关系国计民生和产业命脉的领域要积极作为，加强支持和协调，总体确定技术方向和路线，用好国家科技重大专项和重大工程等抓手，集中力量抢占制高点。二是着力增强自主创新能力。关键是要大幅提高自主创新能力，努力掌握关键核心技术。当务之急是要健全激励机制、完善政策环境，从物质和精神两个方面激发科技创新的积极性和主动性，坚持科技面向经济社会发展的导向，围绕产业链部署创新链，围绕创新链完善资金链，消除科技创新中的'孤岛现象'，破除制约科技成果转移扩散的障碍，提升国家创新体系整体效能。三是着力完善人才发展机制。要用好用活人才，建立更为灵活的人才管理机制，打通人才流动、使用、发挥作用中的体制机制障碍，最大限度支持和帮助科技人员创新创业。要深化教育改革，推进素质教育，创新教育方法，提高人才培养质量，努力形成有利于创新人才成长的育人环境。要积极引进海外优秀人才，制定更加积极的国际人才引进计划，吸引更多海外创新人才到我国工作。四是着力营造良好政策环境。要加大政府科技投入力度，引导企业和社会增加研发投入，加强知识产权保护工作，完善推动企业技术创新的税收政策，加大资本市场对科技型企业的支持力度。五是着力扩大科技开放合作。要深化国际交流合作，充分利用全球创新资源，在更高起点上推进自主创新，并同国际科技界携手努力为应对全球共同挑战作出应有贡献。"① 这些措施的提出，为我国提高自主创新能力，从政府、市场、人才培养、国际合作等多方面提供了可行的方案，为相关方面工作的展开提供了可靠的抓手。

第五，针对解决生态环境保护的问题，习近平总书记指出："我国生态环境保护中存在的一些突出问题，一定程度上与体制不健全有关，原因之一是全民所有自然资源资产的所有权人不到位，所有权人权益不落实。针对这一问题，全会决定提出健全国家自然资源资产管理体制的要求。总的思路是按照所有者和管理者分开和一件事由一个部门管理的原则，落实全民所有自然资源资产所有权，建立统一行使全民所有自然资源资产所有权人职责的体制。""国家对全民所有自然资源资产行使所有权并进行管理和国家对国土范围内自然资源行使监管权是不同的，前者是所有权人意义上的权利，后者是管理者意义上的权力。这就需要完善自然资源监管体制，统一行使所有国土空间用途管制职责，使国有自然资源资产所有权人和国家自然资源管理者相互独立、相互配合、相互监督。"② 他进一步强调："只有实行最严格的制度、最严密的法治，才能为生态文明建设提供可靠保障。最重要的是要完善经济社会发展考核

---

① 2013 年 9 月 30 日，中共中央政治局在北京中关村以"实施创新驱动发展战略"为题举行第九次集体学习时习近平总书记的讲话，新华网 2013 年 10 月 2 日。
② 习近平：《关于〈中共中央关于全面深化改革若干重大问题的决定〉的说明》，新华网 2013 年 11 月 15 日。

评价体系，把资源消耗、环境损害、生态效益等体现生态文明建设状况的指标纳入经济社会发展评价体系，使之成为推进生态文明建设的重要导向和约束。要建立责任追究制度，对那些不顾生态环境盲目决策、造成严重后果的人，必须追究其责任，而且应该终身追究。要加强生态文明宣传教育，增强全民节约意识、环保意识、生态意识，营造爱护生态环境的良好风气。"① 习近平总书记的这些论述，既分析了造成生态环境问题存在体制上的原因，同时也明确提出要以制度、法治为手段，对造成严重后果的人"终身追究"，可以说这是党提出转变经济发展方式以来，对于保护生态环境问题提出的最为严厉的警告，凸显党对于彻底解决这一长期无法解决的难题的决心。

总之，习近平总书记关于转变经济发展方式、促进科学发展思想的论述不仅是党长期以来的相关思想、特别是党的十八大报告中这一思想的进一步阐释，也有针对国内、国际现实及时提出的新内容、新要求，更有为切实推进经济发展方式转变而提出的新举措，为党的这一思想的完善提供了有益的补充。可以看出，以习近平同志为核心的新一代党的领导集体对于中国今后的发展目的更加明确，发展方式日趋了解，也已经能够更加灵活地运用多种发展手段，促进中国经济向着持续、稳定、协调的方向发展。而习近平总书记的转变经济发展方式、促进科学发展的思想也将在不断发展、变化的实践中得以完善、成熟，并最终完成这一转变，使中国的经济社会发展水平上升到一个新阶段，实现党提出的"两个一百年"奋斗目标，即"在中国共产党成立一百年时全面建成小康社会"和"在新中国成立一百年时建成富强民主文明和谐的社会主义现代化国家"，并最终实现中华民族伟大复兴中国梦。

---

① 习近平：《坚持节约资源和保护环境基本国策　努力走向社会主义生态文明新时代》，新华网 2013 年 5 月 24 日。

意识形态工作"三权"思想研究

◎ 贺新元[*]

2013 年 8 月 19 日，习近平总书记在全国宣传思想工作会议上的重要讲话中，明确提出："经济建设是党的中心工作，意识形态工作是党的一项极端重要的工作。""一个政权的瓦解往往是从思想领域开始的，政治动荡、政权更迭可能在一夜之间发生，但思想演化是个长期过程。思想防线被攻破了，其他防线也就很难守住。我们必须把意识形态工作的领导权、管理权、话语权牢牢掌握在手中，任何时候都不能旁落，否则就要犯无可挽回的历史性错误。"接着强调，"能否做好意识形态工作，事关党的前途命运，事关国家长治久安，事关民族凝聚力和向心力"。因此，意识形态工作要"胸怀大局、把握大势、着眼大事，找准工作切入点和着力点，做到因势而谋、应势而动、顺势而为"，"在事关大是大非和政治原则问题上，必须增强主动性、掌握主动权、打好主动仗"，切实"巩固马克思主义在意识形态领域的指导地位，巩固全党全国人民团结奋斗的共同思想基础"。这些精辟的重要论断，蕴含着深刻的战略思维和科学方法论，充满了辩证法。这些重要论断充分说明了意识

---

* 贺新元，中国社会科学院马克思主义研究院研究员。

形态工作的极端重要性，有力回应了当前我国意识形态工作关于领导权、管理权、话语权亟待加强的现实必要性，适时提出了应该如何主动创新和加强意识形态工作的实践指向性，从统一思想上为进一步推进全面深化改革提供了科学的思想引领方法和基本遵循。

一 "意识形态工作领导权、管理权、话语权"的内涵及其关系

30多年的改革开放和现代化建设，使我国意识形态领域党和国家指导思想的一元化与人民群众利益诉求和社会价值多样化并存的显著特点越来越凸显。在全面深化改革的当下，如何在"一元与多样"的意识形态生态环境中，加强意识形态工作，为全面深化改革保驾护航，习近平总书记适时提出要加强意识形态工作的领导权、管理权、话语权。

意识形态工作的领导权，是对应马克思主义在意识形态领域占一元性的指导地位而言的。在中国，马克思主义在意识形态领域始终处于指导地位，这是由社会主义性质决定的。马克思主义指导下的意识形态是我国主流意识形态，其他都属于非主流意识形态。在非主流意识形态里，又有非马克思主义和反马克思主义的两类意识形态。牢牢掌握意识形态工作的领导权，是党在长期实践中形成的重要原则和制度，是坚持党的领导的重要方面，是由我们党和国家的根本性质所决定的。具体而言，就是党管宣传、党管意识形态的具体体现，就是通过意识形态部门的领导班子和干部队伍的工作，来实现党对国家和社会实行的思想领导，以强化与保证马克思主义在意识形态领域一元化的指导地位。

意识形态工作的管理权，是对应意识形态领域出现的人民群众利益诉求和社会价值多元多样多变的新情况而言的。意识形态工作的管理权主要体现在意识形态工作阵地上，是在坚持马克思主义的

一元化指导地位和尊重社会价值与思想多样化的现实前提下，对包括报纸、刊物、电台、电视台等构成的传统主流媒体，对博客微博等网络媒体、短信微信等手机媒体以及移动电视等构成的现代信息传播的管理，以及对讲坛、论坛、讲台、课堂等构成的大众传播的管理。

意识形态工作的话语权，是对应建立社会主义文化强国和提升国家软实力而言的。话语权是衡量意识形态工作成败的重要因素，意识形态较量的实质就是话语权的争夺与掌握。谁掌握话语权，谁就能引导民众。在文化软实力越来越成为综合国力重要指标和社会主义文化大发展大繁荣的今天，面对多元的思想文化和文化产业，面对意识形态领域因各种"话语"的空前活跃以及以数字化、网络化为标志的信息技术发展带来的更加复杂多变的舆论生态和媒体格局的深刻变化，面对西方"文化帝国主义"的侵蚀，我们必须打造中国特色、中国气派和中国风格的意识形态话语符号体系，从而实质性地增强意识形态的话语权。牢牢掌握意识形态工作的话语权，就是在这样一种社会价值与思想多元多样多变的环境中，充分发挥主流意识形态的辩护与批判功能、解释与推广功能、整合与凝聚功能、引领与提升功能，在"一元多样"的意识形态生态中为国家和社会明道路立方向，保证马克思主义"一元"地位，增强主流意识形态的凝聚力和影响力，使其成为推动国家和社会发展的积极力量。

意识形态工作领导权、管理权、话语权三者之间是"魂"、"体"与"手脚"的关系。当代中国，意识形态工作的领导权、管理权、话语权三者紧密相连，有机地根植于中国特色社会主义政党制度和中国特色社会主义伟大实践之中。根据其内涵，这"三权"之间的关系可以理解为：领导权是意识形态工作的"魂"；管理权是意识形态工作的"体"；话语权是意识形态工作的"手脚"。"魂"管方向，是意识形态工作的内核，失去"魂"的意识形态工作必将走向邪路；"体"是"魂"的附着物，即管理权是领导权的具体承载；"手脚"是附着了"魂"之"体"的具体抓手，即话语权是管理权的具体抓手。如果从权力生成机制看，话语权是基础，管理权是保证，有管理权才有领导权。意识形态工作的领导权和管理权的实践旨归，就是在管理中打造出具有"领"和"导"地位的话语权。因此，在意识形态工作中，要避免孤立地、简单化地看待"三权"之间关系，"三权"须臾不能分开，否则就会贻害党的执政地位，危及党的生死存亡和国家民族的前途命运。

二 "意识形态工作的领导权、管理权、话语权" 思想丰富了中国特色社会主义理论

"意识形态工作的领导权、管理权、话语权"的提出，从思维、历史唯物主义、国家治理体系和治理能力三个方面丰富了中国特色社会主义理论。

1. 加强意识形态工作的领导权、管理权、话语权，深刻体现习近平总书记的辩证思维、战略思维、全局思维、创新思维。2012年9月1日，习近平同志在中央党校2012年秋季学期开学典礼上的讲话中指出："我们的干部要注意学习正确认识客观事物、做好领导工作所必须具有的辩证思维、战略思维、全局思维、创新思维等方面的知识和经验，学习历史的和现实的领导工作经验，努力提高领导水平和领导能力。"意识形态工作的领导权、管理权、话语权"三权"的提出，是习近平总书记从我国意识形态领域复杂多元多样多变的生态环境和矛盾问题中，找到的长远的、根本性的解决问题的方法，充分体现了辩证思维、战略思维、全局思维、创新思维。

"三权"是我党以实事求是的态度，在认识和承认意识形态领域存在复杂且矛盾问题扎堆的生态现状的基础上，抓住了意识形态

发展的本质和基本规律而提出的战略之策。这是不断适应经济基础发展、完善社会意识形态的根本之举，符合唯物辩证法的基本要求。"三权"体现了我们党在实践中对一元化的指导思想与多元多样多变的社会现实在良性互动过程中扩容与包容的辩证统一关系的科学把握和运用。

其中，领导权关系到整个意识形态工作、关系到全面深化改革、关系到整个党和国家的前途命运，凸显全局思维；把管理运用到意识形态工作当中，凸显创新思维，面对如此复杂的意识形态领域，我们不能只强调自上而下的领导权，对于各种非主流意识形态要在斗争中进行管理，管理权的提出强调各种非主流意识形态的客观存在；话语权是整个意识形态工作的基础工程且是战略制高点，抓住了话语权就等于牵住了我国意识形态工作的"牛鼻子"，体现出高度的战略思维。

2. 加强意识形态工作的领导权、管理权、话语权，深刻体现了习近平总书记对历史唯物主义的新认识。"在不同的财产形式上，在社会生存条件上，耸立着由各种不同的、表现独特的情感、幻想、思想方式和人生观构成的整个上层建筑。"① 改革开放以来，我国的经济基础在不断发生变化，而"随着经济基础的变更，全部庞大的上层建筑也或慢或快地发生变革"②。这就指明了社会存在决定社会意识，上层建筑将随着经济基础的变更而改变。

习近平总书记提出的"意识形态工作是党的一项极端重要的工作"，其"极端"二字表现在"事关党的前途命运，事关国家长治久安，事关民族凝聚力和向心力"。"三个事关"实际强调的是作为上层建筑的意识形态的功能与其对经济社会发展进步的反作用。2013 年 12 月 3 日，习近平总书记在中共中央政治局第十一次集体学习"历史唯物主义"的会议上强调：全面深化改革，就是要不断

---

① 《马克思恩格斯文集》第 2 卷，人民出版社 2009 年版，第 498 页。
② 同上书，第 592 页。

地调整生产关系、完善上层建筑，以适应中国特色社会主义不断发展的社会生产力和不断变化的经济基础。同时提出生产力和生产关系、经济基础和上层建筑之间的关系"并不是单线式的简单决定和被决定逻辑"。"并不是单线式的简单决定和被决定逻辑"这句话使意识形态工作的"极端重要性"跃然纸上，这是习近平总书记对历史唯物主义的一种新认识。习近平总书记的原话是这样讲的："坚持和发展中国特色社会主义，必须不断适应社会生产力发展调整生产关系，不断适应经济基础发展完善上层建筑。我们提出进行全面深化改革，就是要适应我国社会基本矛盾运动的变化来推进社会发展。社会基本矛盾总是不断发展的，所以调整生产关系、完善上层建筑需要相应地不断进行下去。""物质生产是社会历史发展的决定性因素，但上层建筑也可以反作用于经济基础，生产力和生产关系、经济基础和上层建筑之间有着作用和反作用的现实过程，并不是单线式的简单决定和被决定逻辑。"① 只有坚持历史唯物主义，只有清醒认识到"意识形态工作是党的一项极端重要的工作"，我们才能不断把对中国特色社会主义规律的认识提高到新的水平，不断开辟当代中国马克思主义发展新境界。

3. 加强意识形态工作的领导权、管理权、话语权，是国家治理体系和治理能力现代化的题中应有之义。2014 年 2 月 17 日，习近平总书记在省部级主要领导干部学习贯彻十八届三中全会精神全面深化改革专题研讨班开班式上发表重要讲话强调："国家治理体系和治理能力是一个国家的制度和制度执行能力的集中体现，两者相辅相成。"接着，习近平总书记指出："我们的国家治理体系和治理能力总体上是好的，是有独特优势的，是适应我国国情和发展要求的。同时，我们在国家治理体系和治理能力方面还有许多亟待改进

---

① 习近平：《推动全党学习和掌握历史唯物主义，更好认识规律更加能动地推进工作》（习近平总书记在中共中央政治局第十一次集体学习时的讲话），《人民日报》2013 年 12 月 5 日。

的地方，在提高国家治理能力上需要下更大气力。"①为此，他提出，要"推进国家治理体系和治理能力现代化，要大力培育和弘扬社会主义核心价值体系和核心价值观，加快构建充分反映中国特色、民族特性、时代特征的价值体系"②。"一个国家的文化软实力，从根本上说，取决于其核心价值观的生命力、凝聚力、感召力。培育和弘扬核心价值观，有效整合社会意识，是社会系统得以正常运转、社会秩序得以有效维护的重要途径，也是国家治理体系和治理能力的重要方面。"③2014年1月3日，刘云山在全国宣传部长会议上的讲话中继续强调："要把提高舆论引导能力作为推进国家治理体系和治理能力现代化的重要方面，坚持党管媒体，把握正确导向，有效引导社会热点，培育健康向上的网络舆论生态，唱响主旋律、激发正能量。"④

既然国家治理体系和治理能力是一个国家的制度和制度执行能力的集中体现，那么作为上层建筑的重要组成部分的意识形态，无疑是国家治理体系中的有机组成部分；意识形态工作能力，无疑也是国家治理能力的有机组成部分。因此，兼具政治、经济、社会、文化与生态治理和党的建设功能的意识形态工作是国家治理的重要形态之一，而"三权"是国家治理思维在意识形态领域的重要表现。

国家意识形态体制效能主要体现在"三权"上，掌握"三

---

① 习近平：《完善和发展中国特色社会主义制度，推进国家治理体系和治理能力现代化》（习近平总书记2月17日在省部级主要领导干部学习贯彻十八届三中全会精神全面深化改革专题研讨班开班式上的重要讲话），《人民日报》2014年2月18日。

② 习近平：《完善和发展中国特色社会主义制度，推进国家治理体系和治理能力现代化》（习近平总书记2月17日在省部级主要领导干部学习贯彻十八届三中全会精神全面深化改革专题研讨班开班式上的重要讲话），《人民日报》2014年2月18日。

③ 习近平：《把培育和弘扬社会主义核心价值观，作为凝魂聚气强基固本的基础工程》（习近平总书记2月24日在中共中央政治局第十三次集体学习时的讲话），《人民日报》2014年2月26日。

④ 刘云山：《培育健康向上的网络舆论生态》（刘云山2014年1月3日在全国宣传部长会议上的讲话），新华网1月3日。

权"的能力水平如何，决定国家的政治调节成本、社会动员能力和社会的凝聚力、向心力，决定国家治理能力。"三权"有利于完善国家治理模式，掌握"三权"能力与水平的提升有赖于和有助于我国国家治理体系和治理能力现代化，进而有利于在社会政治过程中获取强大的民意基础和推动中国特色社会主义事业取得新的胜利。

三　提出"意识形态工作领导权、管理权、话语权"思想的现实针对性

"在任何一个社会里，社会的成员不可能对于任何一个具体问题都抱有同一种见解。"① 在任何一个国家，都会存在主流意识形态与非主流意识形态。当前，总的来说，改革开放30多年来，我们在狠抓经济建设的同时意识形态建设丝毫没有放松，在推动经济社会又好又快发展的同时，巩固了社会主义阵地。中国特色社会主义在短短30多年的发展进步，已经举世公认，改革发展成果惠及全国人民，全党的道路自信、理论自信、制度自信不断增强，社会各界包括思想界、知识界对中国特色社会主义道路的认同度不断提高，越来越多的人认识到中国走出了一条成功的现代化发展道路，民族自信心和凝聚力大大增强，实现中华民族伟大复兴中国梦成为社会思想领域最强劲的主旋律，我国主流意识形态呈现积极健康向上的大好景象。

在意识形态领域占指导地位的马克思主义随着中国特色社会主义实践发展而不断创新。马克思主义尊重差异、包容多样，主动积极创造性地与随着经济基础变化而变化的社会思想意识进行良性互动，先后创新出适应时代发展的邓小平理论、"三个代表"重要思

---

① 《人民日报》改版社论：《致读者》，《人民日报》1956年7月1日。

想和科学发展观。社会主义市场经济体制的逐步建立和完善，必然带来社会结构的深刻变动、利益格局的深刻调整，带来社会经济成分、组织形式、就业方式、利益关系和分配方式的多样化，这些多样化必然又反映并作用于上层建筑的思想意识形态，引起人们价值观念的独立性、选择性、多样性、多变性和差异性。我们的一元化指导思想如何引导多元多样多变的社会利益诉求及其带来的不同社会思潮和价值观念？党和国家以解放思想、实事求是、与时俱进和求真务实的精神，不断地与随着变化的经济基础而变化的社会思想意识进行良性互动，在互动中不断从多样化的社会思想意识中汲取合理的成分，来扩容自己的指导思想，以便能在实践中不断地去包容更多的多元性的社会思想意识，并积极抵御错误思潮。改革开放以来，正是在这样的包容中扩容、扩容后指导包容的循环往复的良性互动过程中，实现了我们党的理论创新不断和中国特色社会主义取得一个又一个的胜利。"当代中国发展着的马克思主义"的邓小平理论、"三个代表"重要思想、科学发展观，就是在这种循环往复的良性互动过程中先后形成的。

但是，随着国力增强和改革开放的全面深化，非主流意识形态表现得既活跃又有些咄咄逼人，对主流意识形态造成极大的冲击，影响到马克思主义在意识形态领域指导地位的巩固，影响到全党全国人民在全面深化改革中团结奋斗的共同思想基础的巩固，致使党和国家的意识形态工作面临的国内国际形势更为复杂，有时斗争还很激烈。对于这些现实挑战，我们要有清醒的认识和有效的应对之策。

实事求是地认识与看待中国当前意识形态领域的生态环境。当前我国意识形态领域的状况，可以从国内和国际两个方面的发展态势与具体表现形式来加以认识。从国内看，在社会主义市场经济发展条件下，意识形态领域与改革开放前的情境大不相同。改革开放前的意识形态领域生态非常单一，而改革开放后的意识形态领域生态变得复杂多样多变。当下，国内社会阶层的分化和利益格局的调整使社会意识形态呈现出进一步多元化的态势，各种社会思潮的分歧越发明显，争论日趋激烈。主要原因在于我们的经济基础在发生变化，由改革开放前的"一大、二公、三纯"的计划经济体制逐步发展成以公有制为基础、多种所有制经济共同发展的市场经济体制。非公有制经济成分越来越多样复杂，非公有制经济成分与公有制经济的关系随着混合所有制经济的积极发展必将变得越来越多样复杂。当前，国内意识形态面临诸多问题和挑战：其一，西方思想文化、价值观念乃至生活方式对我们产生了广泛影响，如西方所谓的"普世价值""宪政民主"，以及西方资产阶级的极端个人主义、享乐主义和金钱至上等思想，对社会主义制度和社会诚信、社会公德带来挑战；其二，新自由主义、民主社会主义、极端民族主义、文化保守主义、民粹主义、历史虚无主义等思潮呈现出新的态势，挑战中国特色社会主义主流意识形态；其三，住房、医疗、环境、食品安全等民生热点问题引发的信任危机，贫富差距的日益扩大，贪污腐败问题的频发多发，对社会思想稳定造成极大的冲击；其四，迅猛发展的信息革命和互联网技术，给我们的意识形态工作带来极大的挑战，如西方国家利用网络霸权地位，培植和指使一些网络"异见人士""意见领袖"恶意炒作涉党、涉政、涉军舆情，炮制大量负面流言、谣言和虚假信息，诋毁党和政府形象，诋毁党的领导人，对党和政府的路线、方针、政策进行肆意曲解、抹黑和诋毁，颠倒黑白，混淆视听；其五，意识形态工作干部队伍存在一种对新形势下的意识形态工作的极端重要性认识不足，以及不愿做、不安心做、不会做的现象；其六，面对长期复杂而严峻的执政考验、改革开放考验、市场经济考验、外部环境考验，少数党员干部还存在理想信念不坚定等问题。

从国际上看，我国意识形态的发展态势非常不乐观。全球化和西方的"文化帝国主义"严重威胁着我国的意识形态安全，西方一些国家仍然保持对中国意识形态的高压态势,"西强我弱、敌强我弱"的国际意识形态格局并没有随着我国的经济崛起而改观太多。来自国际方面的意识形态挑战的具体体现在:其一,西方发达资本主义国家利用话语权优势,大力向我国推行西式民主、自由、人权价值观,恶意攻击党的领导、企图瓦解党的执政基础,图谋在中国复制"颜色革命";其二,西方一些国家大力支助和扶持"藏独"、"台独"、"东突"、"民运"、"法轮功"等势力,企图培植西化分化中国的内应力量;其三,各种反华势力内外勾连、相互借重;其四,西方一些敌对势力抓住我国经济社会发展的热点问题、民族宗教问题,大肆渲染社会主义失败论、文明冲突论、人权高于主权论,蓄意炒作中国经济威胁论、中国发展威胁论、中国能源威胁论、中国环境威胁论、中国军事威胁论,等等。

面对我国意识形态发展的国内态势与国际影响态势的局面,迫切需要我党从战略上充分认识和重视意识形态工作,迫切需要把意识形态工作的领导权、管理权、话语权牢牢掌握在手中,以充分实现马克思主义一元化指导思想对其他非主流意识形态的整合与引导功能。党的十八届三中全会提出的建立社会主义混合经济所有制,必定又会引发各种利益诉求,带来社会思想意识的新变化。我们的一元化指导思想怎样才能继续指导多元化的社会现实,方法还是在尊重中国社会多元化的社会理念、社会价值、利益诉求的基础上。继续吸取其中的合理成分,寻求最大公约数,凝聚改革共识,汇聚改革正能量。

四 加强意识形态工作领导权、管理权、话语权,有利于实现"两个巩固"

习近平总书记提出,意识形态工作就是要"巩固马克思主义在意识形态领域的指导地位,巩固全党全国人民团结奋斗的共同思想基础"。只有"两个巩固"得到落实，才能保证意识形态工作不会出大问题，才能为经济社会更好更快发展保驾护航，才能保证"两个一百年"奋斗目标的如期实现。当下，坚持和巩固马克思主义指导地位，就是要把马克思主义立场、观点、方法贯穿于意识形态工作的各方面、全过程，坚持用科学理论武装全党、教育人民、指导工作，帮助广大干部群众学好马克思列宁主义、毛泽东思想特别是中国特色社会主义理论体系，学好党的十八大以来习近平总书记系列重要讲话精神，坚定理想信念，巩固共同思想基础，形成强大的精神支柱，这是意识形态工作面临的首要任务。而加强意识形态工作领导权、管理权、话语权建设的目的，就是为了更好地实现"两个巩固"。

党的宗旨决定了党的一切工作包括意识形态工作都必须坚持党性和人民性的统一。坚持党性和人民性的统一是我党牢牢掌握意识形态工作领导权、管理权、话语权的基本要求，是做好各项工作特别是意识形态工作的一个重要原则。实现这个原则，决定着意识形态各方面工作的理念、原则和方向。在意识形态工作中坚持党性，核心就是坚持正确政治方向，站稳政治立场，坚决同党中央保持高度一致，坚决维护中央权威；坚决反对西方的所谓"新闻自由"。在意识形态中坚持人民性，就要把实现好、维护好、发展好最广大人民根本利益作为整个意识形态工作的出发点和落脚点，坚持以民为本、以人为本，切实解决好"为了谁、依靠谁、我是谁"这个根本问题。

坚持党性和人民性的统一，要求党的领导干部和意识形态工作者必须尽职尽责为党和人民事业服务，坚持什么、反对什么，说什么话、做什么事，都要符合党的要求和党的宗旨；要求在现实生活中时刻注意不要把党性和人民性对立起来；要求时刻保持头脑清醒和警惕，视全体人民整体、长远、根本利益为工作原则。

五　如何加强意识形态工作的领导权、
管理权、话语权

党的十八届三中全会《决定》为全面深化改革制定的指导思想、目标任务、重大原则，描绘的全面深化改革的新蓝图、新愿景、新目标，汇集的全面深化改革的新思想、新论断、新举措，如何落实到具体的实践中去，需要一个统一思想的过程。文件制定"只是万里长征走完了第一步，关键还在于落实文件"①。要使《决定》从文件落实到实践行动，还必须在全党全军全国各族人民中夯实全面深化改革的思想认识基础，而思想认识基础的夯实关键在于主动创新和加强意识形态工作，也就是习近平总书记提出的要牢牢掌握意识形态工作的领导权、管理权、话语权，为全面深化改革提供精神动力和共同的思想基础。

1. 加强意识形态工作的领导权。对意识形态工作的领导，是中国共产党作为执政党的应有之义，是人民民主专政国家制度的必然要求。在新的历史起点上全面深化改革，必须做好意识形态工作，而牢牢掌握意识形态工作的领导权则是做好意识形态工作的第一要义。为此：

第一，坚持马克思主义和社会主义，是加强意识形态工作领导权的基本遵循。意识形态具有鲜明阶级属性。加强意识形态工作领导权，就是旗帜鲜明地坚持以马克思主义为指导的社会主义意识形态。马克思列宁主义、毛泽东思想以及中国特色社会主义理论体系，是当代中国的主流意识形态，是被历史和现实证明了的科学理论。只有坚持马克思主义在意识形态领域的根本指导地位，用马克

① 习近平：《完善和发展中国特色社会主义制度，推进国家治理体系和治理能力现代化》（在省部级主要领导干部学习贯彻十八届三中全会精神全面深化改革专题研讨班开班式上的重要讲话），《人民日报》2014年2月18日。

思主义中国化的最新成果武装全党、教育人民，不断巩固和发展中国特色社会主义意识形态，才能统一思想、凝聚人心，并有效引领和整合社会思潮，团结不同社会阶层、不同认识水平的人们为坚持和发展中国特色社会主义、为实现中华民族伟大复兴的中国梦而奋斗。

第二，把握意识形态规律，是加强意识形态工作领导权的必然要求。规律是事物之间内在的必然联系，决定着事物发展的必然趋向。规律是不以人的意志为转移的，但却能为人所认知、所把握、所运用。意识形态作为上层建筑的重要组成，有自己的运行规律。把意识形态工作视为一切工作的生命线，丝毫不为过。在全球经济不景气、国内外思想文化交流交融交锋越来越激烈、改革开放愈加全面而深入和党内腐败问题等世情国情党情都在发生深刻变化的情况下，我们只有运用马克思主义科学的立场观点方法，去认识、把握和运用社会发展的规律及意识形态工作的规律，才能在复杂多变的意识形态斗争中保持清醒，统揽全局、见微知著，在提高意识形态工作前瞻性、增强主动性、打好主动仗的过程中牢牢把握领导权。

第三，更多地从文化、道德而不是从政治层面来加强意识形态工作领导权，是国家治理能力走向现代化的关键。现代国家权力结构包含着政治统治权力和意识形态领导权。在依靠政治统治强力刚性地支持和维系社会秩序的同时，现代国家则更需要依靠非强制的意识形态软性的说服和灌输作用。正如毛泽东同志曾经说的："所谓领导权，不是要一天到晚当作口号去高喊，也不是盛气凌人地要人家服从我们，而是以党的正确政策和自己的模范工作，说服和教育党外人士，使他们愿意接受我们的建议。"① 因此，我们要充分发挥电视、报纸、广播、网络等大众传媒，民主党派、学校，以及教

---

① 《毛泽东选集》第2卷，人民出版社1991年版，第742页。

会、工会、文化机构等社会团体的作用，对整个社会进行意识形态的说服，使社会大众自觉地认同、甚至赞同现实的政治秩序。如果意识形态领导权没有发挥好，甚至旁落他手，那就意味着国家政治危机的到来。

第四，毫不动摇地坚持社会主义核心价值体系，是加强意识形态工作领导权的关键。社会主义核心价值体系是社会主义意识形态的本质体现。也就是说，抓住了这个"价值体系"，就等于号准了如何突破加强意识形态工作领导权的脉。而社会主义核心价值观是社会主义核心价值体系的内核，体现着社会主义核心价值体系的根本性质和基本特征，反映着社会主义核心价值体系的丰富内涵和实践要求，是社会主义核心价值体系的高度凝练和集中表达。坚持社会主义核心价值体系，着重把培育和践行社会主义核心价值观的要求体现到今后的制度设计、法规制定、文明创建和社会管理之中，为培育工作创造良好的滋养条件和土壤环境，以切实增强党的意识形态工作的说服力和战斗力，充分发挥其提升价值认同、协调利益整合、强化力量凝聚、抑制不良思想和行为的重要作用，为实现中华民族伟大复兴中国梦构建强大的精神支柱。

2. 加强意识形态工作的管理权。意识形态管理是有形管理和无形管理的二合一，即通过管理有形的思想意识文化载体去管理人的无形的思想。因为思想是无形的，但思想的传布必须依托一定的载体。

坚持党管意识形态是天经地义的，但如何管却是一门艺术性工作。

第一，管理主体要敢管，敢于"亮剑"。面对意识形态领域错综复杂的形势，各级党委和领导干部必须头脑清醒、立场坚定，对于否定社会主义道路、否定党的领导、否定改革开放等错误言论，要敢抓敢管。在涉及旗帜立场、大是大非的原则问题上，绝不能作旁观者、作壁上观，绝不能含混不清、躲躲闪闪、怀"鸵鸟"心态，而是要敢于发声，敢于"亮剑"，要形成一呼百应的效应。为此，管理者必须要有坚定的马克思主义理想信念，对中国特色社会主义要有道路自信、理论自信、制度自信。以此为标准，再按照职业敏感性和专业性相统一要求，建设好八支队伍：宣传文化系统领导班子队伍、社科理论队伍、新闻媒体工作队伍、舆情管理员队伍、舆情引导员队伍、新闻发言人队伍、传统和新兴媒体队伍及网络舆论"意见领袖"队伍。从正面培育好三种人员：名人引导员、"草根"评论员和微博微信人气王，使党的思想主张的宣传更接地气、聚人气，更富实效。

第二，管理客体要不留死角，实现管理全覆盖。管理客体指意识形态阵地，主要包括报纸、刊物、电台、电视台等构成的传统主流媒体，博客微博、短信微信等新兴网络媒体和移动电视等构成的现代信息传播媒体，以及讲坛、论坛、讲台、课堂等构成的大众传播媒体。加强意识形态工作管理权，需要对整个的意识形态阵地做到管理的全覆盖，并占领阵地制高点。在覆盖式管理中，对主流媒体及附属的新兴媒体必须强化政治导向管理，使其坚持团结稳定、正面宣传为主，弘扬主旋律，传播正能量，发挥正面宣传鼓舞人、激励人的作用，充分发挥其社会"稳定器"作用；对现代信息传播媒体和大众传播媒体，应该以引领为主，扶植一批定位准确、发展方向健康的非主流媒体特别是新兴媒体，保证信息和舆论传播的活力与秩序。

第三，创新管理方法，以更好地引领各种社会思潮。当前，国际国内各种思想文化交流交融交锋日趋激烈，国内各种社会矛盾和问题相互叠加，思想意识问题与现实问题相互交织，对马克思主义一元化指导地位形成较大冲击，意识形态形势更加错综复杂。做好新形势下的意识形态工作，迫切需要创新管理方法，特别是在利用互联网方面要创新出一套有效的管理办法，以确保多元中有主导，坚持以马克思主义引领、整合多样化社会思潮，不断增强主流意识形态的包容性、影响力、感召力，坚决抵制各种错误思潮和落后思想文化的侵袭，牢牢掌握意识形态工作的领导权和话语权。

第四，建立健全意识形态工作制度体系，加快推进意识形态管理的立法工作。意识形态阵地如此众多，在覆盖式管理中，必须建立健全意识形态工作的法律法规和相关制度，综合运用法律、经济、行政、技术等多种手段，实现管理的法制化、规范化、科学化。比如，积极推进新闻、出版、网络管理法律制度建立和行政法规体系建设，积极推进地方相关立法工作，促进依法行政、依法管理；建立健全新媒体从业人员准入制度，全面推进网络、微博、微信等实名制。

第五，树立大宣传理念。意识形态工作是一切工作的生命线，所以要把意识形态工作同各个领域的行政管理、行业管理、社会管理紧密结合起来，努力构建党委统一领导、党政齐抓共管、宣传部门组织协调、有关部门和地方分工负责、共同做好意识形态工作的大格局。在这一格局中，按照大宣传的工作理念，强化人民群众的主体地位，创新宣传工作模式，把引导人民、凝聚人民作为工作的出发点，把动员人民、吸引人民参与作为基本工作路径，把人民群众素质是否提高、是否得到实惠、是否满意作为工作的评价标准。我们的意识形态工作只有真正掌握了人民群众，才是真正掌握了意识形态工作的领导权和话语权。

3. 加强意识形态工作的话语权。要牢牢掌握话语权，得先有自己的话语体系以及相应的表达方式和传播手段。唯有如此，我们才能在意识形态领域牢牢占据制高点。我国实然地走出来一条不同于西方国家的成功发展道路，形成了一套不同于西方国家的成功制度体系，那就应然地存在一套中国的话语体系。我国今天的话语体系是在我国历史传承、文化传统、经济社会发展的基础上长期发展、渐进改进、内生性演化的结果，还需要改进和完善，但关键在于怎么改、怎么完善。

第一，打造中国特色的意识形态话语体系。目前，中国话语体系的打造还停留在"碎片"化阶段，离系统化、体系化还有很长的距离。要想最终形成具有中国风格、中国气派的中国特色话语体系，任重而道远。为此，一方面，需要理论界、学界进行大量的原创性研究，需要到中国优秀传统文化中吸取丰富的养分，去与西方话语体系进行辩论与对抗，与各种社会思潮进行理性辩论与坚决斗争（思想只有在斗争中才能得到更好更快的传播与升华），到中国特色社会主义伟大实践中去总结群众经验并上升为理论。另一方面，为了更好地指导中国特色社会主义实践，我们的话语体系必须能够解释中国革命、建设和改革的辉煌成就，还要能解释中国发展的未来；能够把中国革命、建设时期存在的一些问题，以及中国特色社会主义理论与实践中存在的问题讲清楚、讲明白；要用中华民族的语言，用中国老百姓能听得懂的语言；要能够在"西强我弱"的格局中，强势回应西方强势话语的挑战；要能够在体现中国特色的基础上，展示国际沟通能力和竞争力，要为外国人所听懂和理解。要达到这两个方面的效果，我们必须把视野放在世界五百多年的历史和中国五千多年特别是近代以来的 170 多年的历史背景下，立足中国实际，大胆吸收和借鉴人类社会创造的一切文明成果，吸收和借鉴当今世界各国包括资本主义发达国家的一切反映现代社会化生产规律的积极元素，结合中国优秀传统文化，着力打造融通中外的新概念、新范畴、新表述，用以解读中国的基本国情、价值理念、发展道路、内外政策，形成具有中国特色、中国风格、中国气派；具有强大吸引力、说服力、凝聚力的中国特色的话语体系，着力形成中国特色社会主义理论体系完整性的"大众论述"，形成社会主义意识形态的"中国论述"，从而巩固党和人民团结奋斗的共同思想基础，赢得意识形态斗争的主动权。

另外，要对"马恩列斯"的思想与毛泽东思想、邓小平理论、"三个代表"重要思想、科学发展观，从理论上进行一以贯之的打通，抽象概括出它们中间内在的一脉相承的基本概念、基本原理、基本框架（结构）、基本逻辑以及哲学基础等，使之集成为一个完整的指导中国特色社会主义的科学理论体系。只有这样，真正的中国风格、中国气派的中国话语体系才能形成，"碎片化"才能进化到系统化、体系化。

第二，以中国特色的意识形态话语体系去占据"道义"制高点。话语权包括对外、对内两个层面。在中国特色的意识形态话语体系下，对外：积极拓展对外传播平台和载体，把当代中国价值观念贯穿于国际交流和传播的方方面面；发挥好新兴媒体作用，讲好中国故事，传播好中国声音，阐释好中国特色。对内：对中国人民和中华民族的优秀传统文化和光荣历史，要加大正面宣传力度，通过学校教育、理论研究、历史研究、影视作品、文学作品等多种方式，加强爱国主义、集体主义、社会主义教育，引导我国人民树立和坚持正确的历史观、民族观、国家观、文化观，增强做中国人的骨气和底气；[①] 树立以人民为中心的意识形态工作理念，意识形态工作最终落脚对象是人民，只有掌握了人民，我们的意识形态工作才能产生出巨大的物质力量，我们才能实质性增强意识形态的话语权。[②]

第三，牢牢掌握话语权，必须努力构建起以主旋律统摄多样化、以多样化滋养主旋律的社会主义意识形态氛围。从互联网微博客、微信等"自媒体"和网络"意见领袖"的活跃程度可推断，"话语权"并不总是牢牢掌握在党和政府及其主流媒体手中。我们的主流媒体有时非常被动，常被社会和网络舆论牵着鼻子走。针对这些情况，迫切需要对话语体系内容以及它的表达方式、传播手段等方面主动求新求变。充分弘扬社会主义意识形态自身的吐故纳新

---

① 参见习近平《建设社会主义文化强国着力提高国家文化软实力》（习近平总书记2013年12月30日在中共中央政治局第十二次集体学习时的讲话），《人民日报》2014年1月1日。

② 吴新文：《领导干部要掌握意识形态工作领导权》，《解放日报》2013年9月27日。

功能以及整合、引领和对话能力，使其内容更加充实、表达更具活力、效果更为明显。特别要深入研究把握新媒体发展与管理、新媒体舆情演变与处置、主流舆论场建设与新媒体法治建设等规律，坚持团结稳定鼓劲、正面宣传为主的方针，积极动员广大党员、青年团员、社科专家、媒体工作者、人民群众、社会各界共同参与舆论引导，有理有利有节开展舆论斗争，构建一个以主旋律统摄多样化、以多样化滋养主旋律的社会主义意识形态氛围。这种氛围有利于管控国内舆论倾向；引导国内舆论朝着有利于全面深化改革方向发展；有利于引导国际舆论朝着有利于传播中国声音和讲述中国故事方向发展。

正确认识和处理经济工作与意识形态工作关系

◎ 李春华*

意识形态工作是党和国家工作的重要组成部分，在中国特色社会主义事业全局中具有重要地位。党的十八大以来，面对正在发生深刻变化的世情、国情和党情，面对前所未有的发展机遇和风险挑战，习近平总书记站在党和国家事业发展全局的高度，运用马克思主义基本原理，深刻阐述了事关意识形态工作长远发展的一系列重大理论和实践问题，提出了一系列新思想新论断新要求，不仅丰富了党的意识形态工作的思想理论，而且为统筹做好党和国家各项工作提供了基本遵循。

一 "中心工作"与"极端重要的工作"：经济工作与意识形态工作关系的新定位、新概括、新阐述

我们党历来强调意识形态工作服从和服务于党的中心工作。在长期的革命战争年代，党的意识形态工作紧紧围绕反帝反封建的中

---

* 李春华，中国社会科学院马克思主义研究院研究员。

心任务，围绕党的新民主主义革命的总路线、总政策，动员千百万人民群众进行了艰苦卓绝的斗争，终于赢得了新民主主义革命的胜利。今天，党的中心工作发生了转变，意识形态工作也必须围绕新的中心工作而展开。习近平总书记在"8·19"重要讲话中指出："经济建设是党的中心工作，意识形态工作是党的一项极端重要的工作。"① 这是习近平总书记对经济工作与意识形态工作关系的新定位、新概括、新阐述。一方面，进一步强调经济工作在各项工作中的中心地位，集中精力把经济工作搞上去，是党执政兴国的第一要务，是全党工作的中心、重心和重点。其他一切工作都必须紧紧围绕经济建设这个中心来展开，不能偏离这个中心。意识形态工作也必须紧紧围绕经济建设这个中心工作，为全面深化改革提供思想保证、智力支持和精神动力。另一方面，深刻阐明意识形态工作在党的事业全局中的"极端重要"地位，在抓经济工作的同时，绝不能忽视或放松意识形态工作，必须把它放在极端重要的地位，防止和克服"一手硬、一手软"的倾向。习近平总书记对经济工作与意识形态工作关系全面而深刻的阐述，反映了尊重客观规律与发挥主体自觉能动性的马克思主义观点，凝结着党处理经济工作与意识形态工作关系的丰富经验，体现了我们党对二者关系在认识上的升华和理论上的创新。只有在思想理论上深刻认识党的中心工作与意识形态工作的辩证关系，才能在实践中正确处理二者的关系，坚持"两手抓、两手硬"。既坚持经济工作的中心地位，又发挥好意识形态工作的极端重要作用，使二者相互促进、相得益彰。

习近平总书记运用马克思主义基本理论，对经济工作与意识形态工作关系做了深入阐述。他指出："只有物质文明建设和精神文明建设都搞好，国家物质力量和精神力量都增强，全国各族人民物

---

① 习近平：《胸怀大局　把握大势　着眼大事　努力把宣传思想工作做得更好》，《人民日报》2013 年 8 月 21 日第 1 版。

质生活和精神生活都改善，中国特色社会主义事业才能顺利向前推进。"① 在马克思主义看来，人类社会是一个由多种要素构成的相互联系、相互依存的有机整体，社会的发展是一个系统工程，各个组成部分都要协调发展。马克思曾指出："社会不是坚实的结晶体，而是一个能够变化并且经常处于变化过程中的有机体。"② 社会的发展既是一个自然的历史过程，也是人类能动且自觉参与的不断进步的过程。我们现在讲"五位一体"，从社会最基本的层面来讲，实际上可以区分为物质层面与精神层面。人类在社会实践中创造了物质世界和精神世界，物质世界满足人的肉体生理的需求，精神世界满足人的精神需求。保持物质与精神的协调发展，犹如鸟之两翼、人之两足、车之两轮，是一个社会健康发展的内在要求。当然，社会有机体的物质层面和精神层面并不是并列的平行发展的关系。马克思唯物史观告诉我们，社会存在决定社会意识，社会意识对社会存在具有反作用，经济基础对上层建筑起决定作用，上层建筑对经济基础具有反作用。经济建设是基础，做好经济建设工作，可以为意识形态工作提供坚实的物质基础；意识形态工作是极端重要的工作，做好意识形态工作，可以为经济建设提供有力保障和不竭动力。

经济是社会发展的基础，是我们解决一切问题的基本前提，当然也是做好意识形态工作的物质基础和现实条件。早在我国春秋战国时期，就有"仓廪实而知礼节，衣食足而知荣辱"的观念。人民生活富裕，府库财富充盈，礼仪就能得到发扬，政令才能畅通无阻。其中包含着唯物主义关于"物质决定意识"，"经济基础决定上层建筑"，"物质文明决定精神文明"的萌芽。马克思唯物史观揭示了一个真理——物质资料的生产是人类社会赖以存在和发展的

① 习近平：《胸怀大局　把握大势　着眼大事　努力把宣传思想工作做得更好》，《人民日报》2013 年 8 月 21 日第 1 版。

② 《马克思恩格斯选集》第 2 卷，人民出版社 1995 年版，第 102 页。

基础，促进生产力的发展是人类社会永恒的主题。"物质生活的生产方式制约着整个社会生活、政治生活和精神生活的过程。"① 无论在任何社会，人们都必须首先解决了吃喝穿住的问题，然后才能从事政治、科学、艺术、哲学、宗教等活动。经济活动是整个社会的物质资料的生产和再生产，是指社会物质生产、流通、交换等活动。经济是人类社会的物质基础，是构建人类社会并维系人类社会运行的必要条件。因此，加快经济发展，建立起强大的物质基础，是一个国家、一个民族争取主动、获得优势的关键。毛泽东同志所说的"落后就要挨打"，是总结中华民族近百年来屈辱而苦难的历史教训后告诫我们的真理；邓小平同志提出的"发展才是硬道理"，是总结近半个世纪以来我国社会主义建设经验而得出的结论。物质文明为精神文明提供物质基础和物质手段，精神文明的发展程度归根到底由物质文明的发展程度所决定、所制约。

习近平总书记反复强调经济工作在各项工作中的中心地位。在"8·19"重要讲话中指出："党的十一届三中全会以来，我们党始终坚持以经济建设为中心，集中精力把经济建设搞上去、把人民生活搞上去。"② 这是针对当今世界和中国大局深刻巨变的现实，是对党的十一届三中全会以来中国特色社会主义事业发展历程最深刻的科学概括。坚持以经济建设为中心，是我们改革开放之后确立的基本路线。我们党制定的这条基本路线，不是随心所欲的结果，而是坚持以马克思主义基本理论为指导，从我国社会发展所处的历史阶段和实际状况出发而作出的必然选择。以经济建设为中心是兴国之要，是我们党和国家兴旺发达、长治久安的根本要求，是解决我国当前所面临的一切问题的根本所在。习近平总书记明确了意识形态工作的根本任务，是"要巩固马克思主义在意识形态领域的指导地

① 《马克思恩格斯选集》第 2 卷，人民出版社 1995 年版，第 32 页。
② 习近平：《胸怀大局　把握大势　着眼大事　努力把宣传思想工作做得更好》，《人民日报》2013 年 8 月 21 日第 1 版。

位，巩固全党全国人民团结奋斗的共同思想基础"①。要实现这一根本任务，最根本的就是把经济搞上去。只有经济建设搞上去了，广大人民群众的生活才能得以切实改善和提高，马克思主义的指导作用才能切实地在实践中得以彰显，党执政的物质基础才能得以真正巩固，社会主义制度的优越性才能得以充分体现，意识形态工作的说服力、感召力和实际效果才有可能得以增强。如果没有经济的发展，没有国家强大的物质基础，没有扎扎实实的发展成果，没有人民生活的不断改善，空谈理想信念，空谈思想道德建设，意识形态工作就难以取得好成效、就缺乏有力的现实说服力。

但是，"仓廪实而知礼节，衣食足而知荣辱"，只是正确反映了物质与精神关系的一个方面，即物质决定精神这一方面。如果仅仅这样理解两个文明建设之间的关系也是片面的。事实上，"仓廪实、衣食足"只是"知礼节、知荣辱"的必要条件，而非充分条件。历史与现实都已证明，仓廪实未必一定知礼节，衣食足也并非必然知荣辱。实际上，古人在强调"仓廪实而知礼节，衣食足而知荣辱"的同时，还提出"四维不张，国乃灭亡"，即不大加宣扬"礼、义、廉、耻"的伦理，国家就会灭亡。我们强调经济发展的基础地位，并不是说一定要等到物质基础具备了，我们才来做意识形态工作，或者说只有经济发展了，才能做好意识形态工作。这些都是对二者关系片面的、机械的理解。中国改革开放30多年来，经济社会飞速发展，人民生活水平大幅度提高，整个社会走向进步文明。但与物质文明建设巨大成就形成反差的是一些人的精神困惑、思想迷茫和道德失范。由此可见，不是物质生活好了就一切都能水到渠成，物质文明强大了，精神文明并不一定自然而然地提高，不是经济发展了，意识形态工作就一定能自然而然地做好。而且，越是以经济建设为中心，越是在改革攻坚克难的关键时刻，越

---

① 习近平：《胸怀大局 把握大势 着眼大事 努力把宣传思想工作做得更好》，《人民日报》2013年8月21日第1版。

是需要加强意识形态工作，从而为经济建设提供强大精神动力支撑。

习近平总书记对意识形态工作的重要地位做了新的阐述，他指出，"意识形态工作是党的一项极端重要的工作"。这一阐述表明，在集中精力进行经济建设的同时，一刻也不能放松和削弱意识形态工作。高度重视并善于做宣传思想工作或意识形态工作，是我们党的政治优势和优良传统，是我们党凝聚力量、战胜艰难险阻、夺取一个又一个胜利的重大法宝。党从成立之日起，就把这一工作放在党的全部工作的重要位置上，在广泛的领域开展了形式多样、卓有成效的宣传鼓动工作，在唤起民众、鼓舞士气、瓦解敌军等方面发挥了极其重要的作用，成为中国革命取得胜利的"第二大武器"。我们党对宣传思想工作或意识形态工作的重要地位和作用，一直用"生命线"一词来形象地比喻和凝练地表达。把这项工作强调到"极端重要"的程度，这在党的历史上还是第一次。从"生命线"到"极端重要"，是对意识形态工作或宣传思想工作重要地位和作用的新表达、新概括、新论断，表明了我们党对这项工作认识上的又一次升华。

所谓"极端重要"，就是进一步增强"重要"的程度，进一步强调党的意识形态工作在党的整个事业中所具有的根本性、战略性、全局性、关键性。从马克思主义的观点看，意识形态是国家权力的组成要素，即"思想的上层建筑"，其功能是夺取政权和巩固政权。就是说，任何一个政权的建立，总要先造舆论，取得道义上的广泛认同；而一个政权的巩固，则总要把统治阶级的意志上升为统治思想，成为社会的普遍共识。① 意识形态对政治、经济具有巨大的反作用，它关系着人心的向背、社会的安定、经济的兴衰、政权的得失、国家的安危。邓小平同志早就指出：不加强精神文明建

---

① 侯惠勤：《意识形态的历史转型及其当代挑战》，《马克思主义研究》2012 年第 2 期。

设，物质文明的建设也要受破坏，走弯路。光靠物质条件，我们的革命和建设都不可能胜利。① 物质文明搞不好，精神文明会受到影响；同样，精神文明搞不好，物质文明也要受到影响。经济建设事关党和国家的前途命运，意识形态工作也同样关系到党和国家的前途命运，关系到中国特色社会主义的成功，关系到广大人民的幸福安康。经济建设工作搞不好会翻船，意识形态工作搞不好则会变色、会变质。意识形态所具有的政治支持、统一思想、引导舆论、鼓舞动员、凝聚力量等作用，是党的任何工作取得成功的关键所在。

伴随国际形势的风云变幻、国内经济社会的转轨转型、新技术新媒体的迅猛发展，党的意识形态工作面临着严峻挑战。世界范围内各种思想文化交流、交融、交锋更加纷繁复杂，西方意识形态渗透方式发生新变化，采取新的手法来散布"意识形态终结"的迷雾，推销"普世价值"的神话；运用各种传播工具，抢占舆论阵地，公开或隐蔽地推销其社会政治理论、价值观念、意识形态和生活方式。国内形势发生复杂变化，我国改革发展进入关键阶段。社会矛盾日益复杂，思想文化多元多样多变，享乐主义、拜金主义、极端个人主义在一些地方还严重存在，一些人世界观、人生观、价值观发生扭曲，是非混淆、善恶颠倒、荣辱不分的现象还时有发生。科学技术的日新月异，传播手段的迅猛发展，新兴媒体对人们的影响日益增大。网络已经成为人类生存的又一"家园"，成为人们与外界交流、获取信息、学习知识、表达思想的主要途径。但网络是一把"双刃剑"，网络信息良莠不齐、泥沙俱下、鱼目混珠，极易对社会产生负面影响。在这种状态下，以掌握舆论和引导舆论为重要内容的意识形态工作，显得"极端重要"。

必须指出的是，一方面肯定经济建设在党的各项工作中的中心

① 参见《邓小平文选》第3卷，人民出版社1993年版，第154页。

地位，另一方面又强调意识形态工作的"极端重要"，看似矛盾但实则不然。依据马克思唯物史观，经济的决定作用是在"归根到底"意义上的决定作用，它具有根源性、终极性，却并不具有唯一性，也不一定具有直接性。恩格斯曾严肃地指出，无论马克思或他都从来没有肯定过比"历史过程中的决定性因素归根到底是现实生活的生产和再生产""更多的东西"，"如果有人在这里加以歪曲，说经济因素是唯一决定性的因素，那么他就是把这个命题变成毫无内容的、抽象的、荒诞无稽的空话"。他强调，"对历史斗争的进程发生影响并且在许多情况下主要是决定着这一斗争的形式的，还有上层建筑的各种因素"。他指出，政治的、法律的和哲学的理论，宗教的观点等，就是这样的因素。这里表现出一切因素间的"相互作用"。[1] 因此，党在坚持以经济建设为中心的同时，强调意识形态工作"极端重要"，这并没有违反历史唯物论，而正是坚持了历史唯物论和辩证法的统一。[2]

在新的形势下，我们要深刻认识经济工作与意识形态工作的辩证关系，坚决反对和抵制割裂二者关系的思想和行为。一方面，要反对片面夸大经济工作基础作用的"唯经济工作论""意识形态无用论"，这实际是"经济决定论"的表现，认为只要把经济搞上去了，一切问题就都解决了；另一方面，也要反对片面夸大意识形态工作反作用的"唯意识形态论"，这实际是"以阶级斗争为纲"的表现。这两种倾向在实践上都是极其有害的。离开意识形态工作搞经济工作，容易使经济工作迷失方向；离开经济工作单纯搞意识形态工作，就会使意识形态工作陷入空谈。只有坚持经济工作和意识形态工作"两手抓、两手都要硬"，既坚持以经济建设为中心不动摇，又坚持抓好意识形态工作不放松，以改革发展为意识形态奠定

---

[1]　《马克思恩格斯选集》第 4 卷，人民出版社 1995 年版，第 694—696 页。
[2]　参见田心铭《略论意识形态工作的几个问题——学习习近平总书记在全国宣传思想工作会议上的讲话精神》，《马克思主义研究》2013 年第 11 期。

物质基础,以意识形态的巩固为改革发展提供坚实思想基础和强大精神力量,才能把中国特色社会主义事业不断向前推进。

二　坚持经济建设的中心地位不动摇,通过全面深化改革切实做好经济工作,为意识形态工作提供坚实的物质基础和现实条件

改革开放以来,我们党制定了"一个中心、两个基本点"的基本路线,其中的"一个中心"就是"以经济建设为中心"。习近平总书记在系列重要讲话中反复强调经济工作在各项工作中的中心地位,在"8·19"重要讲话中指出:"党的十一届三中全会以来,我们党始终坚持以经济建设为中心,集中精力把经济建设搞上去、把人民生活搞上去。只要国内外大势没有发生根本变化,坚持以经济建设为中心就不能也不应该改变。这是坚持党的基本路线一百年不动摇的根本要求,也是解决当代中国一切问题的根本要求。"[①] 这段论述不仅表明了坚持以经济建设为中心的重大意义,而且表明了我们党毫不动摇、牢牢抓住经济建设这个中心的坚定性。党的十八大以来,习近平总书记多次强调,面对当前复杂多变的形势,我们要善于把握大势,紧跟时代潮流,抢抓机遇,顺势而为。这是对国际国内形势高度清醒与自觉的表现。

在新的历史起点上,以经济建设为中心,就是要坚定不移地全面深化改革。党的十八大以来,习近平总书记在系列重要讲话中,提出了"全面深化改革"的重要思想,对于全面深化改革的重要性、紧迫性、改革的方向和目标等重大问题做了深刻的阐述,不仅成为新一轮改革的指导思想,也为做好意识形态工作提供了客观依据。

---

① 习近平:《胸怀大局　把握大势　着眼大事　努力把宣传思想工作做得更好》,《人民日报》2013 年 8 月 21 日第 1 版。

习近平总书记指出，"改革开放是党在新的历史条件下领导人民进行的新的伟大革命，是决定当代中国命运的关键抉择"①。"改革开放是决定当代中国命运的关键一招，也是决定实现'两个一百年'奋斗目标、实现中华民族伟大复兴的关键一招。"② 事实胜于雄辩。改革开放是发展的强大动力。没有改革开放，就不会有这30多年来的发展成就；没有改革开放，就不会有中国特色社会主义道路的成功开辟；没有改革开放，就不会有今日神州大地上的生机与活力。过去的发展成就靠的是改革开放，未来中国的发展依然要靠改革开放。习近平总书记在多次讲话中强调，"没有改革开放，就没有中国的今天，也就没有中国的明天。改革开放中的矛盾只能用改革开放的办法来解决"③。这是习近平总书记从马克思主义认识论的高度对改革开放作出的科学结论，是中国特色社会主义建设实践规律的科学总结。

"改革不停顿，开放不止步"，"改革开放只有进行时、没有完成时"……坚定不移地深化改革开放，是习近平总书记在系列重要讲话中反复强调的一个重大问题。时间发展永无止境、解放思想永无止境、改革开放永无止境。马克思主义辩证法揭示了事物发展的永恒性和规律性。在人类社会的发展中，生产关系与生产力之间、上层建筑与经济基础之间，永远处于不断调整和改革的状态之中。从社会主义制度的确立到中国特色社会主义道路的探索，正是中国共产党随着实践的发展认识深化的过程。习近平总书记把改革开放上升到科学规律的高度来定位，向世人宣告，改革开放是中国历史

---

① 2012年11月15日习近平总书记在党的十八届一中全会上讲话节选：《全面贯彻落实党的十八大精神要突出抓好六个方面工作》，《求是》2013年第1期。

② 2012年12月11日习近平总书记在广东考察工作时的讲话：《增强改革的系统性整体性协同性，做到改革不停顿开放不止步》，新华网，http://news.xinhuanet.com/politics/2012-12/11/c_113991112.htm。

③ 2012年12月31日习近平总书记在十八届中共中央政治局第二次集体学习时的讲话：《以更大的政治勇气和智慧深化改革，朝着十八大指引的改革开放方向前进》，中国共产党新闻网，http://cpc.people.com.cn/n/2013/0525/c64094-21613836.html。

发展的必然结果，是马克思主义普遍原理与中国实际相结合得出的正确结论。

"我们要坚持改革开放正确方向，敢于啃硬骨头，敢于涉险滩，敢于向积存多年的顽瘴痼疾开刀，切实做到改革不停顿、开放不止步。"① 当前改革进入了攻坚期和深水区。我们既面临着复杂的国际环境，又面对着改革发展的艰巨任务，这些都是对进一步深化改革的重大考验，考验着改革的勇气，更考验改革的智慧，迫切要求我们作出更大的努力。改革开放是一项长期的、艰巨的、繁重的事业，必须一代又一代人接力干下去。中国已经进入改革的深水区，需要解决的都是难啃的硬骨头，这个时候需要"明知山有虎，偏向虎山行"的勇气，不断把改革推向前进。当前，我国发展面临一系列突出矛盾和挑战，推进改革的复杂程度、敏感程度、艰巨程度，一点也不亚于30多年前。唯有牢固树立进取意识、机遇意识、责任意识，迎难而上，攻坚克难，冲破思想观念的障碍、突破利益固化的藩篱，才能进一步推进中国特色社会主义建设的进程。

习近平总书记在系列重要讲话中强调，坚持全面深化改革，必须明确方向和目标。"改革开放是一场深刻革命，必须坚持正确方向，沿着正确道路推进。在方向问题上，我们头脑必须十分清醒，不断推动社会主义制度自我完善和发展，坚定不移走中国特色社会主义道路。"② 我们的改革，是在中国特色社会主义道路上不断前进的改革，偏离了坚持和改善党的领导、偏离了坚持和完善中国特色社会主义制度，就南辕北辙了。他指出，"中国是一个大国，决不能在根本性问题上出现颠覆性错误，一旦出现就无法挽回、无法弥

---

① 2013年10月7日习近平总书记在亚太经合组织工商领导人峰会上的演讲：《深化改革开放　共创美好亚太》，新华网，http://news.xinhuanet.com/world/2013-10/08/c_125490697.htm。

② 2012年12月31日习近平总书记在中共十八届中央政治局第二次集体学习时的讲话：《以更大的政治勇气和智慧深化改革，朝着十八大指引的改革开放方向前进》，中国共产党新闻网，http://cpc.people.com.cn/n/2013/0525/c64094-21613836.html。

补。我们的立场是胆子要大、步子要稳，既要大胆探索、勇于开拓，也要稳妥审慎、三思而后行"①。不走封闭僵化的老路，也不走改旗易帜的邪路，这就要求我们坚持社会主义市场经济改革方向，把握全面深化改革的重大关系，处理好解放思想和实事求是、整体推进和重点突破、全局和局部、顶层设计和摸着石头过河、胆子要大和步子要稳、改革发展稳定等的关系，从而确保改革积极稳妥、健康有序推进。

习近平总书记指出，"坚持把完善和发展中国特色社会主义制度，推进国家治理体系和治理能力现代化作为全面深化改革的总目标"②。完善和发展中国特色社会主义制度，同推进国家治理体系和治理能力现代化是相辅相成的。完善和发展中国特色社会主义制度既是建设中国特色社会主义的根本保障，也是推进国家治理体系和治理能力现代化的重要前提。中国特色社会主义制度是新中国成立以来特别是改革开放以来我们党和国家在实践中逐步形成的，集中体现了社会主义的特点和优势。全面深化改革，不是要改变这一制度，而恰恰是要完善和发展这一制度，进一步巩固这一制度。因此，要从中国特色社会主义经济、政治、文化、社会、生态文明建设和党的建设等方面全面深化改革，使各个领域的体制改革和各项具体制度更加完善。这样的历程，必然要求改革是全面的改革，包括经济、政治、文化、社会、生态文明和党的建设等各个方面的改革。增强改革的系统性、整体性、协同性，以经济体制改革为重点，牵引和带动其他领域的改革，从而使各方面改革协同推进、形成合力。

全面深化改革，必须坚持以科学发展为主题，抓住转变方式的

---

① 2013年10月7日习近平总书记在亚太经合组织工商领导人峰会上的演讲：《深化改革开放　共创美好亚太》，新华网，http：//news. xinhuanet. com/world/2013 - 10/08/c_125490697. htm。

② 2012年12月31日习近平总书记在十八届中共中央政治局第二次集体学习时的讲话：《以更大的政治勇气和智慧深化改革，朝着十八大指引的改革开放方向前进》，中国共产党新闻网，http：//cpc. people. com. cn/n/2013/0525/c64094 -21613836. html。

新机遇。党的十八大指出："在当代中国，坚持发展是硬道理的本质要求就是坚持科学发展。以科学发展为主题，以加快转变经济发展方式为主线，是关系我国发展全局的战略抉择。"① 习近平总书记指出，"在前进道路上，我们一定要坚持以科学发展为主题、以加快转变经济发展方式为主线，切实把推动发展的立足点转到提高质量和效益上来，促进工业化、信息化、城镇化、农业现代化同步发展，全面深化经济体制改革，推进经济结构战略性调整，全面提高开放型经济水平，推动经济持续健康发展"②。要以科学发展为主题，把推动发展的着力点转到质量和效益上来，下大气力推进绿色发展、循环发展、低碳发展。要大力推进产业结构调整，重点是化解产能过剩，推动产业转型升级。要推动战略性新兴产业发展，支持服务业新型业态和新型产业发展，加快传统产业优化升级，扎实推进产业结构转型。

总之，从根本上说，国家经济发展、人民生活富裕，是搞好意识形态工作的坚实基础和现实条件。只有全面深化改革，加快经济发展，建立起强大的物质基础，切实改善和提高广大人民群众的生活质量和水平，才能真正体现社会主义的本质，充分展现社会主义的优越性，才能巩固社会主义制度，才能巩固我们党执政的物质基础和执政地位，从而最终巩固马克思主义在意识形态中的指导地位，巩固全党全国人民团结奋斗的共同思想基础。正如习近平总书记所指出的，"中国特色社会主义之所以具有蓬勃生命力，就在于是实行改革开放的社会主义。只有改革开放才能发展中国、发展社会主义、发展马克思主义"③。

---

① 《十八大报告辅导读本》，人民出版社 2012 年版，第 20 页。
② 2012 年 11 月 15 日习近平总书记在党的十八届一中全会上的讲话：《全面贯彻落实党的十八大精神要突出抓好六个方面工作》，《求是》2013 年第 1 期。
③ 同上。

三 围绕中心、服务大局，切实做好意识形态工作，为经济工作提供坚实的思想保证、强大的精神力量和健康有序的社会环境

习近平总书记系列重要讲话，阐述了当前形势下做好意识形态工作的一系列思想观点。他在"8·19"重要讲话中指出，意识形态工作一定要把围绕中心、服务大局作为基本职责，胸怀大局、把握大势、着眼大事，找准工作切入点和着力点，做到因势而谋、应势而动、顺势而为。① 意识形态工作不是虚的、软的、可有可无的，而是有其内在规律和科学方法的。关键的一点就是，要服从和服务于经济建设这个中心，绝不能脱离、干扰甚至替代经济工作，再回到"以阶级斗争为纲"的老路上去。意识形态工作是党团结和带领全国各族人民建设中国特色社会主义的基础。只有充分加强意识形态工作，才能保证经济工作和其他工作的正确发展方向，才能排除和战胜前进道路上的各种干扰和阻碍，才能巩固和发展全国人民团结奋斗的共同思想基础。

以"两个巩固"为根本任务，为改革发展坚持正确的方向提供思想保障。习近平总书记指出，"宣传思想工作就是要巩固马克思主义在意识形态领域的指导地位，巩固全党全国人民团结奋斗的共同思想基础"②。这一概括，标志着党对社会主义意识形态建设规律的认识达到了新的高度。"两个巩固"是推进中国特色社会主义事业顺利发展的根本要求。当前，虽然宣传思想工作或意识形态工作的环境、对象、范围、方式发生了很大变化，但其根本任务没有变，也不能变。"两个巩固"的根本任务，为我们在新的历史起点

---

① 2013 年 8 月 19 日习近平总书记在全国宣传思想工作会议上的讲话：《胸怀大局把握大势着眼大事　努力把宣传思想工作做得更好》，《人民日报》2013 年 8 月 21 日第 1 版。

② 同上。

上开创意识形态工作新局面，确定了原则、指明了方向、提供了遵循。

在改革的方向上始终存在着不同的认识，争论的实质不是还要不要改革，而是在于进行什么样的改革；不在于要不要搞市场经济，而在于搞什么样的市场经济，这就是改革的方向问题。习近平总书记系列重要讲话对于"坚持什么、反对什么"，"肯定什么、否定什么"，"做什么、不做什么"，"为什么做、做什么、怎么做"，都发出了明确无误的政治信号，更加坚定了走中国特色社会主义道路的决心和信心，更加坚定了全面深化改革开放、坚持社会主义市场经济体制的改革取向和政策选择。[①] 他明确指出，"改革开放是一场深刻革命，必须坚持正确方向，沿着正确道路推进。在方向问题上，我们头脑必须十分清醒，不断推动社会主义制度自我完善和发展，坚定不移走中国特色社会主义道路"[②]。我们所进行的改革是市场经济与社会主义基本制度更好地结合，要更多的市场调节、更多的社会主义，这就是中国经济改革的正确方向。我们的意识形态工作，就是要充分论证改革坚持社会主义方向的必然性和必要性。中国特色社会主义是社会主义，不是别的什么主义；不论怎么改革、怎么开放，都要始终坚持中国特色社会主义道路、理论体系和制度。要通过科学地分析国际共产主义和社会主义运动的历史发展进程，特别是我们党探索中国特色社会主义的伟大实践，全面系统深刻地阐述坚持和发展中国特色社会主义需要把握的重大理论和现实问题，用马克思主义理论武装广大干部群众的头脑，正本清源、把关定向、明辨是非，在根本方向、根本原则问题上立场坚定不移，为深化改革发展提供思想保障作用。

---

① 参见王伟光《当今中国马克思主义的重要文献——习近平总书记系列重要讲话精神的学习体会》，《求是》2014年第4期。

② 2012年12月31日习近平总书记在十八届中共中央政治局第二次集体学习时的讲话：《以更大的政治勇气和智慧深化改革，朝着十八大指引的改革开放方向前进》，中国共产党新闻网，http://cpc.people.com.cn/n/2013/0525/c64094-21613836.html。

积极培育社会主义核心价值观，为经济发展提供强大的精神力量和健康有序的环境。习近平总书记指出，"要加强社会主义核心价值体系建设，积极培育和践行社会主义核心价值观，全面提高公民道德素质，培育知荣辱、讲正气、作奉献、促和谐的良好风尚"①。当前，针对理想信念缺失、个人主义、享乐至上、挥霍浪费等不良社会风气，要大力加强理想信念宣传教育。习近平总书记特别强调，党员、干部要坚定马克思主义、共产主义信仰，要求领导干部特别是高级干部要把系统掌握马克思主义基本理论作为看家本领，老老实实、原原本本学习马克思列宁主义、毛泽东思想，特别是邓小平理论、"三个代表"重要思想、科学发展观。② 理想信念是一个人世界观、人生观、价值观的根本反映，是政治方向的集中体现。加强理想信念教育是保持强大精神支柱的基础，是树立正确道德观念的关键，是凝聚人心的保障。因此，我们的意识形态工作，必须突出理想信念教育，坚持不懈地对共产党员、共青团员和先进分子进行共产主义思想教育，引导广大党员干部树立共产主义理想信念，保证党员干部在思想上永不变质，在行动上做到执政为民。要向全国人民特别是青少年进行爱国主义、集体主义、社会主义和自力更生的思想教育以及革命传统教育，使人们树立正确的世界观、人生观和价值观，成为有理想、有道德、有文化、有纪律的社会主义新人。

习近平总书记指出，"坚持团结稳定鼓劲、正面宣传为主，是宣传思想工作必须遵循的重要方针。必须坚持巩固壮大主流思想舆论，弘扬主旋律，传播正能量，激发全社会团结奋进的强大力量"③。要用马克思主义和社会主义思想去指导理论研究、宣传教

---

① 2013 年 8 月 19 日习近平总书记在全国宣传思想工作会议上的讲话：《胸怀大局把握大势着眼大事　努力把宣传思想工作做得更好》，《人民日报》2013 年 8 月 21 日第 1 版。

② 同上。

③ 同上。

育、新闻出版等部门的工作，占领思想文化阵地。习近平总书记特别强调，"党校、干部学院、社会科学院、高校、理论学习中心组等都要把马克思主义作为必修课，成为马克思主义学习、研究、宣传的重要阵地"①。哲学社会科学的创造和发展，离不开马克思主义的指导，不能没有社会主义方向的指引。要紧紧抓住社会主义核心价值观这个根本，将其贯彻到哲学、道德、宗教、艺术，以及经济、政治思想等社会主义意识形态的各个领域当中去，坚决抵制普世价值、历史虚无主义等各种错误思潮和腐朽思想的影响。文艺创作和文化生产要坚守社会责任和道德原则，把社会效益放在首位，既要坚持百花齐放、百家争鸣的方针，更要坚持为人民服务和为社会主义服务的方向，发挥其引领社会、动员大众、凝聚人心、推动发展的作用，坚决抵制一切丑恶腐朽的东西和精神垃圾，为经济建设和社会发展营造安定团结、和谐有序、蓬勃向上的有利环境。要增强政治意识、大局意识、核心意识、看齐意识，不断改革创新，掌握舆论工作领导权和主动权，全面提升网上舆论工作水平。以马克思主义为指导，对新媒体中的各种思潮、模糊认识和社会情绪以及普遍关注的社会热点问题进行有效的阐释、引导和疏导，使之成为党的舆论宣传的重要载体和阵地，培育健康的新媒体舆论生态环境，引导复杂多变的舆论生态良性发展。

讲好中国故事，传播好中国声音，为我国经济发展争取有利的国际条件。习近平总书记对新形势下的对外宣传思想工作作出了新的阐述、提出了新的要求。他指出，"要精心做好对外宣传工作，创新对外宣传方式，着力打造融通中外的新概念新范畴新表述，讲好中国故事，传播好中国声音"②。他多次强调中国选择的发展道路的客观必然性。例如"鞋子合不合脚，自己穿了才知道。一个国家

---

① 2013 年 8 月 19 日习近平总书记在全国宣传思想工作会议上的讲话：《胸怀大局把握大势着眼大事　努力把宣传思想工作做得更好》，《人民日报》2013 年 8 月 21 日第 1 版。

② 同上。

的发展道路合不合适，只有这个国家的人民才最有发言权"①。"独特的文化传统，独特的历史命运，独特的基本国情，注定了我们必然要走适合自己特点的发展道路。"② 并进一步指明了如何宣传阐释中国特色："要讲清楚每个国家和民族的历史传统、文化积淀，基本国情不同，其发展道路必然有着自己的特色；讲清楚中华文化积淀着中华民族最深沉的精神追求，是中华民族生生不息、发展壮大的丰厚滋养；讲清楚中华优秀传统文化是中华民族的突出优势，是我们最深厚的文化软实力；讲清楚中国特色社会主义植根于中华文化沃土、反映中国人民意愿、适应中国和时代发展进步要求，有着深厚历史渊源和广泛现实基础。"③ 这是习近平总书记对党的对外宣传工作思想的新发展，具有十分重要的理论意义和现实意义。

中国改革开放取得的成就举世瞩目，我们既赢得了不少国际社会的赞叹和掌声，同时，也受到了一些误解、质疑和批评，"中国威胁论""中国崩溃论""中国责任论"不绝于耳。这些批评和质疑，在一定程度上对中国的形象和威望造成了损害。因此，宣传思想工作要通过"四个讲清楚"阐释中国特色社会主义产生的深厚历史渊源和广泛现实基础，告诉世界：独特的文化传统，独特的历史命运，独特的基本国情——这一系列客观条件决定了我们选择的道路。通过国际学术交流、宣传报道等各种途径，向世界宣传中国的改革发展，使国际社会从不同侧面、不同角度全面客观、理性地认识真实的中国。同时，也把精彩的世界呈现给国内人民，开阔中国人民的国际视野，有效增进中国人民与世界各国人民的理解与友谊。正确引导和影响国际舆论、增信释疑、消除误解，树立我国在

---

① 2013 年 3 月 23 日习近平总书记在莫斯科国际关系学院的演讲：《顺应时代前进潮流，促进世界和平发展》，中国共产党新闻网，http://theory.people.com.cn/n/2013/0325/c40531-20902911.html。

② 2013 年 8 月 19 日习近平总书记在全国宣传思想工作会议上的讲话：《胸怀大局把握大势着眼大事　努力把宣传思想工作做得更好》，《人民日报》2013 年 8 月 21 日第 1 版。

③ 同上。

国际社会中坚持走和平发展道路的负责任大国的形象，赢得国际社会的了解、尊重和支持，有效化解国际舆论压力，为我国经济发展争取有利的国际条件。

十八大以来我国对外战略的思想研究

◎ 范强威　王雪冬　孟庆友

党的十八大以来，习近平总书记对国际关系和我国外交战略的一系列重要论述，体现了我们党对国际格局和中国与世界关系变化的深刻把握，显示了我们党的远见卓识和外交智慧，引领我国外交进入一个新的活跃期和开拓期。

一　和平发展道路是我国根本利益的战略选择

和平发展是中国特色社会主义的必然选择。习近平总书记在十八届中共中央政治局第三次集体学习时的讲话中指出，走和平发展道路，是我们党根据时代发展潮流和我国根本利益作出的战略抉择。我们要以邓小平理论、"三个代表"重要思想、科学发展观为指导，加强战略思维，增强战略定力，更好统筹国内国际两个大局，坚持开放的发展、合作的发展、共赢的发展，通过争取和平国际环境发展自己，又以自身发展维护和促进世界和平，不断提高我国综合国力，不断让广大人民群众享受到和平发展带来的利益，不断夯实走和平发展道路的物质基础和社会基础。

① 范强威，中国社会科学院马克思主义研究院副研究员；王雪冬、孟庆友，中国社会科学院马克思主义研究院助理研究员。

和平发展道路不是权宜之计，而是我国根本利益的战略选择。中华民族是爱好和平的民族。消除战争，实现和平，是近代以后中国人民最迫切、最深厚的愿望。走和平发展道路，是对中华民族优秀传统文化的传承和发展，也是中国人民从自身近现代苦难遭遇中得出的必然结论。中国人民对战争带来的苦难有着刻骨铭心的记忆，对和平有着孜孜不倦的追求，十分珍惜和平安定的生活。中国人民怕的就是动荡，求的就是稳定，盼的就是天下太平。

中国的和平发展道路来之不易，是新中国成立以来特别是改革开放以来，我们党经过艰辛探索和不断实践逐步形成的。我们党始终高举和平的旗帜，从来没有动摇过。在长期实践中，我们提出和坚持了和平共处五项原则，确立和奉行了独立自主的和平外交政策，向世界作出了永远不称霸、永远不搞扩张的庄严承诺，强调中国始终是维护世界和平的坚定力量。以上所述，我们必须始终不渝坚持下去，永远不能动摇。

党的十八大明确提出了"两个一百年"奋斗目标，我们还明确提出了实现中华民族伟大复兴的中国梦。实现我们的奋斗目标，必须有和平国际环境。没有和平，中国和世界都不可能顺利发展；没有发展，中国和世界也不可能有持久和平。我们一定要抓住机遇，集中精力把自己的事情办好，使国家更加富强，使人民更加富裕，依靠不断发展起来的力量更好地走和平发展道路。①

从 20 世纪 80 年代邓小平同志提出和平与发展是当代世界的主题后，世界经历了许多深刻变化，发生了许多重大事件，但是，和平与发展的时代主题至今没有改变。当今世界，各国利益空前交织，越来越成为一个命运相连的地球村，今天的人类比以往任何时候都更有条件朝和平与发展的目标迈进。然而，当前影响世界和平与发展的消极因素仍然很多，天下仍很不太平，全球发展不平衡加

---

① 习近平：《更好统筹国内国际两个大局　夯实走和平发展道路的基础——在十八届中共中央政治局第三次集体学习时的讲话》，新华社 2013 年 1 月 29 日。

剧，霸权主义、强权政治和新干涉主义有所上升，维护世界和平、促进共同发展依然任重道远。未来一个时期是中国和世界关系深度磨合、调整适应的敏感时期，中国越发展壮大，遇到的外部阻力、战略压力就越大，面临的外部风险挑战也就越多。

中国的快速发展对原有的国际及地区利益格局带来了全方位的冲击，中国与各方关系都面临着深刻复杂的调整。美国等西方国家加强对中国的防范和牵制，相互矛盾和摩擦将会持续不断。一些新兴市场和发展中国家与中国存在一定程度的同质竞争，分歧和摩擦也在增多。中国与部分周边国家的领土主权和海洋权益争端可能升温。中国面临的外部风险上升。国际金融危机的影响仍在深化，全球经济复苏困难重重，金融市场动荡不定，西方企图转嫁危机。随着改革开放的不断推进，中国面临的金融等各种经济安全挑战增大。变化中的世界，全球性问题层出不穷，地区动荡此起彼伏，西方国家热衷于推行"新干涉主义"，增加了世界的不稳定和不确定性。一些国家可能继续利用中国台湾、涉藏、涉疆以及领土主权和海洋权益争端等问题，对中国的发展进行干扰。当前，中国正在步入改革深水区、发展转型期和矛盾多发期，西方企图利用我国国内问题进行炒作，对中国实行"软遏制"，中国维护国内稳定的任务更加艰巨。

从国际舆论看，随着中国综合国力和国际影响力不断上升，中国同世界的关系发生了历史性变化。国际社会更加重视中国的地位和作用，各国都在观察和思考：中国发展是否可持续？中国向何处去？中国强大了，在世界上要干什么，对世界产生什么影响？各国该如何因应中国的发展？不容回避的是，由于意识形态差异、冷战思维作祟、国际舆论秩序不公正不合理，国际上对华偏见、误解、疑虑仍然存在，一些人对中国的快速发展不适应、不舒服，"中国威胁论""中国责任论""中国强硬论""中国崩溃论"等不时翻新花样。对此，我们必须客观、理性地分析，并作出有力而有效的回应。从更深层次来讲，中国与世界还需要互相了解和互相理解。在新形势下，世界比以往任何时候都需要了解中国，中国比以往任何时候都需要了解世界。我们要积极引导国际社会树立客观全面的"中国观"和"互利共赢观"，了解真实的中国，理解中国优秀的历史文化、发展道路、发展理念以及和平、发展、合作、共赢的外交政策，树立和维护我国负责任的国家形象，使外界以平和心态接受中国等新兴大国的发展。同时，我们也要积极引导国内民众树立正确的"世界观"和"国家利益观"，客观认识我国的基本国情、发展阶段和国际环境，理性看待中国与外部世界的关系，正确理解中国应该和能够发挥的国际作用，培育成熟理性的国民心态，自豪但不自满，既不妄自菲薄，也不妄自尊大，同世界各国交流互鉴，取长补短。

走和平发展道路，中国将通过争取和平国际环境发展自己，又以自身发展维护和促进世界和平。世界潮流，浩浩荡荡，顺之则昌，逆之则亡。纵观世界历史，依靠武力对外侵略扩张最终都是要失败的，这就是历史规律。世界繁荣稳定是中国的机遇，中国发展也是世界的机遇。和平发展道路能不能走得通，很大程度上要看我们能不能把世界的机遇转变为中国的机遇，把中国的机遇转变为世界的机遇，在中国与世界各国良性互动、互利共赢中开拓前进。我们要坚持从我国实际出发，坚定不移地走自己的路，同时我们要以世界眼光，更好地把国内发展与对外开放统一起来，把中国发展与世界发展联系起来，把中国人民利益同各国人民共同利益结合起来，不断扩大同各国的互利合作，以更加积极的姿态参与国际事务，共同应对全球性挑战，努力为全球发展作出贡献。

2012年12月，习近平总书记同在华工作的外国专家代表座谈中强调，中国是个负责任国家，我们要努力把自己的事情办好，同时也要处理好中国和外部世界的关系，既争取更加有利的外部环境，也努力为世界和平与发展作出更大贡献。中国走的是和平发展道路，中国的发展不是自私自利、损人利己、我赢你输的发展，对他国、对世界决不是挑战和威胁。中国越发展，对世界和平与发展就越有利。中国不仅是合作共赢的积极倡导者，更是合作共赢的切实践行者。中国扎实推进同各国的务实合作，坚持向发展中国家提供力所能及的帮助。①

中国将坚定不移地走和平发展道路，永远不称霸，永远不搞扩张。2013 年 1 月 28 日，习近平总书记在十八届中共中央政治局第三次集体学习时的讲话中指出，我们党始终高举和平的旗帜，从来没有动摇过。在长期实践中，我们提出和坚持了和平共处五项原则，确立和奉行了独立自主的和平外交政策，向世界作出了永远不称霸、永远不搞扩张的庄严承诺，强调中国始终是维护世界和平的坚定力量。2013 年 3 月 19 日，习近平总书记在回答金砖国家记者提问时再次强调永远不称霸、永远不搞扩张。他说："需要指出的是，尽管中国经济总量已位居世界第二位，但人均国内生产总值同世界平均水平相比还有不小差距，实现富民强国还有很长的路要走。现在，国际上有人担心，中国发展起来后会不会也搞霸权主义、欺负别人。这种担心完全没有必要。中国已经多次向国际社会庄严承诺，中国将坚定不移走和平发展道路，永远不称霸，永远不搞扩张。'君子一言，驷马难追。'"②

习近平总书记的这一论述秉承了毛泽东、邓小平等老一辈革命家政治家的高瞻远瞩。1972 年 12 月，毛泽东同志有"深挖洞、广积粮、不称霸"的指示。1974 年 4 月 10 日，邓小平同志出席联合国大会第六届特别会议，作出中国永不称霸的承诺。将"永远不称霸，永远不搞扩张"放置在中国已经成为世界第二大经济体的新境遇下来理解，很多国家，无论是周边国家，还是关心我国未来的国家都在观望发展之后的中国是否还要坚持 30 多年前的提法，是否会采用更张扬的态势来处理国际事务。习近平总书记在党的事业、

---

① 习近平：《中国是合作共赢倡导者践行者》，新华社 2012 年 12 月 5 日。

② 习近平：《增进同往访国人民友好感情——答金砖国家记者问》，新华社 2013 年 3 月 19 日。

人民的事业已经获得重大成功，中华民族的复兴出现前所未有的光明前途之时，多次强调并坚持中国的负责任大国姿态，坚持了永不称霸的宣示，这足以令世界安心，也足以令国内安心。

不搞扩张才能融通中外。不搞扩张是和平共处五项原则的集中体现，该原则具体内容为："互相尊重主权和领土完整、互不侵犯、互不干涉内政、平等互利、和平共处。"和平共处五项原则是新中国外交事业的重要成果，为我国几代领导集体坚持沿用，现今中国地位提升了，还继续重申不搞扩张，可见和平共处五项原则已经成为我国长期坚持的基本外交国策。中国的发展离不开世界背景，虽然中国有可能以自己的能力影响背景，但又不可能完全左右时局，"不搞扩张"使我国能在复杂国际环境中尽力处理好多重关系，能够借力他国，能在圆融中谋求本国的稳定进步。

中国走和平发展道路，其他国家也都要走和平发展道路，只有各国都走和平发展道路，各国才能共同发展，国与国才能和平相处。我们要广泛深入宣传我国坚持走和平发展道路的战略思想，引导国际社会正确认识和对待我国的发展，中国发展绝不以牺牲别国利益为代价，我们绝不做损人利己、以邻为壑的事情，将坚定不移做和平发展的实践者、共同发展的推动者、多边贸易体制的维护者、全球经济治理的参与者，必须坚持开放的发展、合作的发展、共赢的发展，扩大同各方利益汇合点，推动建设持久和平、共同繁荣的和谐世界。[①]

二 高举和平、发展、合作、共赢的旗帜，全方位推进各领域外交工作

党的十八大以来，在以习近平为总书记的中央集体的领导下，

---

① 习近平：《更好统筹国内国际两个大局 夯实走和平发展道路的基础——在十八届中共中央政治局第三次集体学习时的讲话》，新华社 2013 年 1 月 29 日。

我国的外交实践取得了积极成果，外交理念得到了进一步丰富和发展。在外交工作上，我们强调要高举和平、发展、合作、共赢的旗帜，全方位推进大国、周边、发展中国家、多边外交和各领域外交工作，构建不冲突、不对抗、相互尊重、合作共赢的大国关系，按亲、诚、惠、容理念推进周边外交。

党的十八大报告在"和平、发展、合作"的基础上，增添了"共赢"作为中国对外政策的旗帜，并强调在国际关系中弘扬平等互信、包容互鉴、合作共赢的精神。"8字旗帜"和"12字精神"体现了中国历来所主张的推动国际关系民主化、维护国际公平正义的一贯立场，顺应各国相互依存日益深化、人类命运共同体意识不断增强的时代潮流，反映了中国人民和世界人民的共同心愿。

党的十八大报告还明确了我国新时期的外交格局和外交工作重点，指出我们将改善和发展同发达国家关系，拓宽合作领域，妥善处理分歧，推动建立长期稳定健康发展的新型大国关系。我们将坚持与邻为善、以邻为伴，巩固睦邻友好，深化互利合作，努力使自身发展更好地惠及周边国家。我们将加强同广大发展中国家的团结合作，共同维护发展中国家正当权益，支持扩大发展中国家在国际事务中的代表性和发言权，永远做发展中国家的可靠朋友和真诚伙伴。我们将积极参与多边事务，支持联合国、二十国集团、上海合作组织、金砖国家等发挥积极作用，推动国际秩序和国际体系朝着公正合理的方向发展。

大国关系攸关世界和平和人类福祉。党的十八大报告提出，中国将"改善和发展同发达国家关系，拓宽合作领域，妥善处理分歧，推动建立长期稳定健康发展的新型大国关系"。这是国际关系史上的一大创举，对于推进人类和平与发展事业具有深远影响。2013年中美两国首脑在安纳伯格庄园会晤时，习近平总书记提出中美两国应构建不冲突、不对抗、相互尊重、合作共赢的新型大国关系。所谓不冲突、不对抗，就是要客观理性看待彼此战略意图，坚持做伙伴、不做对手；通过对话合作、而非对抗冲突的方式，妥善处理矛盾和分歧。相互尊重，就是要尊重各自选择的社会制度和发展道路，尊重彼此核心利益和重大关切，求同存异，包容互鉴，共同进步；合作共赢，就是要摒弃零和思维，在追求自身利益时兼顾对方利益，在寻求自身发展时促进共同发展，不断深化利益交融格局。推动建立长期稳定健康发展的新型大国关系，需要各大国以巨大的智慧和勇气进行探索和努力。首先，要摒弃零和思维。不能任由零和博弈、同盟对抗等老观念左右各自外交决策，阻碍和干扰彼此合作。应大力开展各领域务实合作，走出一条大国互利共赢的新路。其次，要突破"安全困境"桎梏。追求所谓"绝对安全"注定会引发其他国家反弹，把大国关系引向冲突对抗的深渊。应倡导互信、互利、平等、协作、不可分割的新安全观，以合作谋和平、以合作化干戈、以合作促安全。再次，要打破意识形态藩篱。应尊重各国自主选择的社会制度和发展道路，不向外输出自己的政治制度和发展模式。不能因为意识形态和社会制度差异而相互排斥、相互敌对，更不能搞干涉他国内政、渗透演变那一套。最后，要打通战略互信瓶颈。既要维护本国利益，也应尊重别国维护自身利益的正当关切及合理诉求。应通过坦诚对话增进相互理解，而不应人为制造对手或敌人。推动建立新型大国关系之路前无古人，后启来者。这条道路并不平坦，少不了艰难险阻，却是一条充满光明前景的希望之路。中国愿同其他大国一道，共同推动建立长期稳定健康发展的新型大国关系，让各国人民世世代代生活在和平、友谊、合作之中。

党的十八大报告指出，中国"将坚持与邻为善、以邻为伴，巩固睦邻友好，深化互利合作，努力使自身发展更好惠及周边国家"。在 2013 年 10 月 24—25 日召开的周边外交工作座谈会上，习近平总书记特别强调，做好周边外交工作，是实现"两个一百年"奋斗目标、实现中华民族伟大复兴中国梦的需要，要更加奋发有为地推进周边外交，为我国发展争取良好的周边环境，使我国发展更多惠及周边国家，实现共同发展，并提出要按"亲、诚、惠、容"理念推进周边外交。这是新形势下中央对周边外交工作的明确要求，进一步丰富了我国睦邻友好外交政策的内涵，也充分显示出中国博大而自信的外交胸怀。[①]

习近平总书记强调，无论从地理方位、自然环境还是相互关系看，周边对我国都具有极为重要的战略意义。未来一段时间内，我国周边外交的战略目标，就是服从和服务于实现"两个一百年"奋斗目标、实现中华民族伟大复兴中国梦，全面发展同周边国家的关系，巩固睦邻友好，深化互利合作，维护和用好我国发展的重要战略机遇期，维护国家主权、安全、发展利益，努力使周边同我国政治关系更加友好、经济纽带更加牢固、安全合作更加深化、人文联系更加紧密。

我国周边外交的基本方针，就是坚持与邻为善、以邻为伴，坚持睦邻、安邻、富邻，突出体现"亲、诚、惠、容"的理念。发展同周边国家睦邻友好关系是我国周边外交的一贯方针。要坚持睦邻友好，守望相助；讲平等、重感情；常见面、多走动；多做得人心、暖人心的事，使周边国家对我们更友善、更亲近、更认同、更支持，增强亲和力、感召力、影响力。要诚心诚意对待周边国家，争取更多的朋友和伙伴。要本着互惠互利的原则同周边国家开展合作，编织更加紧密的共同利益网络，把双方利益融合提升到更高水平，让周边国家得益于我国发展，使我国也从周边国家的共同发展中获得裨益和助力。要倡导包容的思想，强调亚太之大容得下大家共同发展，以更加开放的胸襟和更加积极的态度促进地区合作。这些理念，首先我们自己要身体力行，使之成为地区国家遵循和秉持的共同理念和行为准则。在2013年亚洲博鳌论坛上，习近平主席

---

① 习近平：《让命运共同体意识在周边国家落地生根》，新华社2013年10月25日。

指出，新世纪以来，中国同周边国家贸易额由 1000 多亿美元增至
1.3 万亿美元，已成为众多周边国家的最大贸易伙伴、最大出口市
场、重要投资来源地。①

中国作为世界上最大的发展中国家，巩固和加强同广大发展中
国家的友好合作是我国外交工作的基石。早在 30 年前，邓小平同
志就指出："中国的对外政策，主要是两句话，一句话是反对霸权
主义，维护世界和平，另一句话是中国永远属于第三世界。中国现
在属于第三世界，将来发展富强起来，仍然属于第三世界。中国和
所有第三世界国家的命运是共同的。中国永远不会称霸，永远不会
欺负别人，永远站在第三世界的一边。"② 时至今日，虽然随着中国
综合国力的不断增强、国际地位的不断上升，中国对发展中国家的
外交政策也发生了一些形式上的变化，但其外交宗旨和根本原则没
有变。加强同广大发展中国家的团结与合作仍是我国外交工作的基
本立足点。中国永远做发展中国家的可靠朋友和真诚伙伴。

习近平主席在 2013 年访问坦桑尼亚时指出，我们始终把发展
同非洲国家的团结合作作为中国对外政策的重要基础，这一点绝不
会因为中国自身发展和国际地位提高而发生变化。中国坚持国家不
分大小、强弱、贫富一律平等，秉持公道、伸张正义，反对以大欺
小、以强凌弱、以富压贫，反对干涉别国内政，将继续同非方在涉
及对方核心利益和重大关切的问题上相互支持，继续在国际和地区
事务中坚定支持非洲国家的正义立场，维护发展中国家共同利益。
中国将继续坚定支持非洲自主解决本地区问题的努力，为促进非洲
和平与安全作出更大贡献。这不仅仅是中国对非洲国家的外交立场
和原则，也是中国对所有发展中国家一贯坚持的基本立场和原则。
作为世界上最大的发展中国家，中国愿携手广大发展中国家，为实

---

① 习近平：《共同创造亚洲和世界的美好未来——在博鳌亚洲论坛 2013 年年会上的主
旨演讲》，新华社 2013 年 4 月 7 日。

② 《邓小平文选》第 3 卷，人民出版社 1993 年版，第 56 页。

现民族复兴的中国梦砥砺前行，也为实现持久和平、共同繁荣的世界梦作出积极贡献。①

第二次世界大战以后，国际格局发生了重大变化，国际政治呈现出许多新的特征。尤其进入新世纪，随着全球化的进一步发展，国际社会利益分化与共同化同时加深，国际问题日益复杂化，解决国际问题的途径和手段就需要作出相应调整。原来某些西方大国所奉行的单边主义政策已经不适应时代的发展，同时依靠双边关系也无法根本解决重大的全球性问题，甚至连区域性问题也往往需要通过多边协商加以解决。加强多边关系和多边合作就成了各国广泛参与国际事务、解决国际问题的重要途径和手段。进入新世纪以后，我国外交工作进一步巩固了对大国、周边和发展中国家的工作布局，同时提出多边是我国外交工作的重要舞台，人文外交、公共外交是新形势下我国外交工作的重要开拓方向，从而使我国总体外交布局不断丰富完善，形成了国别、区域和各领域外交工作相辅相成、相互促进，双多边结合、政经文互动的外交架构，全方位推进了我国的外交工作。近年来，中国参与多边外交活动的深度和广度都有了显著增加。中国已经成为多边外交机制和行动的主动参与者和积极倡导者。中国以地区组织或地区多边机制为框架，积极开展地区多边外交；同时以联合国为中心，注重参与国际组织和国际机制的建设；开展跨地域的南北对话和洲际合作。中国积极参与和推动的亚太经合组织、东盟、金砖国家、上合组织等多边组织在经济、安全乃至应对气候变化等领域都取得了积极成果，备受世界瞩目。坚持和奉行多边主义，是同推动国际关系民主化、推动世界多极化，建立公正合理的世界政治经济新秩序相适应的。未来中国将继续坚持和奉行多边主义，通过多边外交实践，不断完善多边对话机制，提高应对和处理国际问题的能力，提升国际影响力。

---

① 习近平：《永远做可靠朋友和真诚伙伴——在坦桑尼亚雷尔国际会议中心的演讲》，《人民日报》2013年3月26日。

同发展是持续发展的重要基础，符合各国人民长远利益和根本利益。我们生活在同一个地球村，应该牢固树立命运共同体意识，顺应时代潮流，把握正确方向，坚持同舟共济，推动亚洲和世界发展不断迈上新台阶。"①

合作共赢意味着在国际交往中不是片面获利，也不是片面受损，而是双方均要有收获，中国不主张获得片面的利益，也要避免承受片面的损失。比如在和发展中国家交往中，中国有责任在力所能及的范围内帮助、支持发展中国家的成长。中国致力于缩小发展中国家同发达国家的差距，但中国主要用的不是馈赠或者援助的方法，"授人以鱼不如授人以渔"，中国帮助发展中国家的方式有绵长、深远的特征，中国着力于提升发展中国家自主发展的能力，所以更多帮助可能将以软件、而非硬件的方式出现。这是中国以政治智慧，在力所能及的范围内奉行互利共赢方略的具体体现。

中国梦是与世界合作共赢之梦。现代国家的发展总不能完全脱离国际背景，涉及自由的话题向来容易触及国情和国际两个范畴。过度强调和国际接轨，容易背离国情大环境，似有拉大旗，作虎皮意蕴，容易失去国内合法性支撑。同理，完全立足于国内特有情况的自由说辞，又不得不附加相当丰富的解释和宣教，容易形成自说自话的孤独感。中国梦的提法，对于自由话题脱离旧有窠臼助力非凡。中国梦对内而言，因为海纳百川，所以能充分涵养博大中国的故有特色，而且这种涵养是"兵无常势，水无常形"的，社会间有什么样的美好梦想，中国梦就能因势利导地成为那些梦的集合，所以中国梦必然是具有中国特色的独特的梦。同时，因为中国梦集中表现为中华民族的伟大复兴，强调共赢，与世界为善，所以中国梦又能融洽置身于纷繁复杂的国际环境中，能够成为引领中国式样幸福追求进入国际话语体系的"把手"。和平发展道路，把中国的成

---

① 习近平：《共同创造亚洲和世界的美好未来——在博鳌亚洲论坛 2013 年年会上的主旨演讲》，新华社 2013 年 4 月 7 日。

三 倡导合作共赢，摒弃冷战思维与零和博弈策略，树立世界命运共同体意识，切实维护国际公平正义，尊重各国自主选择社会制度和发展道路的权利

习近平总书记在多个场合讲到中国在发展中谋求与世界其他国家的合作共赢，中国坚决摒弃冷战思维与零和博弈策略。2012年12月5日，习近平总书记在人民大会堂同在华工作的外国专家代表亲切座谈时，作题为《中国是合作共赢倡导者践行者》的重要讲话。他说，我们的事业是同世界各国合作共赢的事业。国际社会日益成为一个你中有我、我中有你的命运共同体。面对世界经济的复杂形势和全球性问题，任何国家都不可能独善其身、一枝独秀，这就要求各国同舟共济、和衷共济，在追求本国利益时兼顾他国合理关切，在谋求本国发展中促进各国共同发展，建立更加平等均衡的新型全球发展伙伴关系，增进人类共同利益，共同建设一个更加美好的地球家园。①

2013年3月23日，习近平总书记在莫斯科国际关系学院的演讲中指出："要跟上时代前进步伐，就不能身体已进入21世纪，而脑袋还停留在过去，停留在殖民扩张的旧时代里，停留在冷战思维、零和博弈老框框内。面对国际形势的深刻变化和世界各国同舟共济的客观要求，各国应该共同推动建立以合作共赢为核心的新型国际关系，各国人民应该一起来维护世界和平、促进共同发展。"

2013年4月7日，习近平总书记在博鳌亚洲论坛2013年会上的主旨演讲中说："人类只有一个地球，各国共处一个世界

---

① 习近平：《中国是合作共赢倡导者践行者》，新华社2012年12月5日。
② 习近平：《顺应时代前进潮流　促进世界和平发展——在俄罗斯莫斯科国际的演讲》，新华社2013年3月23日。

长和世界的共赢结合起来考虑，强调中国的发展将不以世界的损失为基础，中国绝非传统意义上的任何帝国，她的伟大兴起只能更坚定地推进世界和平，只能更深、更广地给世界带来福祉。

2013年3月，习近平总书记在金砖国家领导人第五次会晤时作题为《携手合作 共同发展》的主旨讲话，他在讲话中说："我们要坚定维护国际公平正义，维护世界和平稳定。当今世界并不安宁，各种全球性威胁和挑战层出不穷。金砖国家都热爱和平、珍视和平。实现世界持久和平，让世界上每一个国家都有和平稳定的社会环境，让每一个国家的人民都能安居乐业，是我们的共同愿望……不管国际格局如何变化，我们都要始终坚持平等民主、兼容并蓄，尊重各国自主选择社会制度和发展道路的权利，尊重文明多样性，做到国家不分大小、强弱、贫富都是国际社会的平等成员，一国的事情由本国人民做主，国际上的事情由各国商量着办。"[1]

天下没有放之四海而皆准的经验。正如习近平总书记所说："我们认为，正如一棵大树上没有完全一样的两片树叶一样，天下没有放之四海而皆准的经验，也没有一成不变的发展模式……我们愿意借鉴人类一切文明成果，但不会照抄照搬任何国家的发展模式。"[2] 各国有各自不同的历史和国情，在一国有效的经验不一定在别国也能适用。因为不存在放之四海而皆准的发展模式，所以各国的政治和发展模式都是一种地方性很强的知识系统，尤其对于中国这样历史悠远、人口众多、疆域辽阔的大国而言，各国出于自身处境所做的选择应该获得尊重，有其贴合自身的正当性。一国基于自身条件所做的选择，就是该国人们理性的千百年汇集和千万人实践，对这一选择的不尊重，就是否定该国人民的主体性和自主能

---

① 习近平：《携手合作 共同发展——在金砖国家领导人第五次会晤时的主旨讲话》，新华社2013年3月27日。

② 习近平：《增进同往访国人民友好感情——答金砖国家记者问》，新华社2013年3月19日。

力，必将造成彻底否定该国人民实体利益的结局。

尊重各国自主选择是维护国际公平正义的需要。如果我们对世界历史稍稍回眸就会发现，历史上无论第一次世界大战还是第二次世界大战，无论一个国家侵略他国的险恶用心是多么肮脏邪恶，他们都会给自己找一个说得过去的堂皇理由。所以如果国际间能随便因为某种理由干涉别国内政的话，那么必然导致国际关系的混乱。中国人民对于国家独立的深厚情感，源于艰难困苦的近现代记忆。旧中国倍受屈辱，国家和人民几度出现存亡危机，推己及人，中国人民的血脉里从来就反对弱肉强食和穷兵黩武的帝国主义霸道逻辑。冷战之后，国际局势出现变化，奉行单边主义的大国假民主、自由旗帜，在全球范围内试图长期延续独霸地位，积极推行弱肉强食、穷兵黩武的帝国主义旧逻辑。那些横行世界的不良国际行动，不仅造成了国际环境的巨大混乱和对方人民的惨痛苦难，也造成了单边主义大国自身人民生命、财产的庞大损耗。单边主义大国口口声声主张的民主、自由，并没有因为战力所指就在对方国家当然生成，反而形成了对方社会的长期动荡和国际秩序的新病灶。单边主义大国的举措，值得整个世界警惕，那些许诺炮口之下有民主自由的空头支票，从来就不可能真实兑现，那些声称能够用炮舰牵引一国人民进入普世天堂的企图，非常不负责任，也最终无一例外、准确无误地将上当受骗的该国人民彻底带入了漆黑的地狱。

尊重各国自主选择就是尊重文明多样性。习近平总书记在前述金砖国家领导人第五次会晤时的主旨讲话中主张尊重国际关系中的文明多样性。长久以来西方发达国家经济发展水平和社会发展水平处于世界前列，欧洲中心论（其实就是西方中心论）和单线进化论成为西方各国俯视其他文明形态国家的理论基础。进入20世纪后，特别是第二次世界大战后，亚非拉人民争取民族解放的斗争彻底改变了旧有的世界格局，众多后进工业化国家的成功说明，世界各国成功的道路绝非唯一，各国都有能力依循自己的文明模式，获得和自己国情相符合的社会制度。进入 21 世纪后，随着新的世界格局逐渐形成，文明多样性观点成为国际关系中支撑平等对话、维护公平正义的重要理论。社会制度的选择绝非简单的取舍，只有那些能够深入一国人民具体生活的社会制度才有长久而旺盛的生命力。一国人民最了解本国实际，这个权柄不可能在民族自决已成世界大势之时还能反而交由他国。多种原因共同决定了一个国家选择什么样的发展道路，各国有不同的要素禀赋能力，有自己独特的处境和民情，有自己独特的历史和文化传承，而这一切因素都将决定一个制度是否能深入一国社会内部，是否能得到该国人民的广泛认同。每个国家基于自己的理性判断作出的道路选择，就是该国人民社会实践的伟大结晶，应该获得国际社会的尊重。退一步讲，即使这个制度不完善，也应受到国际尊重，因为从认识论上看，没有任何国家能够更好更稳妥地永久代替其他国家作出更为恰当的选择。

四　在国际交往中不拿国家核心利益做交易

2013 年 1 月，习近平总书记在中央政治局第三次集体学习的讲话中强调，我们要坚持走和平发展道路，但决不能放弃我们的正当权益，决不能牺牲国家核心利益。任何外国不要指望我们会拿自己的核心利益做交易，不要指望我们会吞下损害我国主权、安全、发展利益的苦果。[①] 这一主张涉及军事，又连带国家整体战略，非常严肃，表明了中国政府在国家核心利益方面的根本态度。我们需要透过外交环境的优雅和国家修辞的含蓄看到国家态度坚定的内核：中国政府的总体战略是利用和平环境发展自己，对于动用军事力量一般持尽量抑制态度，动武绝非中国首选，而是最后的无奈之选，但不是不敢选。中国虽然非常珍惜和平发展环境，但任何国家不能

---

① 习近平：《更好统筹国内国际两个大局　夯实走和平发展道路的基础——在十八届中共中央政治局第三次集体学习时的讲话》，新华社 2013 年 1 月 29 日。

以此要挟中国，在面临严重威胁时，到了退无可退之际，用兵也是中国的最后因应选项。新中国成立之时，即中国人民站起来之日，其政权就是建立在推翻帝国主义大山基础上的。国家核心利益是最广大人民群众最根本利益的一种表现形式，中国共产党领导人民管理国家，而党又能代表最广大人民群众的最根本利益，那么只要是中国共产党执政，就不能违背最广大人民群众的最根本利益随便舍弃国家核心利益，否则亡党亡国、国将不国。

不屈服外来压力体现了中国在国际事务中奉行的独立自主外交政策。中国以维护本国的主权、安全和发展利益为首要外交目标，在这个问题上，无论发生怎样的情势，中国都不屈服于任何外国压力。中国在国际事务上，不以利益、压力为依归，不以私利为依归，只以事情本身的是非曲直为依归。中国在外交领域强调无偏无倚的正义原则，强调"秉持公道，伸张正义"的正确选择。不屈服外来压力，重在表达国家敢于坚持最后底线的国际交往立场。国际关系的良性运转离不开国家间的协商、沟通，其间妥协和退让在所难免，但中国强调在所有国家关系中要有国际公平正义的价值判断，同时反对一切违背国际惯常交往模式，反对以武力、商贸金融等为威胁强力压制中方的正当要求。

我国奉行防御性的国防政策。我国的军事建设是以达成有效国防为界限的，绝不以侵略别国为目标，也不和其他国家展开军备竞赛。这与我国总的国家发展战略相结合，我国的发展目标和历史上出现过的强国不同，强调以和平发展的方式实现国家成长，明确反对以战争方式夺取空间。另一方面，我国国家安全坚持的四项最基本范畴分别是国家主权、安全、领土完整、国家和平发展。也就是说，我国在总体上奉行防御性的国防政策，这是总基调，若前述四项基本范畴遭到威胁，我国就会在国防需要的总基调下采取军事措施应对，但这种应对绝非侵略活动，是防御性国防战略的延伸和因应。中国政府顶住国内舆情压力，仍然坚持走和平协商妥善解决的路子，这种和平主义的风格是世界新兴大国中从来没有的，让世界为之耳目一新。以过往列强的逻辑来看钓鱼岛和南海问题，甚至会有些不理解，因为以中国今天的军事实力，应该比较容易解决这两个问题。但我国并不妄自尊大，不轻易动用武力，在对方已经多次露出牙齿的情况下，我国仍然希望以和平方式最终解决问题，和平的大门一直敞开。

中国不怕事，有实力有信心应对严重的国际间矛盾，能够在斗争中维护本国正当权益，必要时能"善谋打仗、能打胜仗"。1840年以来的中国近现代史一再证明"落后就要挨打"的简单道理，国防是国家的坚强柱石，没有强大的人民军队，就没有中华人民共和国的一切，也就没有人民的一切。在新中国的各个时期，都非常强调国防和军队建设，在整个国家还比较落后、经济条件还很差的情况下，军队实际上成为我国最为现代化、最先进的部门，即使在十年动乱时期，也都保证了军队的稳定和建设，并且在当时的国防军事斗争中赢得了胜利。改革开放以后，我国以经济建设为中心，但从来没有忽视军事建设。新形势下的国防建设必然被赋予新目标，一个国家如果不主动建设巩固的国防和强大的军队，那么在各种难以预料的当口，就会被动接受难以承受的苦果。

中国珍惜和平发展的国际环境，也珍视自身的核心利益，最理想情况当然是同时握有两者，但有可能在特定情况下树欲静而风不止，当风云际会、神州遇事之时，国家将不得不在这两个最重要的范畴间作出关键抉择，这一抉择对外而言，彰显国家魄力；对内而言，体现人民托付；对过往而言，承载国祚绵延；对未来而言，面对历史检验。"不用国家核心利益做交易"的宣示表明在两难境况下国家将决然选择后者，用以防止居心叵测的国家利用和平要挟中国，显现富强之路上的中国自信自强的精神，凛凛然虎虎生风。"不用国家核心利益做交易"是高超的国际政治艺术，是刚柔并蓄的外交指针。

中美新型大国关系思想研究

◎ 汪海鹰[*]

    2013 年 6 月 7 日，习近平总书记在同奥巴马总统在美国加州安纳伯格庄园举行了中美元首会晤。关于中美新型大国关系的内涵，习近平总书记在会晤中用三句话作了精辟概括：一是不冲突、不对抗。就是要客观理性看待彼此战略意图，坚持做伙伴、不做对手；通过对话合作、而非对抗冲突的方式，妥善处理矛盾和分歧。二是相互尊重。就是要尊重各自选择的社会制度和发展道路，尊重彼此核心利益和重大关切，求同存异，包容互鉴，共同进步。三是合作共赢。就是要摒弃零和思维，在追求自身利益时兼顾对方利益，在寻求自身发展时促进共同发展，不断深化利益交融格局。

    在当天进行的记者见面会上，习近平总书记着重指出，我和奥巴马总统都认为，面对经济全球化迅速发展和各国同舟共济的客观需求，中美应该也可以走出一条不同于历史上大国冲突对抗的新路。双方同意，共同努力构建新型大国关系，相互尊重，合作共赢，造福两国人民和世界人民。国际社会也期待中美关系能够不断改善和发展。中美两国合作好了，就可以做世界稳定的压舱石、世界和平的助推器。

---

  * 汪海鹰，中国社会科学院马克思主义研究院助理研究员。

习近平总书记的精辟概括是当前形势下牢牢把握时代脉搏对中美关系所作出的高瞻远瞩的判断，是与当前中美关系的大背景分不开的。

一 中国实力上升、美国实力相对衰弱：中美新型大国关系的背景

中国自 1978 年实行改革开放以来，经济飞速发展，综合国力不断提升。自 20 世纪 70 年代末以来，中国经济保持了非常高的增长速度，经济总量大幅度增长，国家整体经济实力明显增强，尤其是近 10 年时间内，世界范围内特别引人瞩目的一个重大事件就是中国的崛起。据统计，2002—2011 年 10 年中，中国 GDP 年均增长率达 10.7%，而同期全球 GDP 年均增长率仅为 3.9% 左右。从经济总量上看，当前中国已成为全球第二大综合国力国家，与当今世界第一经济体——美国的差距由 1980 年的 5 倍迅速缩减至 2011 年的 2 倍。[①] 据预测，至 2020 年，中国国内产生总值有望赶超美国，跃居世界第一位。

从人均国内生产总值来看，1978 年，中国人均国内生产总值与欧盟国家的差距为 38.7 倍，与日本的差距为 55.97 倍，与美国的差距为 65.98 倍，与世界平均水平的差距为 12.68 倍。而 2011 年，上述差距迅速缩小。2011 年中国人均国内生产总值与欧盟的差距降至 6.4 倍；与日本的差距降至 8.43 倍；与美国的差距降至 8.84 倍；与世界平均水平的差距不足 2 倍。2011 年与 1978 年相比，中国人均国内生产总值与世界主要经济体的差距整体上降低了 7 倍多，反映了中国国民生活水平的显著提高，以及中国经济所蕴含的巨大潜力。

---

① 世界银行数据库，http://data.worldbank.org.cn。

当前，中国已成为名副其实的"世界工厂"。从 1978—2010年，我国工业主要产品产量居世界的位次均呈现稳步上升的趋势。2010 年，中国工业产品中的粗钢、煤、发电量、水泥、化肥、棉布等 200 多种工业品均位居世界首位。同年中国的制造业增加值占世界总量的 19.8%，而美国的占比是 19.4%，中国成为新的"世界第一工业大国"。①

伴随着中国整体经济实力的提升，中国的科技创新水平也在不断提高，高科技产品出口额自 2000 年来稳步上升，且发展迅速，远远超过美国、日本和欧盟等国。目前，中国已成为世界上最大的高科技产品出口国。② 从研发支出占 GDP 的比重来看，相比 1996年，中国 2008 年的这一指标增长了 158.7%，而同一时期的欧盟增长了 10.63%，日本增长了 22.9%，美国增长了 9.1%，世界平均增长了 6.6%。虽然中国相比其他世界主要经济体而言，研发支出占 GDP 比重仍然偏低，但增长势头迅猛，与发达国家的差距正不断缩小。

中国崛起不仅体现在经济上，在政治领域中国也成为了一个举足轻重的大国。新中国成立之初，由于中国还是一个国际体系的后来者，在相当长的一段历史时期内，还曾是国际体系的受害者。因此，在对外关系上，特别珍视主权、独立及平等，坚决反对霸权主义、强权政治和对他国内政的粗暴干涉，寻求国家间关系的和平、平等与和谐，在对世界事务的应对上，大多属于被动方。改革开放以来，随着中国综合国力的飞速提升，中国开始奉行对外的积极安全政策，通过创建上海合作组织打击"三股势力"，维护中亚地区的和平与稳定；通过创建六方会谈，探索以和平的多边方式解决朝核问题，维护朝鲜半岛的稳定及东北亚地区的和平。中国成为地区

---

① 刘华新、李锋、吴乐珺：《中国贡献和平发展正能量》，《人民日报》2012 年 11 月 6日第 5 版。

② 世界银行数据库，http://data.worldbank.org.cn。

和平与稳定的一支积极力量。此外，中国还通过参与东盟地区论坛、东盟防长扩大会议、香格里拉对话、亚信峰会等地区安全机制，寻求促进地区安全、化解海洋纠纷、构建地区安全互信的机制和措施。在全球层面，中国一贯支持联合国在解决全球安全问题上的核心作用，并在冷战结束后积极参与联合国的各类维和行动。自1992 年中国首次向柬埔寨派遣"蓝盔"部队执行联合国的维和任务以来，到 2013 年 5 月已经累计向联合国 30 多项维和行动派出各类人员约 2.1 万人次，成为联合国安理会常任理事国中派遣维和人员最多的国家。同时，中国还积极参与反恐、防扩散及重大自然灾害等领域的国际合作，参加了 100 多个政府间国际组织，签署了300 多个国际公约，成为地区和平及全球安全的重要参与者、建设者和贡献者。[①]

与中国崛起相对应的是作为世界霸权国家的美国实力正在相对下降。2008 年美国爆发的金融危机深刻揭示了以美国为代表的资本主义制度的腐朽性。有些学者认为，从美国所欠的国际债务看，其政府已经破产，虽然由于在国际规则制定、意识形态操纵等所谓的软实力上目前还没有出现能够真正与之抗衡的强大对手，从而使得美国还存在着较大的调整空间，但作为帝国的美国在今后一段时间内可能会有明显的衰落，并更多地需求欧洲、日本等诸国的配合才能延缓其衰落的进程。[②] 虽然也有一部分学者认为，美国应对经济危机的经验非常丰富，美国可能通过这次危机吸取教训，从而把坏事变好事。[③] 但大多数学者认为，美国虽然每次危机之后都在一定程度上调整了国内的经济和政治政策，但又不可能主动地从根本上变革不合理的制度上的缺陷。由于资本主义发展的资本本质并未

[①] 徐坚：《传递中国"正能量"》，中华人民共和国外交部网站：http://www.fmprc.gov.cn/mfa_chn/wjdt_611265/zwbd_611281/t1039186.shtml。

[②] 李慎明：《抓住前所未有的机遇 应对前所未有的挑战》，《红旗文稿》2012 年 9 月10 日。

[③] 宋伟：《国际金融危机与美国的单极地位》，《世界经济与政治》2010 年第 5 期。

发生改变，因而不论资本主义经济危机之后的调节多么彻底，最终仍将避免不了再次发生的可能。① 在政治和外交上面，小布什政府所奉行的单边主义政策，早已在伊拉克战争中碰得头破血流；奥巴马上台后，一直试图通过加强盟国之间协调的方式来解决国际问题。但在这一过程中难免会有"朋友越来越多，至交越来越少"的感叹。在军事方面，虽然美国国防预算每年高达 5500 亿美元，高于第二位国家十几倍，占美国联邦政府预算 15%，相当于 GDP 的 5%。军事实力不可一世。但一些美国的有识之士却指出，由于军火商利益的操控，美军不断更新自己的武器装备，这些武器的性能越来越好，价格越来越昂贵，但是实用性却越来越差。更要命的是，武器系统的更新不断地将资深军人排除出部队，因为他们无法适应和掌握新式的武器，这使军队的凝聚力和士气都大打折扣。②

综上所述，中美新型大国关系就是在这种中国实力上升、美国实力相对衰弱的大背景下提出来的。

二 前无古人、后启来者：打破崛起大国与守成大国必然冲突的历史宿命

中国是刚刚成长起来的新兴大国，是后起大国、后发大国，或称"崛起中的大国"，而美国是拥有巨大战略资源和全球影响力的老牌大国，是既成大国、守成大国，或称"霸权主义大国"。这就是中美关系之间的现实。在当前形势下，世界上很少有人再质疑中美两国关系对于两国乃至世界的重要性了。但与此同时，有不少人对两国是否有必要努力经营这一关系还持怀疑态度。在他们看来，

---

① 巨永明、陈广亮：《再论当前美国金融危机的成因、本质和启示》，《中州大学学报》2009 年 8 月。

② Richard Lachmann，"Mismeasure of the State"，Working paper presented at the annual meeting of the American Sociological Association，2004.

作为崛起国家和守成国家的中美两国是不可能建立新型大国关系的。他们指出，历史上崛起大国和守成大国之间都爆发了战争，在此背景下，中美两国再想合作、再努力，也不可能成为历史的例外，摆脱对抗的宿命。也就是说，两国面临美国哈佛大学教授格拉姆·艾利森所说的"修昔底德陷阱"①。古希腊史学家修昔底德认为，雅典的崛起和斯巴达人对此的恐惧是伯罗奔尼撒战争爆发的主要原因。雅典的崛起改变了雅典和斯巴达之间的力量对比，使两国间关系的不确定性增加，斯巴达人对雅典崛起的恐惧使斯巴达采取了一些预防性措施，这最终导致雅典和斯巴达之间的战争。所以，他们认为，中美两国没必要去加强什么合作，去建立什么无法建立的互信。两国唯一能做的是加强自身实力，与对方周旋，为最终的对抗做好各方面的准备。

表面上看，这种看法似乎很有道理。但是，仔细推敲后发现它把问题简单化了，因为它没有充分考虑到第二次世界大战以来国际关系的变化。战后国际关系的变化使得崛起大国和守成大国之间出现对抗和战争的可能性明显降低。首先，第二次世界大战后，国际上和平主义思潮占据上风，国际社会对国家通过武力对外扩张谋求国家利益的做法出现根本性的态度变化，轻则加以谴责，重则强力制止；其次，全球化进程加速，国家间相互依存度提高，这一方面导致战争的直接和间接成本呈指数级上升，国家对外使用武力的做法越来越得不偿失；另一方面也给国家通过开展对外经贸关系谋求国家福利和国际威望提供了新的机遇；最后，核武器的出现改变了战争的性质，核武器国家之间的战争没有赢家，因此，核武器国家不再通过诉诸战争解决它们之间的问题，这已成为国际关系的现实。

---

① Graham T. Allison, "Thucydides's Trap Has Been Sprung in the Pacific", Op – Ed, Financial Times, Aug21, 2012, http: //www. ft. com/cms/s/0/5d695b5a – ead3 – 11e1 – 984b – 00144feab49a. html#axzz2ZK2JskTe.

在上述背景下，很难想象中美这两个核武器大国会认真考虑与对方交战。相反，它们更需要通过加强合作避免这种情况出现。中美关系前一时期的发展也佐证了这一点：尽管中美两国存在意识形态、政治体制和文化价值方面的种种矛盾和差异，但中美关系却变得较历史上任何时期都更密切、全面和深入。

当然我们还应看到，随着中国的崛起，中国的身份和利益在很多方面都出现了双重和矛盾的现象。从身份上讲，崛起中的中国既是发展中国家也是发达国家，既是穷国也是富国，既是弱国也是强国，既是普通大国也是超级大国。身份决定利益。也就是说，中国既有发展中国家的利益，也有发达国家的利益；既有穷国的利益，也有富国的利益；既有弱国的利益，也有强国的利益；既有普通大国的利益，也有超级大国的利益。由于这两种身份和两类利益常常是矛盾或冲突的，中国在制定对外政策过程中发现越来越难界定自身的利益和保持政策的稳定性与连续性。这加剧了外部世界对中国的困惑、担忧和防范。结果，中国和外部世界都很难准确判断彼此的意图。在此背景下，中美之间的分歧常常被无端放大，无论是传统的分歧如人权、对台军售、西藏和贸易，还是新问题如海洋权益、政府采购、投资限制和网络安全等，都有可能导致双方关系紧张和冲突。有些不良政客发现利用上述分歧谋取私利的做法格外有利可图，便大肆宣扬两国冲突，加剧两国间的矛盾和冲突。这种情况也使得两国民众之间的不信任增加，两国政府务实和理性处理两国关系变得更加困难。而且，中美两国历史底蕴不同，文化传承不同，发展水平不同，价值观体系迥然有别，对外战略取向有时相克相撞，在这种情况下，双方需要妥善处理好彼此的战略分歧和利益纠纷，将两国关系纳入前所未有的新型大国关系轨道。就应该践行如下原则：

1. 超越意识形态对立和社会制度差异，尊重对方政治体制、发展道路和经济社会治理模式。简而言之，美国应当摒弃对共产主义理论学说、社会主义发展道路、共产党人历史形象的偏见和成见，摆脱反共反社会主义甚至盲目仇华排华的心理积弊，避免对中国国内事务指手画脚，更不能对中国的对外政策妄加猜测，不负责任地横加指责。与此同时，中国也要现实、冷静和客观地看待美国的发展成就、历史经验及其对人类文明进程的重要贡献，在观察和思考当今世界的各种矛盾和冲突时，坚持从事物的是非曲直出发，改变美国是"万恶之源"的单向思维和简单推断。只有不断超越冷战思维和陈旧观念，摒弃对抗哲学和战争手段，双方才能真正做到切切实实地理解和尊重对方，中美新型大国关系的构建才有可能实现。

2. 在承认差别、尊重差异的基础上，求同存异、包容互鉴、相互学习、取长补短。中美两国社会制度的巨大差异是历史形成的，两国内政外交取向有别不仅是各自利益使然，有时还是历史的选择。双方要承认对方的制度优势和发展潜能，承认彼此的发展道路和发展模式各有千秋。在国际政治领域，中美两国应客观理性地看待对方的战略意图和外交布局，包括安全领域中的各种安排和举措；要共同采取并始终坚持"多做伙伴、少做对手"的原则立场，坚持通过对话合作而非对抗进行冲突管控，妥善处理历史遗留的各种矛盾和分歧，努力避免因误解误判引发新的对立和冲突。

3. 认可和接受世界多极化、发展多样性和文化多元化。中美两国构建新型大国关系，除了相互尊重，还要认可和接受世界的多极化发展，尊重其他国家的历史文化、价值观念、社会制度和发展模式。双方都不应根据社会制度和意识形态的异同，以一己私利或一时之需，公开或秘密地构建针对对方的同盟体系。双方都要有历史责任感和使命感，要以大国特有的感召力和动员力，引导世界各国将避免对抗、寻求合作、维持相互关系平稳发展置于优先地位。切实尊重和照顾国际社会的共同利益和重大关切，勇于对人类的前途命运担当责任，这也是中美构建新型大国关系义不容辞的共同任务。

三 己所不欲、勿施于人：相互尊重
对方核心利益

2014 年 7 月 9 日，习近平总书记在第六轮中美战略与经济对话和第五轮中美人文交流高层磋商联合开幕式上的致辞中进一步指出，中美两国历史文化传统、社会制度、意识形态不同，经济发展水平各异，双方存在不同看法、在一些问题上存在分歧和摩擦在所难免。中美是两个各具特色的国家，在很多方面肯定有差别，有差别才需要沟通和合作。我们双方应该坚持从大处着眼，把握构建新型大国关系总目标，认清两国共同利益远远大于分歧；应该相互尊重、平等相待，尊重彼此主权和领土完整，尊重彼此对发展道路的选择，不把自己的意志和模式强加于对方；应该善于管控矛盾和摩擦，坚持通过对话协商、以建设性方式增进理解、扩大共识。只要我们双方坚持相互尊重、聚同化异，保持战略耐心，不为一事所惑，不为一言所扰，中美关系大局就能任凭风浪起、稳坐钓鱼台。

抚今追昔，中美建交 36 年以来，中美关系经历了许多风雨，每一次问题的解决，都体现了中美两国合则两利、斗则俱伤的深度交融关系。

1980 年中美两国建交不久，共和党方面推出了罗纳德·里根这一具有保守倾向的政治家作为总统候选人参加美国大选。里根在竞选之初就提出了一系列反共亲台的主张。他对卡特政府的对华政策大加鞭挞，并四处宣扬说，卡特当年在"建交三原则"基础上同中国建交，是一种"背弃"行为。1980 年 11 月，里根在大选中获胜。由于里根在竞选期间曾发表了许多有损美中关系的言论，一时之间，中美关系会不会遭遇重大挫折，成为人们议论的话题。但中国领导人知道，竞选中的言论与实际当选后的政策是存在差距的，里根就任总统后如何执政，还有待观察。① 里根入主白宫之后不久，美国售台武器问题成为影响中美关系的严重问题。对台军售问题是中美关系中的遗留问题。在 20 世纪 70 年代中美关系出现改善之时，美国飞机制造商诺思罗普公司获得美国政府批准与中国台湾联合生产 F—5E 战斗机。1980 年合同期满，美国亲台势力和中国台湾当局曾在卡特任期提出要求美国对中国台湾出售更先进的军用飞机。由于中国的强烈反对，卡特只同意原有的美台联合生产 F—5E 的合同延续 3 年，没有批准战斗机的升级。里根执政之后，卡特批准延长的 3 年期限即将期满。这样，是否对台销售战斗机和销售何种飞机之难题，就在里根时期提上议事日程。②

美国国会、政府在这一问题上连续发出混乱的、自相矛盾的声音。以斯蒂芬·索拉兹为主席的众院外委会亚太小组委员会致函里根总统，要求不向中国台湾出售先进战斗机。信中说："我们得出的结论是，在当前，向中国台湾出售 FX 或其他任何先进战斗机都是错误的"，这种行动将"损害旨在对抗苏联扩张主义的中美关系"③。而戈德华特、麦克卢尔、赫尔姆斯等数十名参议员联名给里根总统写信，表示支持向中国台湾出售 FX 战斗机。众议院外委会主席扎布洛基在中国台湾说，美国政府愿意把先进武器卖给中国台湾，估计在 1981 年年底或 1982 年年初就将作出向中国台湾出售包括 FX 战斗机在内的先进武器的决定。中国政府对此自然不能等闲视之，中国最权威的官方媒体《人民日报》连续发表文章，对美国干涉中国内政、侵犯中国主权和领土完整的行径进行抨击。为了表示反对美国继续向中国台湾出售武器，中国政府推迟了副总参谋长刘华清的访美。

为了打破中美关系在中国台湾问题上出现的僵局。1981 年 9 月

---

① 袁文靖：《里根政府对华政策》，（台北）国际现势周刊社 1984 年版，第 12—13 页。

② 苏格：《美国对华政策与台湾问题》，世界知识出版社 1999 年版，第 511—512 页。

③ 《人民日报》1981 年 6 月 22 日。

30 日，中国人大常委会委员长叶剑英发表了关于实现祖国和平统一的"九点方针"计划。该方针建议举行国共两党对等谈判，实行第三次国共合作，共同完成祖国统一大业。"九点方针"的提出体现了中国政府和平实现祖国统一大业的诚意，在国际上引起很大反响，使台湾海峡地区的局势进一步得到缓和，同时也沉重打击了美国向中国台湾出售先进武器的企图。

1981 年 10 月，在墨西哥坎昆出席合作与发展会议的黄华外长与美国国务卿黑格进行会谈。黄华正式提出，中美两国立即开始就美国停止武器售台的具体日期进行谈判。如果美国拒绝，那中美关系只好降格，中国政府将从美国召回大使。坎昆会议后，黄华副总理兼外长于 10 月 28 日至 30 日访问美国，同美国官员继续讨论美国对台军售问题。中方向美方指出，中国历来反对任何外国向中国台湾出售武器，因为这干涉了中国内政；特别是在中国全国人大委员长叶剑英于 1981 年 9 月 30 日宣布的关于台湾回归祖国、实现和平统一的"九点方针"政策之后，外国继续卖武器给中国台湾就更没有必要、更没有道理了，这样做只能增进中国用和平方式解决台湾问题的困难。中方要求美方明确承诺：第一，在规定的期限内，出售给中国台湾的武器在性能和数量方面不超过卡特政府时期的水平；第二，在规定的同样期限内，出售给中国台湾的武器将逐年减少，以致最后完全停止；第三，在中美双方就此进行谈判期间，美国不向中国台湾出售武器，否则将严重影响中美关系，美方将承担其后果。

在此后将近一年的时间里，中美双方进行了艰苦的谈判，在此期间，美国政府在中国的强大压力下，决定不向中国台湾出售性能先进的 FX 战斗机。而只是延长与中国台湾合作生产 F—5E 飞机的合同。几经周折之后，中美两国终于在 1982 年 8 月 17 日达成了《八·一七公报》。《八·一七公报》对美国对台军售问题是这样表述的：美国政府声明，它不寻求执行一项长期向台湾出售武器的政策，它向中国台湾出售的武器在性能和数量上将不超过中美建交后近几年供应的水平，它准备逐步减少它对台湾的武器出售，并经过一段时间导致最后的解决。在作这样的声明时，美国承认中国关于彻底解决这一问题的一贯立场。为了使美国售台武器这个历史遗留的问题，经过一段时间最终得到解决，两国政府将尽一切努力，采取措施，创造条件，以利于彻底解决这个问题。《八·一七公报》的达成表明，里根政府上台后，中美关系面临的危机终于得到化解，两国最终在双方的核心利益方面达成妥协。

如果说中美关系在建立之初，双方之间的沟通渠道还存在着高层交流频率较少，交流范围略显狭窄，从而加深双方之间互不信任的情况。在经历了 36 年的风风雨雨之后，双方的沟通交流渠道已经明显拓宽，这无疑会减少双方之间的战略误判。2014 年的环太平洋军演无疑是近年来中美关系的一件大事。

环太平洋军事演习是美国第三舰队倡议的国际上规模最大的多国海上联合军演，首创于 1971 年，历史上原本针对的是苏联在太平洋地区的活动，苏联解体前每年举行一次，苏联解体后改为每两年进行一次。目的也变为"守卫美国及其盟国在商业以及通信海道方面的安全，并展示美国的力量，维护美国的国家利益，并确保美国在太平洋上航行自由的权力"。由此不难看出，环太平洋演习除了规模惊人之外，演习目的也非常清晰——防备中国等亚太地区的新兴军事力量，有着明显的炫耀武力的意图。传统上环太平洋演习是不对外开放的，尤其是对俄罗斯和中国等西太平洋沿岸几个国家采取了极为"保密"的措施，很少敞开观摩大门。美军太平洋演习绝大多数不对中俄等国开放观摩，是有多方面因素的。首先，许多演习本身有特殊的针对性。其中，太平洋美军举行的一些海上或者空中演习，是专门针对中俄等有关国家的。美太平洋空军在阿拉斯加举行的空战模拟演习，就是专门针对中俄战机的。在太平洋地区举行的一些反潜演习，是针对中俄等有关国家潜艇的。其次，太平洋美军很担心核心技术和战术"泄密",影响自己对中俄等有关国家的威慑能力。然而,2013 年习近平主席与美国总统奥巴马达成中国参加 2014 年在夏威夷举行的环太平洋军事演习,从而成为中美军方在这一领域的破冰之举。参加 2014 年环太平洋演习的中国舰队阵容为 052C 型驱逐舰 171 海口号、054A 型护卫舰 575 岳阳号、补给舰千岛湖号、和平方舟号医院船,以及直 8 和直 9 舰载直升机。参加科目为火炮射击、综合演习、海上安全行动、水面舰艇演练、军事医学交流、人道主义救援减灾、潜水等 7 个科目,参演规模仅次于美方。

在构建"中美新型大国关系"这一努力下,中美两国的学者、政府官员以及部队军官普遍认为中美军事关系是最脆弱的环节。军官、专家甚至是公众都相信中美两国在军事方面芥蒂颇深,军事关系上的严重不信任和相互猜疑,超过了经济上的摩擦以及政治上的对立。这次中国参加环太平洋军演,无疑具有很大的改善双方战略互不信任的意义。

四 互利共赢、结构互补的经贸关系

中美关系的核心不是"你输我赢"的关系,而是互利共赢的关系,这点同历史上传统大国为争夺霸权和利益而采取的博弈和竞争有着本质的区别,中美关系的根本基石是中美经贸之间日益紧密的相互依存性,在维护地区和国际安全方面的共同利益以及在全球化过程中面临的共同问题和挑战。2014 年 7 月 9 日,中美两国迎来第六轮战略与经济对话,作为太平洋两岸的世界级大国,中美两国的战略关系不仅是双边的而且是全球性的,虽然中美之间在意识形态上不同,但经贸关系这个重要的纽带将两国关系紧紧地联系在一起。

中国改革开放的总设计师邓小平同志曾指出,经济上互相帮助应成为中美关系发展的基础。他又认为,中美之间虽然存在着一些纠葛和分歧，但两国在发展经济、维护经济利益方面有互补性。中国是世界上增长最快的新兴经济体和最大的新兴市场，美国无论是政治家还是经贸人士都不应该也不会忽视这一点。近些年来，美国担心中国崛起对美国的未来会造成威胁，但美国领导人和企业界都认识到中国经济增长和中美经贸关系对美国的重要意义，而努力使中美关系"软着陆"。中美两个经济体处于不同的发展阶段，目前存在多方面的差异。例如，美国劳动力成本高，传统产业逐渐衰落，而中国拥有丰富且低成本的劳动力资源和日益强大的工业产能。经济差异性带来的互补性使中美经贸合作增加，并导致两国相互依存日益加强。互利互惠的中美经贸关系正呈现合作领域持续拓展、合作规模日益扩大、合作层次不断提高的发展态势，双边贸易额已从建交当年不足 25 亿美元发展到 2011 年的 4466 亿美元，增长近 180 倍。两国早已互为第二大贸易伙伴，中国已连续 10 年成为美国增长最快的出口市场之一，既是美国农产品第一大出口市场，也是美国汽车、飞机等机电产品的重要海外市场。2011 年，美国向中国出口农产品达到 233 亿美元，平均每个农场向中国出口农产品超过 1 万美元，每个农民向中国出口农产品接近 4000 美元。两国双向协议投资总规模已接近 1700 亿美元。目前在华美国投资项目 6 万多个，2010 年在华实现销售收入 2232 亿美元。中国美国商会的一项调查显示，2010 年，85% 的在华美资企业实现收入增长，41% 的在华美资企业利润率超过全球平均利润率。中国企业赴美投资积极性也不断高涨，目前已在美设立直接投资企业 1600 多家，覆盖制造、批发零售、商务服务、金融、科研技术服务和地质勘探等行业。两国经济的互补和相互依存的特性不仅显示中美经贸进一步发展的必要性，而且折射出经济关系对中美各自经济发展的重要性。

互利共赢是中美经贸关系继续发展的动力。中美经贸合作给两国经济和人民带来了实实在在的好处，也是中美经贸关系之所以能不以人的意志为转移持续向前发展的根本原因。就中国而言，通过中美经贸往来，从美国引进资金、技术和设备，借鉴先进管理经验，可弥补发展资金不足、缓解就业市场压力；更重要的是，进入美国和国际市场，有助于中国打造一个世界级的出口行业，从而推动中国经济增长。就美国而言，保持经济增长和促进就业是当前美国最大的经济诉求，日益密切的中美经贸关系为美国创造了大量就业机会。据不完全统计，2001 年至 2010 年，美国对华出口共为美国增加了 300 多万个就业岗位。中国在美投资企业也为促进美国就业作出了贡献。比如，中国海运集团在洛杉矶投资兴建的中海运西港池码头连同配套服务行业，共为美国创造就业机会近 1 万个。中国万向集团在美投资的近 30 个项目，为美国创造就业机会近 500个。中国海尔集团自 1999 年在美国南卡罗来纳州建立中国海尔工业园以来，为坎登市创造了上千个就业岗位，该市每 10 个家庭中就有一个家庭有海尔的员工。更值得一提的是，2009 年美国有一家著名跨国公司经营遇到严重困难，但这家公司在华合资企业产品销售额却占有中国市场最高份额，成为这家公司全球最大的收入来源。正是在华合资企业的赢利给了这家公司宝贵的现金流和底气，使它得以重整旗鼓、重归股市，最终挽回了该公司及其上下游企业在美国境内数以万计的就业岗位。

中美两国都有着自己的全球、区域及双边战略利益。增进中美经济合作伙伴关系，有利于完善双边合作机制。中美经济是长期合作伙伴关系。中美在全球能源资源、区域经济及生态环境保护等领域有着广阔的合作前景。虽然美国石油、煤炭、可耕地、水资源等自然资源禀赋十分丰裕，但它依然是全球能源的净进口国，全球谷物、玉米、大豆等农产品的净出口国，全球能源消耗和温室气体的高排放国。无论在国际多边合作框架还是双边合作协议下，中美都有着更广泛深入的合作利益。这种合作关系不仅体现在中央政府层面上，而且体现在地方政府、企业和社会层面上。广泛的经济、社会和生态利益，构成了中美合作的最广泛社会基础。

五　建立中美新型大国关系存在的不利因素

构建新型大国关系已经成为中美关系发展中的重要任务和核心内容，这不但符合两国人民的根本利益，而且对亚太地区的和平与发展、对世界的发展与治理都具有积极的和建设性的意义。但其前路也是非常艰难的，仍面临很多不确定性。

首先，美国国内的共识不足。美国对于中方倡导构建的新型大国关系还处在酝酿阶段，对其历史背景、战略意涵、发展方向等还没有深入的认识，在官方和学界还没有形成共识，这在某种程度上制约了两国推进建立新型大国关系的努力。从美国的一些官员和学者的表态中，时常听到他们说"中国领导人使用或中国人提出的新型大国关系"这样一个概念，似乎是中国强加给美国的一样。实际上，过去美国提出希望中国做负责任的"利益攸关方"后，中国从官方到民间、从学界到商界，谈到中美关系时必提"利益攸关方"这个概念。时至今日，美国不应以"只是附和中国"的姿态出现，而应积极主动地在国内阐释中美两国构建新型大国关系的战略意义，寻求更多的国内共识。

其次，中美两国认知差异导致行为冲突的现实短期内难以改变。认知差异缘于制度、价值观等高阶层次上的差异。中国认为美国致力于遏制、围堵中国的崛起，美国则认为中国致力于挑战、制衡美国的全球主导地位。因此，中美各方都采取两面手法，既与对方合作，又采取防范对方的措施。实际上，中美两国都拥有自己的优势领域和独特手段，各自影响力所及也存在交叉，任何一方想获得压倒对方的主宰地位都是不可能的。如果双方合作，则能使彼此的利益获得同步扩大；如果不合作，双方的利益、影响力则被相互抵消掉。从当前两国缺乏战略互信、价值观认同差异等形势来看，两国的战略互疑仍将存在，如不能从根本上消解这种认知差异和战略互疑，将严重阻滞两国新型大国关系的构建。

最后，基于共同利益的需要，中美双方采取的选择性战略掣肘了两国在更大范围上的合作。在扩大共同利益的问题上，当前两国几乎都采取了"选择性扩大"的战略，这虽然在一定程度上有利于扩大共同利益，但从长远来看，还是阻碍了各种因素的整合，难以从整体上扩大共同利益。中美两国除继续开展各种对话外，应对这些对话的效果进行评估，并建立一种默契互动的模式或机制，使中美新型大国关系落到实处。两国应不掩盖、不规避双方的利益差异；不炒作、不升级双方的利益冲突。两国应以默契互动来协调推进共同利益，在竞争性合作共存的局面下，以合作超越冲突、摩擦。另外，双方国内政治生态的变化、经贸摩擦、地区安全冲突等现状，都在一定程度上影响了两国构建新型大国关系的努力。

虽然中美之间还存在着一些不容回避的问题，但两国基于各自的利益考量，都有动力在构建新型大国关系中逐步解决这些具体的问题。中美两国要构建的新型大国关系是有别于历史上其他大国关系的一种关系。中美作为两个在历史文化、社会制度、价值观念、发展水平等方面都存在巨大差异的大国，要寻找到守成大国与新兴大国如何相处这个"老问题"的"新答案"，并无先例可循。但这绝非"不可能完成的任务"，而是"必须完成的任务"。因为这不仅关系到中美两国的利益，也关系到亚太地区乃至世界的持久和平与繁荣。目前，双方正按照两国元首达成的重要共识，稳步推进各领域交流合作，不断充实理论内涵和行动要素，在实践中共同推进构建中美新型大国关系这项前无古人、后启来者的伟大事业，造福于两国和世界人民，并在国际关系史特别是大国关系史上树立一个光辉的典范。

参考文献

《马克思恩格斯选集》第 1 卷，人民出版社 1995 年版。

《马克思恩格斯选集》第 2 卷，人民出版社 1995 年版。

《马克思恩格斯选集》第 3 卷，人民出版社 1995 年版。

《马克思恩格斯选集》第 4 卷，人民出版社 1995 年版。

《马克思恩格斯选集》第 3 卷，人民出版社 1972 年版。

《马克思恩格斯选集》第 4 卷，人民出版社 1972 年版。

《马克思恩格斯文集》第 2 卷，人民出版社 2009 年版。

《马克思恩格斯全集》第 18 卷，人民出版社 1964 年版。

《马克思恩格斯全集》第 46 卷（上），人民出版社 1979 年版。

《列宁选集》第 2 卷，人民出版社 1995 年版。

《列宁选集》第 3 卷，人民出版社 1995 年版。

《列宁选集》第 4 卷，人民出版社 1995 年版。

《列宁全集》第 11 卷，人民出版社 1987 年版。

《毛泽东文集》第 1 卷，人民出版社 1993 年版。

《毛泽东文集》第 7 卷，人民出版社 1999 年版。

《毛泽东文集》第 8 卷，人民出版社 1999 年版。

《毛泽东选集》第 2 卷，人民出版社 1991 年版。

《毛泽东选集》第 3 卷，人民出版社 1991 年版。

《毛泽东选集》第 4 卷，人民出版社 1991 年版。

《毛泽东著作专题摘编》，中央文献出版社 2003 年版。

《邓小平文选》第 2 卷，人民出版社 1994 年版。

《邓小平文选》第 3 卷，人民出版社 1993 年版。

《邓小平文选》第 3 卷，人民出版社 2008 年版。

《刘少奇选集》上卷，人民出版社 1981 年版。

江泽民：《论社会主义市场经济》，人民出版社 2006 年版。

《江泽民论有中国特色的社会主义（专题摘编）》，中央文献出版社
　　2002 年版。

《江泽民文选》第 1 卷，人民出版社 2006 年版。

《江泽民文选》第 2 卷，人民出版社 2006 年版。

《江泽民文选》第 3 卷，人民出版社 2006 年版。

习近平：《干在实处　走在前列　推进浙江新发展的思考与实践》，
　　中共中央党校出版社 2013 年版。

习近平：《之江新语》，浙江人民出版社 2007 年版。

《〈中共中央关于全面深化改革若干重大问题的决定〉辅导读本》，
　　人民出版社 2013 年版。

中共中央文献研究室编：《十三大以来重要文献选编》（上），中央
　　文献出版社 2011 年版。

中共中央文献研究室编：《十三大以来重要文献选编》（中），人民
　　出版社 1991 年版。

中共中央文献研究室编：《十三大以来重要文献选编》（下），人民
　　出版社 1993 年版。

中共中央文献研究室编：《十四大以来重要文献选编》（中），中央
　　文献出版社 2011 年版。

中共中央文献研究室编：《十五大以来重要文献选编》（上），中央
　　文献出版社 2000 年版。

中共中央文献研究室编：《十六大以来重要文献选编》（中），中央
　　文献出版社 2006 年版。

中共中央文献研究室编：《十六大以来重要文献选编》（下），中央

文献出版社 2008 年版。

中共中央文献研究室编:《十七大以来重要文献选编》(上),中央
　　文献出版社 2009 年版。

《十八大报告辅导读本》,人民出版社 2012 年版。

中共中央文献研究室:《习近平关于实现中华民族伟大复兴的中国
　　梦论述摘编》,中央文献出版社 2013 年版。

中共中央文献研究室:《习近平总书记重要讲话文章选编》,中央文
　　献出版社 2016 年版。

中共中央文献研究室编:《邓小平年谱(1975—1997)》(下),中
　　央文献出版社 2004 年版。

《党的十八届三中全会〈决定〉学习辅导百问》,党建读物出版社、
　　学习出版社 2013 年版。

《鲁迅书信集》下卷,人民文学出版社 1976 年版。

胡锦涛:《在纪念党的十一届三中全会召开 30 周年大会上的讲话》,
　　《人民日报》2008 年 12 月 19 日。

胡锦涛:《继续把改革开放伟大事业推向前进》,《求是》2008 年第
　　1 期。

习近平:《关于中国特色社会主义理论体系的几点学习体会和认
　　识》,《求是》2008 年第 4 期。

习近平:《毫不动摇坚持和发展中国特色社会主义》,《党建》2013
　　年第 2 期。

习近平:《在纪念毛泽东同志诞辰 120 周年座谈会上的讲话》,《人
　　民日报》2013 年 12 月 27 日。

习近平:《在第十二届全国人民代表大会第一次会议上的讲话》,
　　《人民日报》2013 年 3 月 18 日。

习近平:《切实把思想统一到党的十八届三中全会精神上来》,《人
　　民日报》2014 年 1 月 1 日。

习近平:《深入学习中国特色社会主义理论体系　努力掌握马克思

主义立场观点方法》，《求是》2010 年第 7 期。

习近平：《在中央党校建校 80 周年庆祝大会暨 2013 年春季学期开学典礼上的讲话》，《人民日报》2013 年 3 月 3 日。

习近平：《坚持实事求是的思想路线》，《学习时报》2012 年 5 月 28 日。

习近平：《推动全党学习历史唯物主义基本原理和方法论》，新华社 2013 年 12 月 4 日。

习近平：《关于〈中共中央关于全面深化改革若干重大问题的决定〉的说明》，《求是》2013 年第 22 期。

习近平：《全面贯彻落实党的十八大精神要突出抓好六个方面工作》，《求是》2013 年第 1 期。

习近平：《承前启后 继往开来 继续朝着中华民族伟大复兴目标奋勇前进》，《人民日报》2012 年 11 月 30 日。

习近平：《人民对美好生活的向往就是我们的奋斗目标》《人民日报》2012 年 11 月 16 日。

习近平：《要群众信任，决不仅仅靠权力》，《人民日报》2005 年 5 月 30 日。

习近平：《加快转变经济发展方式 加快实施创新驱动发展战略》，《中国青年报》2013 年 11 月 6 日。

习近平：《胸怀大局把握大势着眼大事 努力把宣传思想工作做得更好》，《人民日报》2013 年 8 月 21 日。

习近平：《推动全党学习和掌握历史唯物主义，更好认识规律更加能动地推进工作》，《人民日报》2013 年 12 月 5 日。

习近平：《完善和发展中国特色社会主义制度，推进国家治理体系和治理能力现代化》（习近平总书记 2 月 17 日在省部级主要领导干部学习贯彻十八届三中全会精神全面深化改革专题研讨班开班式上的重要讲话），《人民日报》2014 年 2 月 18 日。

习近平：《把培育和弘扬社会主义核心价值观作为凝魂聚气强基固

本的基础工程》（习近平总书记2月24日在中共中央政治局第十三次集体学习时的讲话），《人民日报》2014年2月26日。

吴新文：《领导干部要掌握意识形态工作领导权》，《解放日报》2013年9月27日。

习近平：《在新进中央委员会的委员、候补委员学习贯彻党的十八大精神研讨班上的讲话》，《人民日报》2013年1月6日。

习近平：《紧紧围绕坚持和发展中国特色社会主义　学习宣传贯彻党的十八大精神》，《求是》2012年第23期。

习近平：《在同各界优秀青年代表座谈时的讲话》，《人民日报》2013年5月5日。

习近平：《领导干部要树立正确的"三观"》，《学习时报》2010年9月6日。

习近平：《建设社会主义文化强国，着力提高国家文化软实力》（习近平2013年12月30日在中共中央政治局第十二次集体学习时的讲话），《人民日报》2014年1月1日。

习近平：《更加科学有效地防治腐败，坚定不移把反腐倡廉建设引向深入》，《党建》2013年第2期。

习近平：《在对历史的深入思考中更好走向未来　交出发展中国特色社会主义合格答卷》，《党建》2013年第5期。

《放要真放，管要真管》，《人民日报》2014年4月3日。

习近平：《在新进中央委员会的委员、候补委员学习贯彻党的十八大精神研讨班上的讲话》，《人民日报》2013年1月6日。

习近平：《认真学习党章　严格遵守党章》，《求是》2012年第23期。

习近平：《关于建设马克思主义学习型政党的几点学习体会和认识——在中央党校2009年秋季学期第二批进修班开学典礼上的讲话》，《学习时报》2009年11月18日。

王伟光：《当今中国马克思主义的重要文献——习近平总书记系列

重要讲话精神的学习体会》，《求是》2014 年第 4 期。

冷溶：《历史的基本结论和新道路的最高范畴——对邓小平同志提出"建设有中国特色的社会主义"重大命题的一点认识》，《光明日报》2012 年 10 月 13 日。

李慎明：《抓住前所未有的机遇　应对前所未有的挑战》，《红旗文稿》2012 年 9 月 10 日。

侯惠勤：《意识形态的历史转型及其当代挑战》，《马克思主义研究》2012 年第 2 期。

程恩富：《要分清两种市场决定论》，《环球时报》2013 年 12 月 10 日。

侯惠勤、范希春：《十八届三中全会精神十八讲》，人民出版社 2013 年版。

田心铭：《略论意识形态工作的几个问题——学习习近平总书记在全国宣传思想工作会议上的讲话精神》，《马克思主义研究》2013 年第 11 期。

巨永明、陈广亮：《再论当前美国金融危机的成因、本质和启示》，《中州大学学报》2009 年 8 月。

苏格：《美国对华政策与台湾问题》，世界知识出版社 1999 年版。

林春：《承前启后的中国模式》，《读书》2006 年第 4 期。

张维为：《关于中国发展模式的思考》，《学习时报》2009 年 7 月 8 日。

倪光辉：《习近平在全国宣传思想工作会议上强调　胸怀大局把握大势着眼大事　努力把宣传思想工作做得更好》，《人民日报》2013 年 8 月 21 日。

谢龙：《平凡的真理　非凡的求索——纪念冯定百年诞辰研究文集》，北京大学出版社 2002 年版。

王东明：《奋力推进四川科学发展加快发展——深入学习贯彻习近平同志在川考察重要讲话精神》，《人民日报》2013 年 8 月

23 日。

郑必坚：《对中国和平崛起新道路与中美关系的十点看法》，《中国报道》2005 年第 9 期。

高尚全：《从"基础性"到"决定性"——社会主义市场经济完善的新进程》，《北京日报》2013 年 11 月 25 日。

韩保江：《市场起"决定性作用"离不开政府改革》，《文汇报》2013 年 11 月 19 日。

刘国光：《关于政府和市场在资源配置中的作用》，《当代经济研究》2014 年第 3 期。

卫兴华：《坚持社会主义市场经济的改革方向》，《光明日报》2013 年 11 月 7 日。

刘国光：《社会主义市场经济理论问题》，中国社会科学出版社 2013 年版。

宋月红：《论改革开放前后两个历史时期的辩证统一关系》，《求知》2013 年第 9 期。

朱佳木：《以国史研究深化对中国特色社会主义的认识》，《当代中国史研究》2013 年第 1 期。

张卓元：《混合所有制经济是基本经济制度的重要实现形式》，《经济日报》2013 年 11 月 22 日。

周新城：《围绕改革问题马克思主义同反马克思主义的斗争——改革开放 30 年历程的回顾与总结》，中国社会科学出版社 2010 年版。

《政治经济学批判大纲》第 1 分册，人民出版社 1975 年版。

《"欧洲梦"和"中国梦"将影响人类未来》，《文学报》2006 年 9 月 24 日。

［英］阿克顿：《自由与权力》，商务印书馆 2001 年版。

［法］孟德斯鸠：《论法的精神》，商务印书馆 1978 年版。

Richard Lachmann, "Mismeasure of the State", Working paper presented at the annual meeting of the American Sociological Association，2004.

《联合国反腐败公约暨相关重要文献资料》，中国公安大学出版 2006 年版。

宋伟：《国际金融危机与美国的单极地位》，《世界经济与政治》 2010 年第 5 期。

Angus Maddison，Monitoring the World Economy：1820 – 1992. Paris： OECD，1995.

世界银行 1984 年经济考察团：《中国：长期发展的问题和方案（主 报告）》，中国财政经济出版社 1985 年版。

［美］萨缪尔森：《经济学》下卷，高鸿业译，商务印书馆 1979 年版。

［美］马特洛克：《苏联解体亲历记》（上），世界知识出版社 1996 年版。

［美］尼克松：《透视新世界》，中国言实出版社 2000 年版。

后　记

2013 年 1 月 5 日，习近平总书记在新进中央委员会的委员、候补委员学习贯彻党的十八大精神研讨班开班式上发表重要讲话，指出：“坚持和发展中国特色社会主义是一篇大文章……我们这一代共产党人的任务，就是继续把这篇大文章写下去。”今天，中国特色社会主义事业正处在发展的决定性关口。经过近 40 年的改革开放，中国特色社会主义事业取得了伟大成就，证明了中国特色社会主义道路是中国人民正确的历史选择。书写中国特色社会主义这篇大文章，必须坚持马克思主义理论指导，必须坚持推进马克思主义中国化。只有坚持和发展马克思主义，继承和创新马克思主义，才能永葆马克思主义的青春活力，才能保证中国特色社会主义顺利推进。

2013 年，以习近平同志为核心的党中央立足中国、放眼世界、面向当代、展望未来，坚持以我们正在做的事情为中心，全面系统深刻地阐述了坚持和发展中国特色社会主义需要把握的重大理论和现实问题，形成了一系列治国理政新理念新思想新战略。既阐发了中国梦的思想，又阐发了全面深化改革的思想；既阐发了社会主义 500 年的历史发展，又论述了经济发展方式转变的现实路径。

为深入学习贯彻习近平总书记系列重要讲话精神，按照中国社会科学院马克思主义研究院院长、党委书记邓纯东研究员的策划，组织全院精干的学术力量，对习近平总书记每年系列重要讲话的内容设立专题，深入研究，并撰写相关研究文章汇编成册。

　　本书由邓纯东、辛向阳负责组织实施，任洁负责前期组稿，任丽梅负责后期编校和体例统筹等工作，主要内容是研究习近平总书记2013年发表的重要讲话。希望本书的出版有助于广大读者更深入理解贯彻党的治国理政思想，推进马克思主义中国化、时代化、大众化，坚定对中国特色社会主义的道路自信、理论自信、制度自信、文化自信。

编者